回望平成时代的日本经济

李海燕　著

中国金融出版社

责任编辑：肖　炜
责任校对：孙　蕊
责任印制：丁淮宾

图书在版编目（CIP）数据

回望平成时代的日本经济 / 李海燕著 . —北京：中国金融出版
社，2020.9

ISBN 978 - 7 - 5220 - 0752 - 6

Ⅰ.①回…　Ⅱ.①李…　Ⅲ.①经济史—研究—日本—1989 - 2019
Ⅳ.①F131.3

中国版本图书馆 CIP 数据核字（2020）第 146811 号

回望平成时代的日本经济

HUIWANG PINGCHENG SHIDAI DE RIBEN JINGJI

出版
发行　**中国金融出版社**

社址　北京市丰台区益泽路 2 号
市场开发部　（010）66024766，63805472，63439533（传真）
网 上 书 店　http：//www.chinafph.com
　　　　　　（010）66024766，63372837（传真）
读者服务部　（010）66070833，62568380
邮编　100071
经销　新华书店
印刷　保利达印务有限公司
尺寸　169 毫米×239 毫米
印张　17.5
字数　210 千
版次　2020 年 9 月第 1 版
印次　2020 年 9 月第 1 次印刷
定价　60.00 元
ISBN 978 - 7 - 5220 - 0752 - 6
如出现印装错误本社负责调换　联系电话（010）63263947

序 言

1976年粉碎"四人帮"、"文革"结束之后，有三个代表团的重要出访活动，开启了中国改革开放的大门。

首先是谷牧副总理于1978年5月率团访问欧洲5国。回京向中央高层领导汇报时，一个初步结论就是"我们至少比欧洲落后了20年"，引起中央高层领导的巨大震动。因为在此之前，我们的宣传口径一直是"西方资本主义已经腐朽没落了"，"全世界还有四分之三的劳苦大众在等着我们去解放"。然而，代表团所看到的事实正好相反。

其次是时任大寨书记的郭凤莲1978年夏季随团访问美国，主要是考察美国的农业。据说在看到美国农业的高效率之后，郭书记回国以后再也不到处去宣讲"大寨经验"了。

再有就是邓小平同志1978年10月访问日本。在坐了新干线，看了新日铁之后，邓小平感慨地说："我懂得了什么是现代化！"在回京后不久召开的中共十一届三中全会上，邓小平启动了中国改革开放的进程。

在认识到存在的巨大差距之后，中国国内学术界和政府内部展开了一场讨论——究竟应当向谁学习？在初步对比了欧洲、美国和日本的经验之后，当时形成了一种共识，就是日本的经验可能离中国国情更近一些，更容易学一些，所以当时决定主要向日本学习。此后，一大批介绍日本战后高速增长经验的书籍，如雨后春笋般翻译成中文出版。

恰在此时，美国学者傅高义于 1979 年撰写了《日本第一》一书，对日本战后经济腾飞的经验进行了系统性总结。这本书出版后的第二年，即 1980 年就出版了中文版，在国内引起了不小的轰动。可以说，几乎在整个 80 年代，在多数中国人眼里，日本人是需要仰视的、令人羡慕的和学习的对象。

到了 90 年代，日本的泡沫经济开始破裂。于是中国人对日本的研究视角也开始发生变化。我曾经撰写过一篇《住专问题：是金融危机，还是制度危机?》，发表在吴敬琏主编的《改革》杂志 1996 年第 3 期上，较早地提醒国人注意日本存在的制度问题。与此同时，我还和我的同事一起，翻译了日本著名学者青木昌彦的《比较制度分析》一书，该书在学术界和研究生中引起了一定的关注，越来越多的人开始从制度层面冷静看待日本经济中存在的问题。

21 世纪初，中日政治关系开始恶化，但经贸关系依然升温，于是有了"政冷经热"一说。在此背景下，一些中国老百姓开始出现了仇日情绪，但是在专家学者里面，冷静思考的人似乎更多了。

近年来，中日关系开始回暖。一方面，每年到日本旅游的中国人达到 960 万人次（2019 年），其中相当多的人是去购买品种多样、物美价廉、质量优良，尤其是绝无假货之忧的各种日本产品，于是在中国老百姓心目中，对日本的印象似乎在逐步好转。另一方面，由马国川先生撰写的《国家的启蒙》《国家的歧路》，则从更深层次、更长的历史跨度，探讨了日本近代崛起和走上战争歧途的经验教训，给人留下深刻印象。

如果说，马国川主要是从历史和政治的视角介绍了日本战前的经验教训的话，那么李海燕的这本书，则更多的是从经济和政策的角度，介绍战后日本经济再次崛起的经验教训。

我比较喜欢研究日本经验，一个重要原因是日本就走在我们的前面不远——许多我们中国今天面临的问题，过去的日本都曾经面临过，比如说与美国的贸易战；而许多日本今天面临的问题，也将成为我们今后面临的难题，比如说老龄化问题。

尤其是目前中美关系再度恶化，中日关系又将面临新的考验。在这种时刻，如果我们希望更多地了解日本当年是怎么走过来的？有哪些经验教训可以参考？以及日本今后会如何应对中美"新冷战"的局面？读一下这本书，或许会有所帮助。当然，如果作者能够在理论分析和学术规范方面再多下一些功夫的话，这本书或许还会具有更高的学术价值。

魏加宁

2020 年 7 月

┃ 前　言 ┃
为什么研究平成时代的日本对我们意义重大

　　过去 40 年，中国对日本的研究和关注明显是有变化的。20 世纪 80 年代刚刚改革开放的时候，国内向日本学习和研究的热情是很高的。90 年代以后，一方面由于美国的 IT 革命，另一方面由于日本泡沫经济之后的经济低迷，我们上上下下的关注点转向了美国，特别是华尔街和硅谷。2010 年左右，中国 GDP 规模超过了日本。之后对日本的研究更少了。但是 2015 年之后，中国国内重新评价日本的声音感觉又多了起来。笔者认为有三个原因比较重要。第一个原因是到海外旅游的中国人越来越多。2014 年去日本旅游的中国人只有 220 万人左右，2018 年这个数字是 900 万人左右。许多国人直接感觉到，虽然日本经济不景气长达 20 多年，但是感觉这个社会没有任何问题，日本社会所达到的，正是我们普通老百姓所期盼的。对产品质量产生更高要求的国人，把更多的目光投向了日本产品。第二个原因是中国在 2015 年之后，更多地意识到了老龄少子化社会的严重性。中国的老龄化阶段正是平成时代初期日本所经历过的。中国期望通过研究日本的经验，更好地解决老龄少子化时代的问题。第三个原因是诺贝尔奖。日本在 2000 年以后，共有 18 位科学家获得了诺贝尔奖，平均每年有一人。这对中国人的冲击也是很大的。

　　笔者是 1995 年到日本留学的。当时从媒体报道和各种书籍中感觉到日本对中国的研究非常细致。2010 年回国后，却很明显地感觉到我们对日本的研究太少太粗糙。有一个突出的感受是，我们对日本的认识简单停留在失去的十年或者失去的二十年上。另外，对于一个国家发展的艰巨性认识不足。2019 年 4 月末，平成时代落下帷幕。日本的平成时代是从 1989 年 1 月 8 日到 2019 年 4 月 30 日的 30 年，这是日本国内外环境发生巨大变化的 30 年。从国际环境来讲，冷战结束，信息革命风起云涌。从日本国内来讲，在 20 世纪 80 年代末日本已基本完成了赶超欧美国家的目标。从 90 年代起，日本步入了少子老龄化社会。1945 年到 1990 年的日本，是一个几乎所有行业都在发展进步、几乎所有人的收入和生活水平都在提高的社会。平成时代的日本，行业有明有暗，企业有落败的，也有稳步发展的。平成时代也诞生了这个时代特有的各种社会问题和现象。

我们中国人之所以对日本了解不多或者评价比较低，还有一个原因，那就是日本国民性的问题。日本的国民危机感比较强，做事情比较踏实、不爱声张或者制造各种概念。"失去的十年"也好，"失去的二十年"也好，其实都不是外国人安到日本人头上的，都是日本人自己制造的词汇。2000 年以后日本人不断获得诺贝尔奖，但是最近几年日本的报纸却不断在强调日本基础科学研究的危机。说的更多的是，如果不增加对基础研究的投入，日本以后就出不了这么多科学成果了。日本人出于居安思危的考虑，不断地唱衰自己是没问题的。但是中国作为日本的竞争对手，对日本缺乏正确的了解是会吃亏的。

对于一个国家和社会 30 年的发展和变化，用几百页的书籍来描述几乎是不可能的事情，必须从政治、经济、文化、科技、社会等多方面进行详细解说，才能让读者获得一个比较客观的、全面的认识。本书的内容主要集中在日本的经济方面，更准确地说是集中在日本在平成这样一个国内外环境都发生巨大变化的时代，日本的产业和企业如何变化的。

平成时代的 30 年，笔者认为可以用四个"化"来形容，即"转化""分化""进化""国际化"。

首先说"转化"。日本的产业水平全面赶上欧美发达国家是 20 世纪 80 年代后期的事情。日本的造船业下水量在 1956 年成为全世界第一。日本的钢铁产量在 1979 年成为全世界第一，汽车产量在 1980 年成为全世界第一，机床产量在 1981 年成为全世界第一，半导体产量在 1986 年左右成为全世界第一。日本的人均 GDP 超过美国是 1988 年左右的事情。这个可以视为日本完成了明治维新以来赶超欧美的国家战略目标。无独有偶，日本人的平均寿命成为全世界第一也是在 1991 年左右，即进入平成时代的第三年。人均寿命达到全世界第一，意味着日本的整体的医疗水平、生活水平、环境、治安等方面都达到了全世界顶尖的水平。平成时代的 30 年是日本从追赶型的国家转变为一个成熟的发达国家的 30 年。

第二个关键词是"分化"。我们都知道日本在平成时代日本经济增长率一直很低，平均只有 1% 左右。但是这并不意味着日本在经济、产业、企业竞争力方面都是停滞的。恰恰相反，从企业的层面来讲，日本企业的技术水平、管理水平和国际化水平都大幅度提高了。为了避免误解，在此需要说明的是，平成时代的日本，许多企业在激烈的国内外竞争中落败了，但是每一个行业中都有竞争力上升的企业。同一个行业内也有明有暗。比如半导体行业。日本的半导体行业中生产存储器（DRAM）的企业在平成时代全部落败了，但是在半导体行业的上游也就是半导体生产设备和半导体材料方面，日本直到今天也是强大的。半导体设备整体实力依然可以和美国相抗衡；在半导体材料方面，日本依然是全世界第一。

从老百姓的生活来讲，昭和时代的日本人的收入水平都是连年上升的，国民的贫富差距也很小。进入平成时代，大部分国民的收入开始停滞不前，国民的贫富分化也开始成为社会问题。"分化"给日本带来了许多的问题。今天我们有所耳闻的日本社会问题几乎都与"分化"和"老龄化"有关。

第三个关键词是"进化"。回顾日本这个国家的历史，我们会发现一个比较有趣的现象，那就是日本不断地学习发达国家，之后自己开始慢慢地进化和发展，在许多领域学习甚至超过自己的老师。日本在古代是学习中国，在明治维新之前是学习荷兰，在明治维新之后是学习西欧，在"二战"后是学习美国。日本的缓慢进化从来没有停止过。

零售业是一个传统行业，不算高科技行业。但是平成时代的30年，日本零售业的进化就非常明显。新型的零售业态也一路高歌猛进。20世纪90年代的日本，在一片"失去的十年"的声音当中，日本的药妆店和24小时便利店一直在扩展，1990~2000年的10年，药妆店的最大企业"松本清"的净利润增加了500%以上。"唐吉柯德"在中国目前也很有名气，它是在平成时代诞生发展的零售连锁企业。这家店有明显的商业创新模式。"唐吉柯德" = discount shop + 24小时 + amusement park，也就是商品廉价，24小时营业，而且店内布置得很有趣。目前日本的实体商业达到了全世界最高水平。

　　第四个关键词是"国际化"。日本国际化起步于 20 世纪 80 年代初，随着日本经济实力的增加和日元的升值，日本企业开始在海外投资，普通国民也开始享受海外旅游。这一个趋势在 1985 年的"广场协议"之后尤其明显。1985 年之后，日本开始在全世界大肆并购。但是 80 年代日本的国际化是一个初步的，而且是一个单方面的国际化，其内容和水平都是相对低级的。平成时代的 30 年，是日本全方面国际化的时代。在"失去的十年"的声音中，几乎所有的日本大中型企业都完成了国际化布局。另外，日本其实一直是一个隐形的移民大国。平成时代的 30 年中，到日本留学的外国学生的数量，拿到日本绿卡的外国人数量，拿到日本国籍的外国人的数量一直在稳步上升。特别是 2010 年之后，到日本旅游的外国客人连年攀升。

　　今天，我们许多人对日本 80 年代泡沫时期，以及日本失败的海外并购津津乐道。但是大家有所不知的是日本对外投资并购的脚步从来就没有停止过。特别是 2000 年之后，日本度过了最艰难的 90 年代以后，对外并购稳定发力。从 2000 年开始，日本对外并购的金额稳定增长了十多年。

　　本书并没有按照年份去描述平成时代，而是每一个章节相对独立，读者从任何一个章节阅读都可以。另外，本书并不都是讲平成时代的事情，很多内容涉及了昭和甚至明治时代。这样做，有一个基本的考虑，那就是如果要相对客观地认识现在的日本，必须把目光放在历史的视野当中。现在的日本，都是过去几百年不断进步或者演变的结果。比如，日本的财阀就是一个典型。日本最有影响力的三家财阀是三井、三菱、住友。三井和住友的起源可以追溯到 400 年前。三菱财阀的起源也可以追溯到 150 年前的明治初期。对于这些财阀的起源和发展，大部分的中国读者都不是很清楚。日本的财阀一直是支持日本近代发展的最重要的力量，对日本的政治也产生过非常重要的影响。介绍财阀发展历史，对于理解平成时代日本经济结构的变化是具有重要意义的。

近几年，中国介绍日本工匠精神和长寿企业的书籍也多了起来。其实，日本研究工匠精神和长寿企业的书籍大部分是 2000 年以后出版的，也就是在平成时代才大规模出现的。笔者有十多本关于日本长寿企业和工匠精神的书籍，基本上都是 2000 年以后出版的。日本的电视节目比较多的介绍这些企业也是 2000 年以后的事。原因有两个：一是经过战后 60 多年的发展，日本各行各业的"职人""匠人"的技术水平在 20 世纪 90 年代达到了登峰造极的水平，并创造了许多在全世界领先的产品；二是日本 90 年代有长达 10 年的不景气。日本这些"职人""匠人"的企业和许多长寿企业也经历了日本战后最长的受难的时代。但是在 90 年代的不景气中这些企业反倒是闪闪发光，更加显得弥足珍贵。目前工匠精神和长寿企业已经成为日本软实力的重要符号。

| 目 录 |

第 1 章
共克时艰和艰难改革发展的 30 年
——日本平成时代的回顾

1989 年 1 月 7 日，昭和天皇驾崩，拉开了平成时代的帷幕。2018 年是平成 30 年，2019 年 4 月末，平成天皇退位成为上皇，平成时代落下帷幕。平成元年的 1989 年是日本泡沫经济的顶峰，1990 年初日本股价开始下降，土地价格也开始下降。从 1990 年到 2018 年，日本的平均经济增长率为 1% 左右，平成时代对日本来说，是共克时艰和艰难改革的 30 年。

一、 平成时代日本经济为什么会很难？

1990 年（即平成 2 年）的泡沫经济破灭是日本近代发展史上的一个重要的转折点。过去我们经常会听到"失去的十年"、"失去的二十年"这样的说法。那么日本为什么会失去十年或二十年？笔者认为，1990 年以后日本经济的长期低迷，泡沫经济的破灭给日本造成的打击很大，但这不是本质的原因。本质的原因是日本国内环境的根本变化和国际环境的根本变化。90 年代日本之所以失去了十年，是受到了泡沫经济破灭、国内环境变化、国际环境变化的三重因素叠加的影响。此外还有 1995 年阪神大地震的影响。1990 年以前，日本几乎所有的行业都在发展，几乎所有国民的收入都在持续不断的上涨。1990 年以后，所有的行业都开始分化，日本国民个人的生活也开始增加众多的变数。

（一）泡沫经济的破灭和对泡沫经济处理的延误，是造成 90 年代日本经济低迷的直接原因

日本的股市在 1989 年 12 月末达到历史最高纪录（日经指数 38915点），之后开始一路走低。1990 年 3 月 22 日，跌破了 3 万点，1990 年 10月跌破了 2 万点。日本的土地价格开始下降是在 1990 年（平成 2 年）的夏天。1990 年 3 月 27 日，日本的大藏省发布了不动产融资总量管制的通知。1992 年 3 月 26 日，日本的国土省公布了全国的公示地价（每年 1 月 1日的定点评估的土地价格），全国平均土地价格 17 年来第一次出现下降。从 1991 年到 2000 年，日本破产的金融机构高达 200 家左右，包括商业银行、证券公司、保险公司、非银行性金融机构（主要是住宅金融公司）和信用组合（类似中国的地方性的小型信用社）。

1991 年东邦相互银行出现问题。1994 年 12 月 9 日，东京的协和信用组合和安全信用组合破产。1995 年 8 月 30 日，神户的兵库银行和大阪的木津信用组合（日本最大的信用组合）破产。1995 年 7 月 31 日，东京的Cosmo 信用组合破产。1996 年 3 月 29 日，太平洋银行破产。1996 年 11 月21 日，阪和银行业务停止。1996 年 6 月，日本国会通过了住专处理法，开始处理住宅金融公司的事情。日本共有 8 家住宅专门金融公司，都是在 70年代初期成立的。80 年代后期，这些公司都从事房地产融资。泡沫经济破灭之后，其中的 7 家公司的贷款的 50% 以上都成为坏账。

日本金融机构破产的高峰是在 1997 年和 1998 年。1997 年 4 月 25 日，寿险公司的日产生命破产，这是"二战"后日本保险行业第一次有保险公司破产。1997 年 11 月 3 日，中等规模的证券公司三洋证券申请了破产保护，这是"二战"后第一次有证券公司破产。1997 年 11 月 17 日，日本大型银行之一的北海道拓殖银行破产，这是"二战"后第一次有大型银行破产。1997 年 11 月 24 日，日本最大的四家证券公司之一的山一证券公布自主废业。1997 年 11 月 26 日，位于仙台市的德阳城市银行破产。

1998 年 10 月 23 日，日本大型银行之一的日本长期信用银行国有化。1998 年 12 月 13 日，大型银行之一的日本债券信用银行国有化。1999 年 6 月，寿险公司的东邦生命破产。2000 年 5 月，第百生命破产。2000 年 10 月 9 日，寿险公司的千代田生命申请破产保护。10 月 20 日，寿险公司协荣生命申请破产保护。2001 年 3 月，东京生命破产。2001 年 9 月 12 日，日经指数跌破了 1 万点的大关。

应该说在 1997 年和 1998 年左右，日本发生了金融危机。整个 90 年代，日本的金融系统都处在一种不稳定中。从 1996 年左右开始，日本开始了公有资金对金融系统的资本注入和救助。日本金融系统也从 1996 年左右开始了大规模的整合重组。这个过程一直到 2005 年左右才完全结束。金融系统的不稳定，也影响到了日本实体企业的发展。

（二）日本国内环境和国际环境的根本变化，是日本 1991 年以后经济长期低迷的根本原因

笔者认为，日本 90 年代以后的长期的经济低迷，是日本国内环境和国际环境的根本变化造成的。日本战后长期维持的政治经济体制和文化面对这个新的变化，出现了种种的不适应。这个不适应，是造成日本 90 年代以后长期经济低迷的根本原因。

1. 国际环境方面的变化有两个因素需要强调。第一个因素是冷战的结束和美国信息革命的崛起。冷战的结束和美国的信息革命让美国重新牢牢掌握了世界经济发展的主导权和制高点。在 20 世纪 80 年代后期，日本许多产业在质量和数量上都超过了美国。1979 年左右日本钢铁产量成为全世界第一，1980 年左右汽车产量成为全世界第一，1981 年左右机床产量成为全世界第一。1987 年左右半导体产量成为全世界第一。20 世纪 80 年代后期，全世界资产规模最大的银行基本都是日资银行。美国的资本市场和 IT

革命完美结合，风险资金的注入和企业的迅速上市，从资本面推动了信息革命的迅速发展。信息革命发展极大地改变了产业的竞争格局和产业的国际分布。80 年代后期，日本到了产业链的顶端。但是 IT 革命的兴起，让美国的硅谷站到了全球产业链的最顶端。而且，欧洲在 1992 年 2 月签订了《马斯特里赫特条约》，明确了欧洲一体化的进程。80 年代后期，欧洲的传统大国的经济明显开始逊色于日本。欧盟的诞生形成了欧洲统一的市场，对促进欧洲的经济发展起到了良好的作用。1990 年 10 月 3 日，西德、东德统一。当时西德是仅次于美国、日本的全世界第三大经济体。德国的统一也是区分德国和日本 90 年代以后明暗的重要因素之一。

第二个因素是日本周边竞争格局的重大变化。20 世纪 60 年代和 70 年代，日本经济在高速增长的时候，中国则在开展各种运动，拱手把发展机会让给了日本。1978 年以后，中国开始转到以经济建设为中心的路线上。特别是 1992 年邓小平的南方谈话彻底让中国改革的力量爆发。90 年代以后，中国、韩国的发展在一些领域跟日本有竞争关系。如中国内地的纺织业和轻工业，韩国的造船和电子工业跟日本有竞争关系。1985 年的"广场协议"以后，有许多日本企业把生产转移到中国。截至目前，日本国内外研究 90 年代日本经济的长期低迷和通货收缩的时候，往往强调了日本的经济金融政策和美国的因素。事实上，东亚地区的发展对日本 90 年代以后的发展产生了很大的影响。90 年代以后，轻工业和劳动密集型产业被中国所取代或者转移到了中国。韩国则在造船、钢铁、电子行业的中端领域对日本形成有力竞争。2000 年以后，中国台湾的电子行业对日本形成了很大竞争。

上述两个因素交织在一起，让日本战后的经济和产业体制受到了根本的挑战。事实上，上述两个因素大部分情况是交织在一起的。比如，中国的改革开放本质上是对美国的开放。80 年代外资的主要来源是华侨和日本。1992 年以后外资的主要来源是美欧日。中国台湾电子行业的兴起就是一个典型的例子。90 年代日本的笔记本电脑行业还是处在世界领先的位置。在非常小的空间内配置各种零部件，而且要保证多年的正常运转是需要很高的技术的。日本企业在这些方面有全世界领先的技术积累。美国英特尔公司开发了笔记本电脑的母板技术（mother board）并将其技术教授给了台湾企业。其结果是台湾企业只要用英特尔公司的 CPU、母板和液晶显示屏就可以制造出笔记本电脑。以富士康为代表的台湾企业，在中国内地设立工厂，充分利用了中国内地的优惠税制、廉价土地以及优质的劳动力大量生产电脑，出口到全世界。2000 年以后，包括索尼在内的不少日本企业开始利用富士康进行贴牌生产。这样做的结果有两个，一个是工厂生产流水线上的日本普通蓝领工人丧失了工作机会；第二个影响是国际大分工的结果是产品价格不断降低，日本长期通货收缩。金融学家往往只从金融政策的角度分析日本经济为什么长期低迷和通货收缩，是存在问题的。

2. 关于日本国内环境的重大变化，有两点是需要特别强调的。第一点是日本国内追赶型的政治经济文化体制走到了尽头。日本在明治维新之后一直走的是学习模仿欧美国家的道路。日本战后的体制，被日本知名学者野口悠纪雄称为 "1940 年体制"。1940 年左右是日本开始所谓 "总力战"、构筑战时经济管制体制的时代。战后日本的政治经济文化体系，包括日本国民的心态一直到 80 年代末 90 年代初，基本上都是一成不变的。政治上，从 1955 年以来基本上都是自民党一党执政。经济上，是以六大企业系列为特点，也就是三井、三菱、住友、一劝、芙蓉、三和六大企业系列（或者说企业集团）。日本的大藏省和通商产业省对日本经济发展和金融有巨大的影响力。大藏省负责的政务相当于 "中国的财政部 + 国家税务总局 + 银保监会 + 证监会 + 海关总署 + 国家外汇管理局"。通商产业省负责的政务相当于 "中国的发展改革委 + 商务部 + 工信部 + 工商管理总局 + 质量技术监督局"。在金融体系方面，大藏省主导了所谓的护送船团方式，也就是一家金融机构也不允许破产的监管体制。通商产业省则不断推出支持产业发展的各种政策。在文化和国民心态方面，也是学习模仿欧美社会。

截至20世纪90年代中期，这种体制一直都没有发生变化。这种体制是追赶型的社会体系。1987年左右，日本人均GDP超过了美国。这是日本在历史上第一次超过了自己学习了100多年的老师。1985年，日本成为全世界最大的债权国。80年代后期，从经济水平上来看，日本已经完全步入了发达国家行列。但是日本的社会体制依然是追赶型（catch up）的体制，这就产生了一个内在的矛盾。例如，日本战后的央行法《日本央行法》是1942年制定的。这个法律一直到1998年才进行了大规模的修改。类似的事情还很多。日本央行的独立性低下是造成日本80年代后期金融政策失败的最重要原因。

第二点是日本人口结构的根本性变化。从90年代初开始，日本步入老龄化社会。日本的劳动力人口在1998年左右开始下降；日本的总人口在2005年左右开始下降。在1987年左右，日本总人口是美国总人口的一半左右。之后美国保持了人口增长的强劲势头，但是日本人口态势逐年变差。进入2005年后，所谓的"团块世代"（1945～1955年出生的人）开始逐步退休。这些人吃苦耐劳，支撑了日本战后的技术发展和经济发展。进入80年代，支持日本经济发展许多知名公司的创始人开始去世或者退出经营的一线。

许多人认为是泡沫经济造成了日本"失去的十年"。笔者却认为日本国内外环境的根本变化才是最重要原因。日本的产业实力是非常强大的，1994年日本的GDP增长率就恢复到了4%。1995年阪神大地震，日元升值，日本经济下滑。1992年之后，中国步入市场经济，美国开始步入IT产业革命。中国和美国两个大国的巨大变化彻底把日本的GDP想要恢复到 4% 的可能性打掉了。

二、 平成 30 年的前半期是日本在艰难困苦中谋求变革的 15 年

笔者基本赞成"失去的十年"的说法，但是不赞成"失去的二十年"这个说法。日本在 1990 年以后，特别是在 1997 年以后，在困难的环境下进行了一系列的改革。这个改革在 2005 年左右就结束了。日本战后的经济体制从 1950 ~ 1990 年基本上没有变化。90 年代的改革在很大程度上改变了日本战后的经济体系。

（一） 日本战后的经济体系和经营模式明显和英美国家是不同的

"二战"后，日本政治上并没有形成两党制，自民党从 1955 年一直执政到 1993 年，也就是所谓的"55 年体制"。经济上，战后的六大企业系列把持着日本的经济发展。日本在第二次世界大战结束之前，经济是被大大小小的 10 多家财阀所掌控。1945 年以后，日本形成了六大企业系列，或者称为六大企业集团，分别为三井（战前的三井财阀）、三菱（战前的三菱财阀）、住友（战前的住友财阀）、芙蓉（战前的安田财阀）、三和（战前的鸿池财阀和山口财阀）和第一劝业系列（战前的涩泽财阀和川崎财阀）。每一个企业集团都有几十家企业，都是日本的代表性的企业，负责人定期聚会。这些系列的核心企业为银行和综合商社。银行发挥着融资和监督企业的作用。而综合商社则担负着国内外贸易的重要作用。

日本的公司经营模式和欧美国家也有明显的不同。"终身雇佣""年功系列""按照企业组织的工会"被称为日本式经营的"三种神器"。

日本的知名学者野口悠纪雄把日本战后的体制称之为"1940 年体制"，意思是日本战后体制的基础是 1940 年左右日本开展"总力战"时候的遗留物。战后日本的金融体制以间接金融为主。这和美国的以直接金融为主

的体制有很大的不同。

(二) 日本的 90 年代是改革的 10 年

客观地讲，日本的改革从 20 世纪 80 年代就开始了。但是从法律和制度上做大规模的变革是 90 年代以后的事情。日本在 80 年代进行了日本国铁、日本烟草公司、日本电话电报公司（NTT）的民营化。日本在 80 年代开始金融的去管制化（日语：金融自由化）。90 年代以后，日本也持续进行了金融的自由化。说日本失去了 20 年是不合适的。

笔者把 1991～1997 年定义为日本的泡沫经济破灭之后的混乱期和摸索期。1955 年到 1993 年自民党一直掌握着政权，1993 年自民党第一次下野。这次下野的重要时代背景是冷战的结束。日本国民内心深处也渴望着日本政治的改变。但是 1994 年自民党联合其他政党，夺回了执政权。

1996 年 1 月 11 日，桥本龙太郎内阁诞生，开始着手进行改革。首先提出的是金融大爆炸改革（big bang）。这是模仿 80 年代后期英国的资本市场改革。提出了建 "free fair global" 的东京金融市场的口号。这次改革拉开了针对日本战后金融体系改革的序幕。同时桥本内阁也提出了行政改革的口号。1998 年 6 月日本国会通过了《中央省厅等改革基本法》，1998 年通过了《关于为了整备金融系统改革相关法律的法案》。笔者把 1997 年视为日本重新导入欧美制度的起点，原因之一就在这里。从 1997 年到 2005 年左右，日本一直不断地修改自己的法律，缓慢地改革了战后 50 年的经济体系。

之所以把 1997 年作为分水岭，是因为 1997 年和 1998 年发生了一系列重要的变化。1997 年日本通过了修订的《日本央行法》。该法案是日本规范央行的法律。1998 年 4 月 1 日开始实施的新央行法提高了央行的独立性。1996 年日本的财阀银行三菱银行和外汇专业银行东京银行合并，成为当时全世界资产规模第一大银行。1998 年 6 月，日本成立了金融监督厅。

金融监督厅的成立意味着日本战后金融监管体制的改变。日本战后一直是大藏省执掌财政和金融大权，其金融体制被称为"护送船团方式"，也就是不允许有发展过快或者破产的金融机构。1997 年 11 月日本四大证券公司之一的山一证券宣告破产，北海道最大的银行北海道拓殖银行宣告破产。这两家大型金融机构的破产，也意味着日本战后金融系统走到了尽头。

1998 年 4 月 1 日，日本也开始实施新的外汇外贸法。1949 年日本制定《外汇法》和《外资法》。1979 年，日本大幅度修改了《外汇法》，外汇交易原则从原来的原则上管制到原则上自由。废除了《外资法》，外国企业可以到日本自由投资。1998 年，日本再次修改《外汇法》，内外资本交易和外汇业务完全自由化。另外，1997 年和 1998 年发生了亚洲金融危机，这个时候日本提出了建立亚洲货币基金的倡议，但是被美国所抹杀。1998 年以后，日美之间再没大规模贸易和金融摩擦。之前开放市场等压力都是来自美国，但是 1997 年之后的改革更多的是日本自身求变的需求。

1997 年，日本修改了 1947 年制定的《反垄断法》，开始允许纯粹控股公司的存在。纯粹控股公司为日本企业的大规模的整合重组打开了方便之门。

90 年代后期，日本的政府机构也实施了重大的改革。在中国也非常知名的通商产业省，在 2001 年更名为经济产业省。通商产业省是 1949 年改造当时的商工省设立的，统管了日本的产业发展和国际贸易。掌管财政金融和税务的大藏省也改为财务省。

司法制度方面，90 年代后期日本也着手开始"百年一次"的司法制度改革。2001 年，《司法制度改革推进法》推出，改革了日本战后 60 年基本未变动的司法体系。主要受关注的有两点，一个是法科大学院的设立，这是模仿美国的 law school 制度设立的。2004 年，日本的几十所高校的法科大学院开始招生。2006 年日本开始实施新的司法考试。另外一个是陪审员制度的创设，从 2009 年开始实施。这次司法制度改革的本质是向美国司法体系的一次学习和靠拢。

2005 年，日本把原来分散在商法、有限公司法等法律中的内容摘出来，形成了《公司法》，并在 2006 年开始实施。2006 年，修改过去的《证券交易法》为《金融商品交易法》。事实上，1997 年以后，几乎对所有与金融相关的法律都进行了大幅度的修改。《保险法》《保险业法》《信托法》《信托业法》等进行了修改。

在经济方面，笔者概括为旧的六大企业系列整合为新的三大企业系列。2000 年第一劝业银行、富士银行、日本兴业银行宣布合并，成立瑞穗（mizuho）金融控股集团。2001 年樱花银行（原来的三井银行）和住友银行宣布合并。2001 年三和银行和东海银行等合并，成立了 UFJ 控股。2006 年东京三菱银行和 UFJ 合并，成立三菱东京 UFJ 金融控股。到此为止金融行业的整合告一段落。笔者认为，泡沫经济的破灭对日本的影响在 2006 年左右就完全结束了，因为受泡沫经济影响最大的银行领域在 2006 年左右已经完成了整合。另外，日本政府注入大型银行的国有资金也基本上在 2005 年左右就偿还给日本政府了。

事实上，这不仅仅发生在银行行业，在日本几乎所有的传统行业都发生了大规模的合并。保险、钢铁、石油、矿产、超市、百货店、汽车等领域时有并购发生。

2000 年以后，日本进一步推进了民营化。2005 年，小泉纯一郎内阁推进了日本邮政公社的民营化。过去的日本邮局主要经营三项业务，也就是邮政业务、简易保险业务、存款业务。2007 年 10 月，日本邮政集团成立。之后虽然有所反复，但是总体在朝向民营化的方向前进。2002 年，东日本旅客铁道完全民营化，也就是日本政府不再持有任何股票。2006 年，东海旅客铁道完全民营化。2004 年，西日本铁道完全民营化。2016 年，九州旅客铁道完全民营化。我们可以从日本邮政和日本铁路系统的变化看到，日本在 90 年代以后经济低迷的情况下，仍然缓慢但是坚定地推动了国退民进。

2004 年，小泉内阁时代通过了对道路公团（建设和运营高速公路的国有性质机构）实施民营化的法案。2005 年 10 月 1 日，日本道路公团、首都高速道路公团、阪神高速道路公团、本州四国联络桥公团被废止，设立了 6 个高速道路株式会社（株式会社是股份公司的意思）和一个行政法人，日本高速公路的民营化成功实施。

三、 进入平成时代，日本老百姓的日子为什么难过了？

1990 年以前，几乎所有国民的实质收入都会伴随着年龄的增长稳定增长。以 1991 年为分水岭，日本"二战"后的经济体系和内部的循环发生了根本的变化。从 1945 年到 1990 年的 45 年，日本是一个完全的正面的循环，日本所有的产业都连年发展（规模和质量以及在国际上的影响力），所有国民的收入都是连年上升的。1991 年之后，维持这一切的日本内部环境和国际大环境都不存在了。80 年代末，日本在民用客机、油田服务、律师业、制药行业、酒店业等明显不如欧美国家，其他行业基本上都在数量或者质量上赶上了欧美国家，特别是制造业。1991 年之前的日本是一个半封闭的资本主义社会，形成了一个巨大的"村落社会"。这个社会内部是有秩序的竞争，对外来者是非常排斥的。

1991 年之后日本老百姓的苦首先是从雇佣环境的恶化开始的。20 世纪 90 年代，有不少企业开始破产，较多出现在三个行业，一是各种金融机构。二是在泡沫经济时代疯狂扩展的房地产企业和建设行业。土木工程建筑行业被称为结构性不景气行业。日本的建筑行业从业人数的高峰在 1997

年左右开始下降。三是泡沫经济时代过分投资的企业。

另外，日本的不少产业转移到了国外。这个过程从1985年的广场协议就开始了。由于日元升值和日本劳动成本的上升，日本的劳动密集型企业开始转移到中国等国家。另外由于日美汽车摩擦日益加剧，日本的汽车行业开始采取在美国设厂生产的方式解决贸易摩擦。在90年代中期，日本出口美国的汽车数量已经低于在美国当地生产的汽车数量了。

上面文章中也谈到，从1996年左右开始，日本的各行各业拉开了合并重组的大幕。但是企业合并之后首先面临的就是裁员，特别是在传统行业。1991年之前，日本实施完美的终生雇佣制度，绝大部分男性在大学或者高中毕业后一辈子在一个单位工作。1991年之后，企业的破产让一些员工另谋职业。另外，由于不景气，许多企业限制了每年的新毕业大学生录用。1995～1997年的大学生就业市场被称为"冰河期"。90年代以后，非正规雇佣（所谓的派遣员工和按小时计算报酬的临时工）越来越多。

90年代以后，养老问题也开始沉重地压在了日本国民头上。从90年代初期到现在，日本国民的平均寿命基本上都是全世界第一。长寿是好事情，但是长寿也意味着一个人退休后的生活费、医疗费用、养老护理费用的增加。这个负担沉重地压在了日本政府和国民的身上。年轻人和中年人考虑退休后的生活，对消费开始压缩。

90年代以后，伴随着现代化的连锁流通企业（超市、方便商店、电器量贩店、服装量贩店等）和电子商务的崛起，传统的小型零售企业陷入困境。日语中有一个词叫"駅前商店街"，意思是车站前的商店街，大部分都是家庭单位经营的生活相关商店。90年代以后，这些大部分的商店街陷入困境，一些个人商店店主收入大幅度下降。

1990年以后的日本，诞生了许多反映这个社会现状的词汇。working poor（穷忙族）是那些一直以非正式雇佣的形式工作的人，薪水比较低，而且也不能随着年龄增长而收入增加。"名ばかり管理職"（只有名字的管理职）是指公司为了节省加班费，让一些本来不是管理岗位的人改为管理岗位。在日本的公司，如果是普通员工加班是必须支付加班费的，如果是中层以上管理岗位的人，是不需要支付加班费用的。"下流老人"是指那些生活困难的老年人。

另外，90 年代以后日本社会的晚婚化和不婚化趋势明显。其背后的一个原因是社会价值观的多元化。另外一个原因是日本一些男性的收入过低，难以结婚。上面也谈到，日本进入 90 年代以后，开始进行各种领域的大幅度改革，打破了战后长期存在的"结果平等主义"。

四、 平成时代日本国民如何"共克时艰"和"消费降级"

1991 年之后，伴随着日本国内外形势的变化和日本的改革，日本也诞生了一批新的企业。直到今天，支撑日本经济的大型企业基本上是 1945 年之前成立的企业。1991 年之后，日本诞生了一批新型的企业。第一类是 IT 企业。日本的 IT 企业并没有能够领先全世界，但是也并没有明显落后。以乐天为首，也有一大批互联网企业存在。第二类是销售廉价商品的连锁型的零售企业。比如，百元店（店里的每种商品都是 100 日元一个）的大创产业。电器量贩店的"山田电机"和"Big Camera"等。专门销售二手书的"Book Off"。销售廉价家具的似鸟家具，销售各种廉价商品的堂吉诃德，销售公司职员套装及衬衣的"洋服青山"和"青木"，主营休闲服装的"优衣库"，销售二手名牌产品的"KOMEHYO"和"大黑屋"。第三类公司是老人护理公司。伴随着老龄化社会的到来，日本诞生了一大批老人护理运营企业。

日本普通国民开始可以出国旅游或者购买欧美的名牌产品应该是 1985 年以后的事情。1985 年 9 月 22 日的广场协议让日元兑美元的汇率在 2 年左右上升了一倍。9 月 22 日的时候 1 美元大约为 240 日元。两年后上升到 120 日元左右，也就是以美元计算的日本人的收入 2 年左右上升了一倍。笔者认为，日本所谓的"消费降级"，并不是很明显。1991 年之后，炫耀性消费和奢侈性消费确实少了，国民的普通生活消费的质量没有明显下降。这是因为伴随着国际大分工的实施，日本进口的东西越来越多，价格不断下降。

在国际分工中，日本企业负责了上游的部分，也就是产品的设计、品质的管理和日本国内的流通。比如经常在日本的各种庆典上使用的蝴蝶兰，价格下降了 2/3。20 世纪 80 年代，一盆蝴蝶兰需要在日本进行 3 年以上的培养，销售价格在 6 万日元以上。90 年代以后，日本的园艺企业采取了东亚地区分工的方式。日本企业负总责，负责开发新的品种和日本国内的流通销售。在台湾地区培养种苗，3 个月后运送到福建省进行一年的养殖。之后运到日本进行销售。蝴蝶兰的品质是一模一样的，但是价格从 6 万日元降低到 2 万日元。

日本公司员工和公务员每天都要穿西服打领带。90 年代以后，普通职员的西服和衬衣的 80% 以上都是在中国生产的。一件衬衣的价格也就是 5000 日元左右，折合当时人民币 300 多元。但同样价格的衬衣，日本销售的中国制造衬衣质量明显好于中国，而且细节的地方好于中国。比如，中国的衬衣（即使是 800 元左右的知名品牌衬衣）扣子和袖口处往往有很长的线头存在，但是日本销售的衬衣就不存在这个问题。这是因为日本企业在进行严格的品质管理，而且面料质量往往好于同价格的中国衬衣。

90 年代以后日本也诞生了不少"百元店"企业，有一些甚至发展到了东证一部上市。这些企业的产品 90% 以上都是在中国生产的。回顾 90 年代以后日本的发展，我们发现一个有趣的现象，通过企业的经营努力（技术发展和管理的改善）和国际化分工，许多的商品的价格都下降了，但是品质并没有下降，许多产品质量还提升了，也没有产生任何侵犯知识产权的问题。从日本平成时代的经验来看，经济的下滑和消费降级不能画等号，和容忍假冒伪劣更不能画等号。

五、日本失去了什么？没有失去什么？得到了什么？

（一）日本失去了什么？

如果说 1991 年以后日本失去了什么？笔者认为日本失去的是百年一遇的产业革命的引领权。IT 革命被称为第三次产业革命，在这个百年一遇的革命中，日本基本上是一个跟随者。在 IT 的硬件方面（半导体和电子零部件），日本应该是仅次于美国的第二大贡献国家。但是在软件和商业模式创新方面，日本基本没有可以称颂的业绩。

在政治方面，日本也没有获得明显的进展。日本国民曾经期待的两党制的尝试失败了。日本的战后政治体制，都是在第二次世界大战的冷战时代形成的。冷战结束以后，日本的政治体制需要有所改变，但是直到今天还是延续了冷战时期的政治手法。政治的旧态依然和经济上的挫折造成国民心理的严重的闭塞感。日本有一个词叫"政治的劣化"，意思是指平成时代，以国会议员为首的政治家的素质的下降。1993 年日本进行了国会议员选举制度的改革，从原来的中选举区制度改为小选举区制度和比例代表并列的选举制度。这个改革，造成了日本国会议员的整体素质的下降。一个国家如果政治家素质低下，对国家长期的稳定和繁荣是会产生恶劣影响的。

笔者认为，关于泡沫经济之后的"失去的十年"这种说法，是可以成立的。

（二）日本没有失去什么？

日本 90 年代以后经济长期低迷，1997～1998 年还发生了金融危机，有一段时间政权也频繁更替。但是大家都能看到，日本社会这 30 年来并没有发生大的社会动荡和社会不安。2011 年的"3·11"大地震暴露了日本电力系统和风险管理方面存在的问题。但是停电的大城市东京却井然有序，没有发生任何的社会混乱。发生大地震和海啸的地区，社会也没有出现任何的混乱。经济低迷了 30 年，但是日本的街道依然是干净整洁，事实上城市比 1990 年以前更加漂亮了。最近 30 年，日本并没有诞生新的城市，但是旧的城市也在缓慢进化和变化。东京的 CBD 丸之内和大手町，过去的 30 年，几乎一半左右的建筑物都进行了重建。

虽然经济低迷 30 年，但是日本的民主制度、市场经济制度、高的国民素质没有任何动摇。这应该是说是平成时代没有失去的。日本的畅销书作家中岛孝志曾经写过一本书，提到"即使经济二流，政治三流，但国民一流的国家一定会繁荣"。也许他的这个观点是对的。

最近几十年我们的经济学教育都是建立在英美经济学著作基础上的。日本的经营体制和文化有一定的特殊性，西方经济学并不完全适用。事实上，90 年代的时候，许多西方经济学家到日本后都感到困惑不解，经济萧条下的日本为什么社会井井有条，没有任何经济大萧条社会的样子？

我们在谈论日本的时候，往往关注 GDP 增长率的下降和人均 GDP 的下降。这里有一个潜在的前提，那就是 GDP 的增加和人的社会福祉的增加是一致的。但是发达国家，这个等式不一定是成立的。比如，日本从 20 世纪 70 年代起到 2017 年，成年人的吸烟比率是逐年下降的。日本烟草公司（JT）在 90 年代以后陆续关闭了一些国内的工厂，JT 公司的员工也主动离职了不少。烟草行业的 GDP 是下降了，但是这并不意味着日本国民福祉的下降。日本从 1970 年到现在，死于交通事故的人数也是连年下降的。1970 年交通事故死亡人数 16765 人，2017 年的数字是 3694 人，是 1948 年来的最低数字。

黑社会成员的数量在平成年代也是连续下降的，相关的刑事案件和地下经济都下降了。这些事情对 GDP 增加没有贡献，但是对于社会福祉的提高是正面的。

（三）日本得到了什么？

笔者认为，2010 年以后日本发展成了一个真正意义上的发达国家。80 年代以前的日本企业都是出口主导。1985 年以后，日本企业和日本国民开始走向全世界。80 年代以后，日本开始接纳外国留学生。2010 年以后有越来越多的外国观光客到日本，2017 年，这一数字达到了 2400 万人次。在日本的历史上，第一次形成了双向开放的格局。日本社会和企业在历史上第一次实现了国际化。这是外部环境给日本带来的结果，也是日本主动适应外部变化的结果。这对日本的产业发展也带来非常大的影响。过去，日本的国际化行业都是一些出口行业。现在，传统的国内行业也变成了出口行业。比如，日本的铁路运输行业、餐饮行业、零售行业、医疗服务、酒店业等，由于外国观光客的大量涌入而成了非常景气的行业。战后日本的经济体系明显是一个二元的体系，即出口型企业和非出口型企业。最近几年，这个二元体系被打破了。

90 年代以前的日本，日本女性的社会地位比较低，结婚以后一般辞职做专职主妇。1986 年，日本通过了《男女雇佣均等法》。1991 年之后，在社会的各个领域活跃的女性越来越多。这也是日本社会整体的进步之一。

刑事案件发生率不仅没有上升，反而有所下降。2017 年，刑事案件的数量是日本战后 70 年最低的。日本交通事故的死亡人数从 1970 年开始下降，平成的 30 年也是年年下降的。过去 7 年，日本自杀人数连年下降，国民的人均寿命也缓慢上升。应该说并不是所有国家都可以做到这一点。政治家和公务员队伍的廉政程度进一步上升了。1999 年，日本推出了《组织犯罪处罚法》，强化了对暴力团（黑社会组织）的打击力度。90 年代以后，日本黑社会成员的数量是逐步下降的。

1991 年以后的日本，国民对公众人物（政治家、知名艺人、体育明星、公务员、社会名流等）和大型企业的道德要求越来越高，对其违法行为和不检点行为的容忍度越来越低。2018 年下半年，中国关于国有企业和民营企业有不少的讨论。日本基本上没有国有企业了。但是民营企业并不意味着只考虑谋求利益就可以了。在日本谈论企业的伦理和道德的时候，经常用到一个词语叫"公器"。私有企业也是公器，也承担着社会的责任，必须承担相应的义务。

2005 年以后，日本经济已经从"短小轻薄"进一步进化为"高精软远"。"高精软远"是笔者创造的词汇。"高精"是指日本的经济进一步向高科技化发展。"软"是指日本的软实力开始增强。2017 年，有 20 多万留学生在日本学习。泡沫经济高峰期的 1990 年这个数字是 5 万人左右。自然科学领域在 2000 年以后，有 18 位日本人获得了诺贝尔奖。2017 年，有超过 2000 万的外国游客去日本旅游。"远"是指日本企业的国际化程度进一步提升。1990 年以前，日本企业大部分是进口原材料，进行加工后出口的模式。1990 年以后，日本企业开始在全世界设立工厂或者分支机构。2000 年以后，日本的对外大规模并购不断发生，国际化程度加深，国际化方式多样化。

在大家的印象中，日本企业的高新科技依然在全世界占有一席之地，但是传统企业都落败了。平成时代前 15 年，这种现象比较明显，但是后 15 年，日本的一些传统行业也焕发了蓬勃的生机。这主要是日本企业长年的技术积累和经营努力带来的结果。比如，日本的爱媛县今治市是日本知名的毛巾浴巾的产地。80 年代以后开始逐步衰落。周边国家的廉价毛巾几乎击垮了日本所有的毛巾生产企业。但是 2005 年以后，今治市的纯棉毛巾却起死回生。其毛巾生产量最近 10 年连续上升，不仅实现了制造业的回归，而且还实现了品牌和利润率的大幅度提升。其背后的原因是今治市的毛巾企业共同打造了"IMABARI"（IMBARI 今治的日文发音）的品牌，对于在洁白度、吸水性、手感等达到标准的产品，准许使用"IMBARI"的共同品牌。

日本开始生产威士忌只有 100 年左右时间。1980 年以后，日本国内威士忌的产量和消费量连续下降了 20 年左右。但是最近 10 多年，日本的威士忌产量和消费量连续上升。主要原因是日本威士忌的质量不断提高，目前国际评价，日本制造的威士忌已经超过了威士忌发源地苏格兰。

纯棉毛巾和威士忌并不是高科技产品。但是日本企业在 20 世纪八九十年代经历巨大打击的情况下，依然没有放弃对品质的追求。在 2000 年以后成功使要衰败的传统行业起死回生、大放光彩。日本的家庭常用药企业在 2010 年之后，产量和利润也是逐年上升的。随着外国观光客的不断增加，日本的家庭常用药人气销量不断增加。

从上面的文章中我们也可以看到，1996～2005 年，日本实施了一系列的法律的修订。修改的方向和蓝本明显是借鉴美国的体系。也可以说现在的日本是处在一个新的经济和法律框架下的，是在完全市场化的起点下。其今后的经济发展至少是不应该悲观的。平成时代的日本其实做了不少改革的事情，可称之为明治维新以来的第三次开国。而且这一次，已经在 2005 年之前完成了。日本在"失去的 20 年"中的喧嚣声中，已经静悄悄地改变了自己，使其成为一个在制度上距离欧美国家更加接近的国家。

日本人在形容昭和的时候，习惯用"激動の昭和"这个表现。在日语里"激動"是非常激烈的变动的意思。笔者认为如果形容平成的 30 年，是不是可以用"转变的平成"。也就是说，日本平成年代是明治维新以后追赶欧美的国家目标基本形成，从追赶型国家转换为成熟的发达国家的 30 年。进入 2018 年之后，媒体上"共克时艰"和"消费降级"等字眼多了起来。日本平成 30 年给我们一些有益的启发。第一是经济困难的时候，可以通过改革吹响产业升级和重振经济的号角。第二是在经济低迷下，消费者不一定要"消费降级"，消费者并没有一定要忍受低劣产品的必然性。第三是经济低迷的时候，社会对精英阶层和大企业会提出更高的伦理水平的要求。

第 2 章
日本明治维新后成功赶超欧美国家的秘密

2018 年是明治维新 150 周年。日本在 1968 年左右经济规模超越了当时的西德，成为资本主义阵营第二大经济体。1988 年左右人均 GDP 超过美国。本文试图从国家发展战略、地理位置和文化、产业结构、企业家精神、政府政策等几个方面来解释明治维新之后，日本为什么能够成功实现对欧美的赶超。

一、 明治维新之前的日本具有一定程度发达的经济和社会基础

1. 明治维新之前日本是锁国政策，但是保持了对外部世界的了解。在长崎有一个对外开展贸易的地方叫出岛，是一直可以和外国开展贸易的口岸。这个出岛是 1643 年为了收容葡萄牙商人而建设的人工岛，之后成为荷兰商人的贸易据点。荷兰商馆每年都会给日本政府提交关于海外动态的报告。鸦片战争后，荷兰商馆给日本政府递交了长达 100 多页的材料，描述鸦片战争的各种情况。

2. 江户时期，日本经济以大米和手工业为中心的经济达到了一定的高度。元禄年间（1688～1704 年），在大阪的堂岛开设了大米交易市场。这个市场后来在 1724 年左右发展成为大米期货市场，交易一直持续到 1869 年被政府禁止为止。在金融史研究上，一般认为堂岛的大米交易是历史上第一个商品期货交易市场。这从一个侧面反映了当时经济的发展情况。由

于商贸流通的需要，在 17 世纪和 18 世纪，日本也出现了"两替商"，其功能类似同时代中国的票号或者钱庄。

3. 日本具有一定的矿产资源，对之后日本经济的发展起到了不可替代的作用。采矿业对经济发展和产业形成是有重要意义的。日本著名的住友财阀就是从炼铜开始发家的。1591 年，住友家族的先祖从南蛮人（指西班牙人和葡萄牙人）学到了从铜中把银分离出来的方法"南蛮吹"（也就是灰吹法，英文为 cupellation）。之后开发别子铜山上百年。采矿业的发展需要工具和技术的发展，直接带来产业培育和发展。明治维新之后日本的煤炭资源，一直采掘到 20 世纪 60 年代。丰富的煤炭资源给日本明治维新初期的产业化提供了充分的能源。这一点和英国产业革命初期是一样的。采矿业也催生了机械制造业的发展。日本目前最大的工程机械公司小松制作所的源头，是日本石川县的铜矿附属的采矿工具制造作坊。日立公司也是矿业企业的附属电机修理制造所发展起来的。

二、 以全世界第一强国为师，走"殖产兴业、富国强兵"的道路

综观过去 2000 年的历史，日本大部分时间都以当时的世界第一强国为师。隋唐时期日本全面学习中国，明治维新之前日本的主要学习对象是荷兰，明治维新后日本学习的对象主要是西欧。日本的海军是以英国海军为蓝本，陆军则是以德国陆军为蓝本。明治宪法是以德国宪法为蓝本。日本在 1902 年和英国结为盟国。第二次世界大战战败之后，日本和美国是同盟关系，一直以美国为师。

以当时全世界最强大国家为师，意味着可以学习当时最先进的政治、法律、文化、技术，可以无偿地使用霸权国带来的世界范围的和平或者广阔的市场。以最短的时间缩小和最先进国家的距离，可以很好地开展贸易

活动，成为一个很好的搭便车者。在这里需要指出的是，日本的特点是学习导入之后，往往会进行大幅度改良、改造或者升级。如果不是这样，日本也不可能在一些领域早早地超过自己的老师。让我们以 1905 年的日俄战争这样一个特殊的事例，来看看与当时全世界最发达国家英国结盟，到底对日本带来了什么？日本这个国家是如何学习发达国家，之后又是如何进行改善和创新的？1905 年左右的日本，综合国力是远远不如当时的沙俄的，世界舆论普遍认为日本不可能赢。明治维新前后日本一直在学习和研究英国，在 1902 年确定同盟关系。英国对日本的帮助主要在以下几个方面：

1. 日本以英国海军为蓝本，建立了现代化的海军组织。由于和英国关系良好，明治维新之后可以不断从英国购买先进军舰。

2. 沙俄波罗的海舰队从欧洲赶往符拉迪沃斯托克军港的途中，经停了不少英国殖民地的港口。英国不断将俄国舰队的信息通报给日本。在对舰船的煤炭补给方面，英国也进行了不少的骚扰。

3. 日本利用伦敦这个全世界最大的金融中心筹集军费。日俄战争的军费相当于当时日本年度财政收入的 5 倍以上。日本派高桥是清等人前往伦敦成功发行了日本国债筹措军费。如果当时不能筹措到充足的军费，日本不可能获得这场战争的胜利。

应该指出的是，如果没有日本自身的努力和革新，它也不可能获得这场战争的胜利。日本在这场战争中有几个首创的创新。

1. 日本是全世界第一个在军舰上使用无线电装置的国家。当时已经发明了无线电通信设施，但是日本却是第一个在军舰上应用无线电的国家。而俄国的舰队使用的是旗语通信。

2. 日本在全世界第一次使用了利用火炮击沉对方舰船的策略，而且成功了。在此之前的海战中，往往舰载火炮只能击伤敌舰，不能击沉。军舰带有冲角，往往采用舰船直接撞击敌舰的方式。日本海军简单采用"丁"

字战法，集中炮火力量打击一艘敌舰，可直接击沉敌人舰队。

3. 先进火药的采用。当时日本海军采用了日本海军工程师改良的火药，也就是所谓的下濑火药。下濑火药的成分是苦味酸（picric acid）。该物质是 1771 年在德国作为染色料发明的，1885 年左右，法国人利用其爆炸性，将其开发为炸药。但是苦味酸容易和金属发生化学反应，在作为炸药使用方面，存在一定的缺点。日本海军工程师下濑雅允采用在炮弹内部刷漆，再在火药和漆之间填充蜡等方法，解决了这个问题。该炸药比日本海军之前使用的炸药更加具有威力。如果没有下濑炸药的使用，日本海军恐怕也很难创造用舰载火炮击沉敌舰的奇迹。

日俄战争发生在明治维新后的 36 年。短短 36 年一个落后的农业国变成了战胜沙俄的国家。日本在日俄战争中的表现，不是单一的或者特殊的事例。在明治维新之后的 100 多年中，类似的事例比比皆是。日本在充分享用世界第一强国带来的各种好处的同时，自身不断努力，进行改良或者创新，比欧美国家做得更好。

上面的例子是日俄战争这样一个比较极端的例子。我们再看一下普通民生产业的纺织业。纺织业是英国产业革命之后迅速发展的第一个支柱型行业。日本近代产业其实也是从缫丝业和纺织业起步的。明治初期日本最主要的出口换汇产品就是生丝。日本近代第一家机械化的纺织工厂是 1872 年（明治 5 年）开业的国营富岗制丝厂。当时是法国人设计的厂房，雇用了一些外国技术专家。日本在 1909 年左右生丝出口就超过了中国；在 1933 年左右纺织业的规模和出口规模就赶上了英国，成为世界第一；人造丝的产量在 1939 年也追上了美国。产业革命初期，纺织机的发展和进步基本都是在英国完成的。但是日本在接触到英国的纺织机后，也发明创造了新型的纺织机。发明人就是丰田织机的创始人丰田佐吉。丰田织机也是丰田汽车的母公司。丰田佐吉生于 1867 年，也就是明治元年的前一年，卒于

1930 年。1925 年其发明的自动纺织机成为当时全世界最先进的纺织机。英国的知名纺织机械公司 Platt 公司向丰田织机支付了 100 万美元的专利费，购买丰田的技术。纺织业在明治维新后到 20 世纪 60 年代初期一直是日本出口的支柱行业。日本在第二次世界大战之前就已成为全世界第一大纺织业生产国。初期是依靠政府的政策支持和廉价的劳动力，后期拥有自己的发明创造。在化学纤维时代到来之后，日本的纺织业公司也迅速学习，从欧美公司导入了技术和设备。80 年代以后，日本的一些纺织企业发展成为全世界知名的化学材料企业，比如东丽公司。纺织业的发展路径其实在许多民生产业都能观察到。很多中国人不知道的是，直到今天，日本和德国都是纺织机械（包括缝纫机）的大国和强国。

笔者认为，明治时期日本政府制定的几个方针对之后日本的发展起到比较长期的良好作用。第一个是日本政府在导入外国技术和兴办企业的时候，自始至终排斥外国在资本上占据主导权。明治初期，日本在建设第一家机械化纺织厂、第一条铁路、第一条电报线的时候，都有外国资本提出要帮助日本建设。但是日本采取了排斥外国资本的态度。技术方面则聘用外国工程师和购买外国设备。日本政府和企业界的这个态度，事实上一直延续到今天。产业发展的控制权控制在日本人手里，技术和管理方面则是如饥似渴地导入西方发达国家的东西。第二个产生深远影响的事情是，很好地普及了义务教育制度。很快建立了一大批自己的大学，培养人才。第三个有深远意义的事情是，从一开始就允许民营企业参加到几乎所有的经济领域中。初期由日本政府主导建立的一些企业，后来也转卖给民营企业。

三、 日本特殊的地理环境是不可或缺的因素

在地利方面，以下的两个因素对日本近代的崛起和发展有重大影响。一是日本是一个距离亚洲大陆不远也不近的岛国，这对日本的政治和文化

的形成产生了决定性的影响。和亚洲大陆不远也不近的距离，减少了日本受亚洲大陆强国侵略的概率，让日本有一个相对和平的环境。日本可以比较方便去中国、去学习和吸收先进的东西。也可以遮蔽来自亚洲大陆的侵略或者不好的影响。日本的皇室是全世界唯一一个存续时间超过 2000 年的皇室，其中一个原因就是地理环境。相对稳定的政治和社会结构也催生了一大批长寿企业。

长期存在的皇室和贵族阶层，对日本的文化形成和保存起到了至关重要的作用。文化的长期保存直接带来了手工业的存在和发展，促进了匠人文化的发展和培育。最近许多人对日本的"匠人"文化开始感兴趣，匠人就是手工业者，创业超过 100 年的企业，在日本有 2 万家以上。日本的许多神社都有迁宫的活动。也就是每隔一段时间，重新建设或者翻修神殿。最著名的有伊势神宫和出云大社（都是和日本皇室有渊源的神社）。伊势神宫从公元 690 年起，每 20 年进行一次翻修；出云大社每 60～70 年进行一次翻修。定期的翻修，保证了日本各种手艺人的代代传承。

明治维新之后，日本皇室下面的王公大臣和各个地方的大名（地方的诸侯）和平转化为华族，相当于欧洲的贵族。1947 年以后，日本华族被废止，但是皇室得以保留。庞大的皇室的吃穿用行，都需要专门的手艺人来提供。给皇室成员和贵族成员提供用品当然需要用心用力，这是认真专一的日本工匠精神的起源之所在。进入明治维新之后的工业化时代，其培养的工匠精神转化到大规模生产中，对产品质量的提高和改善起到非常大的作用。

二是日本的岛屿构成。日本全国有 6000 个岛屿，但是人口的 95% 以上聚集在本州、九州、四国、北海道四个大的岛屿。这对日本的经济发展意义也非常大。其中本州的面积超过了九州、四国、北海道的总和。人口的相对集中对交通和经济的发展有益，流通效率也比较高。如果日本都是规模小的岛屿，很难想象能有新干线的诞生。资源的相对贫乏和多发的地震，让日本人时刻抱有危机感。这种危机感，在经济发展中转化为国民的勤奋工作。

还在其他许多方面都可以观察到地理因素对日本社会的影响。比如明治维新之前主要的维新力量是萨摩藩（今天的鹿儿岛县）和长州藩（今天的山口县），都位于日本的南部，距离政治中心比较远。能够较早接触到西欧国家的贸易船只和军舰。萨摩藩和英国军舰在 1863 年还发生过军事冲突。萨摩藩和长州藩之所以成为倒幕的主力，深层次原因就在于他们更早地了解了西方世界的实力，而且由于和外国商人接触早，比较早地购买了国外的武器，才有军事实力去推动政治改革。早在 1863 年，长州藩就向英国派出了 5 名留学生，其中包括后来成为第一任内阁总理大臣的伊藤博文。

四、 财阀和企业系列是支撑日本产业发展进化和国民共同富裕的重要的形式

日本能够在 100 多年时间内经济方面成功赶上欧美，财阀这一特有的产业结构发挥了极其特殊的作用。在明治维新之后的 50 年，日本形成了十多家财阀。直到今天，日本传统行业的大部分大型企业，都是明治时期成立的财阀企业发展来的。

"二战"之后，美国认为财阀配合了日本政府的对外侵略和扩张，指定日本大型财阀解散，禁止财阀创业家族的一些成员担任企业高管，财阀企业被分拆为众多的小公司。但是 20 世纪 50 年代以后，被分拆为零散小企业的财阀企业又悄悄地合并，变回原来的大企业。战后，日本的财阀逐渐形成了六大企业集团，或者说企业系列，也就是三井、三菱、住友、芙蓉、一劝、三和。第二次世界大战之前的财阀企业分别融进了这六大企业系列。这些企业系列大多有 20~30 家企业，分布在造船、化学、食品饮料、建筑工程、钢铁、有色金属、汽车、玻璃、交通、物流运输、房地

产、商社、银行、证券、寿险、财险、租赁、石油及石油化工、建筑材料、电机（家电及其他）、远洋运输、精密仪器、纺织业、军工、零售等领域。笔者认为，战前的财阀和战后的企业系列为日本产业的发展和社会的发展，都起到了非常大的、不可替代的作用。

1. 大型商业银行承担了给同一系列的企业融资的功能。由于是一个系列的兄弟公司，降低了信息的非对称性，降低了交易成本。如果企业陷入困境，日本的银行往往会派出银行的人才到企业去担任高管（一般是负责财务的副社长或者社长），去重振企业。

2. 系列里的企业处于交叉持股的状态。一家上市公司，往往被同一个系列的兄弟公司持有 20% ~ 40% 的股票（每一家企业一般持有 1% ~ 10%）。这样做的好处有两个：一是不用担心企业被外国企业或者日本其他企业敌意收购；二是由于是兄弟公司的交叉持股，大家不用在意短期的股价的上涨或者下降。企业经营者可以从长期的角度去考虑公司的发展，而不是为了短期的股价或者资本运作去做一些投机取巧的事情。兄弟企业之间的交易成本也明显下降。

3. 制造了一个充分竞争但是又不过度竞争的环境。日本有六大企业集团，这些企业集团涵盖了除互联网之外的几乎所有行业。可以简单理解为，日本每一个传统行业都有 3 ~ 10 家企业在竞争（这是因为有一些企业不属于某个特定的企业集团，或者一个企业集团在某一个领域有两家公司）。在美国这样的市场经济社会，一些企业竞争失败会破产或者被其他企业收购，但是在日本往往不会。这是因为同一个企业集团的人，往往会购买兄弟公司的产品或者服务。企业数量多，保证了充分的竞争，竞争造成了各个企业不断提高技术和服务水平。但是即使某一个企业在某一个技术或者产品上落后了，也不会立刻被击垮。因为有同一个企业集团企业的支持。比如在 20 世纪 50 年代至 90 年代，三菱系列的员工出去吃饭，如果喝啤酒的话，只喝属于三菱系列的啤酒企业的产品。这种现象在传统财阀的三井、三菱、住友比较明显。日本的综合电机行业在 80 年代席卷全世界，这个行业有 10 家左右的企业在长期竞争。

4. 综合商社发挥了在全球采购原材料和收集海外信息的重要作用。日本的三井物产、三菱商事、伊藤忠商事等企业，分支机构和业务范围遍布全世界。在全球范围收集政治和经济信息，是全球的商品交易市场很重要的存在。综合商社的存在，是日本从全世界稳定采购原材料，向全世界输出产品的重要保障。

5. 日本不同企业集团在国内竞争激烈，但是在迈向海外市场方面，日本企业非常抱团。同一个企业集团的企业协调出海；不是一个企业集团的企业，在海外市场上为了争取利益，也往往成立日本商会等组织，维护共同的利益，而不是互相拆台诋毁。

五、　优秀企业家精神是日本经济发展不可或缺的因素

经济的发展离不开企业的发展，企业的发展离不开优秀的企业家。日本产业的不断升级和优良品质，离不开日本企业家的家国情怀，离不开勇敢打拼的创新精神和公益心。许多企业家具有家国情怀，比较典型是提出"论语和算盘"的涩泽荣一。论语是指企业家的伦理，算盘是指作为企业的牟利。他一生中参与创建了 200 家企业，其中一些企业存活到现在。他还参与了一些教育机构的设立和发展。岩崎弥之助是三菱财阀创始人岩崎弥太郎的弟弟，其在 1885 年弥太郎死之后执掌三菱财阀，还曾经出任过日本央行的总裁。第二次世界大战之后，日本也涌现出了众多的多姿多彩的企业家。本田宗一郎是一个没有学历，但是非常喜欢捣鼓机械的人。他的口头禅是："不试试怎么知道不行。"在 70 年代，本田公司在全世界范围率先开发出符合美国最新汽车尾气排放标准的发动机，为本田汽车走向全

世界奠定了基础。本田宗一郎经常穿着工作服满身油污地和一些技术人员工作在开发一线。有一次，他们取得了技术突破，本田开心地说："我们这样就可以战胜对手了，太好了"。旁边的技术人员听到他的话却说："社长，我们是为了有更干净的空气在努力。"几个月后，本田辞去了社长的职务，退为董事长。他说："不知不觉中，我已经成为只站在自己利益考虑的人，已经不适合在社长的位置上了。"

一个企业的灵魂往往是由创业人确定的，企业家的水平决定了企业的水平，企业的水平决定了经济的水平。

六、 自民党长期执政下的共同富裕道路

第二次世界大战之后，日本走的是和美国结盟的道路。除了技术向美国看齐之外，日本一直坚持走有自己特色的道路。80 年代和 90 年代，日本人自己经常说日本是成功的社会主义国家。这样说是因为日本国民的收入非常平均。日本的自由党和民主党在 1955 年合并，结束了战后初期的政坛动荡。1955～2019 年，除了 1993～1994 年、2009～2012 年的短暂的 6 年之外，自民党一直都在政权的位置上。自民党能够长期一党执政的原因有许多，其中一个重要的原因就是发挥了重新分配收入的重要作用。战后东京、大阪、名古屋、京都等城市比较发达，其他地区则经济比较落后。自民党在偏远地区的基础设施和交通建设、农业保护方面一直下大力气。国家政策上的倾斜和企业系列的双轮驱动了日本全国相对均衡的发展，贫富差距变小。贫富差距小带来了治安良好，国民消费能力强的结果。之后，自民党又不断促进日本企业更新换代产品，满足国民进一步的消费要求。这个正循环在 90 年代以前一直存在。另外，自民党的长期执政，也带来经济政策的长期性和可预期性等好处。

第 3 章
日本的财阀在平成时代发生了什么变化

日本财阀的历史，就是明治维新之后日本经济和产业发展的历史。直到今天，日本的传统行业（除了最近 60 年日本才出现的互联网行业、超市行业等）70% 以上的大企业都是财阀过去创立的企业。日本财阀对明治维新之后日本政治和文化的走势也产生了很大的影响。1945 年前诞生的 15 家左右的全国性财阀和 30 家左右的地方性财阀，几乎控制了当时日本所有行业的经济命脉。而且，这些财阀和当时的政治人物往往有着千丝万缕的联系。这些企业也构成了日本战后经济发展的主体力量。在世界知名的日本制造业大企业中，1945 年之后成立的只有几家，如索尼、本田、京瓷等。本田公司的创立人本田宗一郎在战前就创立了一些企业，战后正式成立本田技研。

本章简单介绍明治、大正、昭和时期诞生的全国性的大型财阀，还有主要的地方性财阀。最后简单介绍战后这些财阀企业形成的企业系列和 90 年代以后企业系列的变化。

一、　明治时期形成的财阀

鸿池财阀。鸿池财阀的创始人是鸿池善右卫门，是依靠酿造和海运起家的，之后成为幕府专用的汇兑商（类似中国过去的晋商票号和徽商钱庄），成为大阪最富有的家族其在江户时期就是日本全国有名的富商，曾经给全国 100 多个藩进行过融资。明治 10 年（1877 年）出资 25 万日元设立了第十三国立银行，总部设在大阪，1879 年改组为鸿池银行。之后，鸿池银行与其他银行合并成为三和银行。三和银行在战后一直是日本前十大银行之一，在关西地区和住友银行并列，是最有实力的银行。三和银行曾经的商标上有"since 1656"的字样，1656 年是鸿池家族开始汇兑业务的年份。但是鸿池家族在明治时期一直比较保守，没有能够像三井和住友家族一样迅速发展。

三井财阀。三井家族也是从江户时期就开始经营的家族，明治维新以后抓住了时代发展的机遇，成功地将事业发展壮大。三井财阀在明治时期的政界靠山主要是井上馨（1835～1915），为三井家族的终身顾问。井上馨历任明治政府的外务大臣、农业大臣、内务大臣、大藏大臣等要职。三井财阀绵延到今天的企业主要有：王子制纸、札幌啤酒、商船三井、东丽、三井住友海上保险、三井住友银行、三井生命、三井不动产、三越等。

住友财阀。住友家族绵延了 400 年左右。和三井家族不同的是，住友家族是从铜矿开发起家的，根据地在关西地区。住友家族在明治时期的政界靠山为西园寺公望（1849～1940）。西园寺公望后来成为正友会总裁、日本首相。其弟弟和住友家族的人结婚，成为住友家族第 15 代当家人。住友财阀绵延到今天的企业有：住友大阪水泥、住友化学、住友金融矿山、住友重机械工业、住友商事、住友生命保险、住友仓库、住友电器工业、住友不动产、住友酚醛塑料、住友林业、日本板硝子（平板玻璃）、日本电器、三井住友海上火灾保险、三井住友银行、三井住友信托银行等。

三菱财阀。三菱财阀是明治时期以后才发展起来的，其创始人为岩崎弥太郎。弥太郎的弟弟弥之助为三菱财阀的第二大当家人，曾经出任过日本央行总裁。岩崎弥太郎的两位女婿后来都成为日本首相，分别是加藤高明（1860～1926）和币原喜重郎（1872～1951）。三菱财阀绵延到现在的企业主要有：旭硝子（朝日玻璃）、麒麟啤酒、日矿集团、大日本涂料、东京海上保险、尼康、三菱化学、三菱地所、三菱重工业、三菱东京 UFJ 银行、明治安田生命保险、三菱 UFJ 证券等。

安田财阀。安田财阀创始人是安田善次郎（1838～1921），是靠金融业起家的。安田财阀绵延到今天的主要企业有：冈本、冲电气、佳能、久保田、吴羽化学、京滨急行电铁、JFE 钢铁、昭和电工、日本财产保险、大成建设、太平洋水泥、宝控股、东亚建设、东京海上日动火灾保险、东京建物、东武铁道、日本冷藏、日产汽车、日清制粉、日清纺织、日立制造所、前田建设、丸红、瑞穗银行、明治安田生命、安田仓库、安田不动产等。

涩泽财阀。涩泽财阀的创始人是在中国也很有名的涩泽荣一（1840～1931）。涩泽财阀和本文所列举的其他财阀是有明显区别的，那就是其他财阀都是创业家族持有股份和控制权，而涩泽财阀是涩泽荣一参与设立了 400 多家企业和学校，但是其本人并没有谋求控股地位和控制权。这是基于他自己的价值观的行为。涩泽财阀绵延到今天的主要企业有：石川岛播磨重工业、王子制纸、京阪电铁、札幌啤酒、涩泽仓库、常磐兴产、帝国酒店、东亚建设工业、东京海外日动火灾保险、东京瓦斯、东京急行电铁、东京制网、东洋纺、日产化学工业、日本邮船、瑞穗银行等。

浅野财阀。浅野财阀的创始人为浅野总一朗（1848～1930）。浅野在日本被誉为"水泥大王"和"临海工业地带开发之父"。浅野财阀绵延到今天的企业有：JFE 钢铁、太平洋水泥、东亚建设工业、日本高氯酸铵炸药、日本邮船、日之出兴业、丸红等。

大仓财阀。大仓财阀的创立人为大仓喜八郎（1837～1928），是靠军火生意起家的。大仓财阀绵延到今天的企业有：爱和谊日生同和财产保险、札幌啤酒、大成建设、帝国酒店、东海纸浆、日油、日清制油、日本皮革、大仓酒店等。

古河财阀。古河财阀的创始人为古河市兵卫（1832～1903），是靠铜矿冶炼起家的。古河财阀绵延到今天的企业有：日本轻金属、日本 Zeon（主要生产橡胶和树脂）、富士通、富士电机、古河机械金属、古河电器工业、古河林业等。

东京川崎财阀。之所以叫东京川崎财阀主要是因为存在两家不同的川崎财阀，为了区分而加上了创业人的主要的活动地区。东京川崎财阀的创业人为川崎八右卫门（1835～1907），从江户时代就开始从事金融业务。川崎财阀绵延到今天的企业也主要都在金融行业：足利银行、常阳银行、日本财险、日本兴亚保险、千叶银行、东日本银行、横滨银行等。东京川崎财阀在一些著作中也被称为金融川崎财阀。

藤田财阀。藤田财阀的创业人为藤田传三郎（1841～1912），是靠军需生意起家的。藤田财阀绵延到今天的主要企业有：DOWA 控股、南海电气铁道、琵琶湖汽船、藤田观光等。

二、 大正时期形成的财阀

野村财阀。野村财阀的创业人为野村德七（1878～1945）。其创立的野村证券战后一直是日本最大的证券公司。

根津财阀。根津财阀的创始人为根津嘉一朗（1860～1940），是铁路运输业起家的。根津财阀绵延到今天的企业主要有：上野精养轩、札幌啤酒、东京新闻、东武铁道、东武百货店、南海电气铁道、日清制粉、日清纺、富国生命等。

神户川崎财阀。神户川崎财阀的创业人为川崎正藏（1837～1917），依靠船舶制造起家。其绵延到今天的企业主要有：川崎重工业、神户新闻社、JFE 钢铁等。川崎正藏和日本政治家松方正义（后来曾经担任日本首相）私交非常好。株式会社川崎造船所第一代社长是松方正义的三子松方幸次郎。这个财阀在一些著作中也被称为川崎—松方财阀。

久原财阀。久原财阀的创业人为久原房之助（1869～1965），是靠铜矿业起家的。其绵延到今天的企业主要有：日立制作所、日立金属、日立造船等。久原房之助在昭和 3 年（1928 年）进入政界，曾经担任过大臣和立宪政友会总裁等重要职务。

铃木财阀。铃木财阀的创业人为铃木岩治郎（1837～1894），是靠与台湾的砂糖贸易起家的。铃木财阀在大正年间，依靠大掌柜金子直吉（1866～1944）的才干快速扩张，曾经达到过全日本销售额第一，其业绩超过了三井物产和三菱商事。受当时大恐慌的影响，其主要的交易银行台湾银行破产，之后铃木财阀也破产了，1927 年铃木商店解散。但是铃木财阀有许多企业转并到其他企业，一直绵延发展到今天。

三、 昭和初期形成的财阀

日产财阀。日产财阀的创业人为鲇川义介（1880～1967）。其绵延到今天的主要企业有：日产汽车、日本冷藏等。鲇川义介的一个明显特点，那就是很早就到当时日本实质控制的"满洲国"开展生产活动，设立了"满洲重工业"。鲇川义介和上面谈到的久原房之助是亲属关系，久原房之助到政界发展之后，他设立的许多企业就交给鲇川义介打理。

中岛财阀。中岛财阀的创始人为中岛知久平（1884～1949）。1945 年之前，中岛飞行机和三菱重工业并列，是日本最知名的军用飞机制造企业。战后，中岛飞行机改造为富士重工，开始制造汽车。

理研财阀。理研财阀的创始人为大河内正敏（1878～1952），其母体为理化学研究所。其绵延到今天的企业主要有：理化学研究所、理光等。

森财阀。森财阀的创始人为森矗昶（1884～1941），是靠制造碘起家的。其绵延到今天的企业有：昭和电工、东京电力、日本冶金工业等。

日窒财阀。日窒财阀的创始人为野口遵（1873～1944），是靠氮肥制造起家的。日语中，氮素被称为窒素。其最先设立的企业为日本窒素肥料，所以被称为日窒财阀。野口遵被称为"日本化学工业之祖"。另外，野口遵很早就开始在被日本殖民统治的朝鲜半岛以及生产活动，被称为"朝鲜半岛企业家之王"。

日曹财阀。日曹财阀的创始人为中野有礼（1887～1965），其核心企业为日本曹达株式会社。日语中的曹达就是苏打（soda）的意思，所以该财阀被称为曹达财阀。

上面所涉及的各个财阀大约都在20世纪一二十年代设立了自己的控股公司。三井财阀1909年设立了三井合名；安田财阀1912年设立了安田保善社；1921年住友设立了住友合资。三菱财阀虽然在1893年就设立了三菱合资，但是作为控股公司发挥作用是在1917年。合名和合资都是当时日本公司的一种形态。

需要说明的是，日本的财阀研究著作，一般对日产、森、理光、日窒、日曹不使用财阀的字眼，而是使用康采恩（来自德语Konzern）的名字，称之为日产康采恩，日窒康采恩等。在研究日本财阀的专业书籍中，都会涉及上述15家财阀，也有一些研究会涉及山口财阀、岩井财阀等，这里不做介绍了。

四、 关于财阀的补充说明

上面介绍了日本在明治大正昭和时期诞生的一些财阀。在这里有必要做以下的说明：三井、三菱、安田、住友这四家财阀在日本过去的财阀中是特殊的存在。主要原因在于这些财阀规模大，财阀的企业几乎遍布了所有的行业。

这些财阀和当时的政府有着千丝万缕的联系。这与当时的时代背景是分不开的。但是需要指出的是，发展好的财阀都是很早就注重吸收外部人才——职业经理人。

从财阀的发展历史来看，一个家族企业是否能在明治维新之后也发展壮大成为大型财阀，有以下几个因素。一是处理好和政治的关系与距离。二是是否早期成立银行。发展最好的四家财阀三井、三菱、安田、住友财阀都是很早就成立了自己的银行，金融的支持是无比重要的。三是处理好风险控制和开拓新业务的关系。住友财阀的家训中重要一条就是"不追浮利"。鸿池财阀就是家族过于保守而衰败的，铃木财阀由于发展业务过于激进，在发生经济恐慌的时候破产了。四是处理好家族人掌控企业和聘用外部职业经理人的关系。企业要发展好，必须要活用外部的优秀人才。三井、三菱、住友家族很早就开始聘用外部经理人。三菱很早就开始录用当时还很稀缺的大学毕业生。明治时期的大学毕业生很少，基本都到政府部门去工作了。第一个去民间公司工作的东京大学毕业生就是到了三菱。

还有一点需要补充的是，1945 年之前的财阀创始人中，许多的人还是有家国情怀的。最典型的是涩泽荣一，其一生更多的是考虑日本整体产业和社会的发展与进步，而不是谋取个人私利。三菱财阀的第二代掌门人岩崎弥之助在临终的时候对家人说："三菱的事业是为国家存在的，如果只考虑谋取私利，那就可以解散三菱了。"

五、 日本主要的地方性财阀和家族企业

日本研究财阀的学者很多，他们对全国性的 10 多家财阀是有基本共识的。但是对于日本地方性的财阀，并没有一个准确的定义和划分。地方性财阀，可以认为是在日本某个区域具有产业的名门望族。这些家族在当地人人皆知，往往也把握着某个区域的经济命脉。

日本经济中，还有一个非常特殊的存在，那就是绵延到今天的家族企业。有不少家族企业从地方乡村或者小城市起家，发展成为影响全国或者全世界的大型企业。比如，丰田家族开始创业是100年前了，从纺织厂到纺织机生产企业，再到丰田汽车。松下电器则是1917年成立的。这些企业在战后也具有了财阀的规模和性质。但是目前日本的研究学者往往不把他们称为财阀。这些家族企业往往后来居上，比战前的财阀发展得更好。日语把家族企业称为"同族企业"。日本的地方财阀往往与这些知名家族企业是重复的。丰田汽车目前是全日本最大的制造业企业，但是没有人把其称为丰田财阀。

在日本全国范围，比较有影响力的家族企业有：1. 丰田汽车，丰田家族。2. 松下电器，松下家族。3. 阪急电铁（大阪地区主要的民营铁路），小林家族。4. 东京急行电铁（东京地区主要的民营铁路），五岛家族。5. 西武铁道（东京地区知名民营企业，在日本全国持有大量地产资源），堤家族（堤义明在20世纪80年代曾被福布斯杂志评为世界第一富豪）。6. 大正制药（日本知名制药企业），上原家族。7. 鹿岛建设（日本前五名的建筑工程公司），鹿岛家族。8. 普利司通（日本最大橡胶轮胎企业），石桥家族。9. 味之素（知名食品企业），铃木家族。10. 出光兴产（日本知名石油企业），出光家族。11. 日本生命保险（日本最大寿险公司），弘世家族。12. 武田制药工业（日本最大制药企业），武田家族。13. 松坂屋（日本知名百货店），伊藤家族。14. 马自达汽车，松田家族（松田的日语发音为Matsuda）。15. 龟甲万酱油（日本最大的酱油酿造企业），茂木家族。16. 高岛屋（日本知名百货店），饭田家族。17. 岛津制作所，岛津家族。18. 日本精工（日本知名手表和精密机械生产企业），服部家族。19. 日清制粉（日本知名面粉生产企业），正田家族。20. 则武陶瓷和TOTO（日本最大陶瓷和生活陶瓷生产企业），森村家族。21. 菊正宗（日本知名清酒生产企业），嘉纳家族。22. 安川电机（世界知名工业机器人制造企业），安川家族。23. 麻生水泥，麻生家族（日本原来首相麻生太郎家族）。24. 仓敷纺织，仓敷化学，大原家族。25. Yamasa 酱油（日本第二大酱油生产企业），滨口家族。26. 辰马本家酒造（日本知名清酒酿造企业），辰马家族。27. Takihyo（日本最大的纺织品批发），瀧家族。28. 大洋渔业（日本知名水产企业），中部家族。29. Mizkan（日本最大的醋酿造企业），中野家族。30. 竹中工务店（日本知名建筑工程公司），竹中家族。31. 三得利（日本知名酒类饮料企业），鸟井家族。32. 森（日本知名房地产开发商），森家族（企业创始人森泰吉郎曾被福布斯杂志评选为世界第一富豪）。33. YKK（日本最大拉链生产企业），吉田家族。34. 发那科（世界知名工业机器人和机床企业），稻叶家族。35. 山崎马扎克（世界知名机床生产企业），山崎家族。36. 任天堂（世界知名游戏机企业），山内家族。37. 村田制作所（世界知名电子零部件生产企业），村田家族。

需要说明的是，日本这些知名的家族企业，在 90 年代之前，基本是都是企业创始人的后代在执掌这些企业。90 年代以后，家族企业分化比较明显。有一些家族企业慢慢退出了经营层，有一些企业直到今天仍被创始人家族的后人牢牢掌控。另外需要说明的是，日本的中小企业绝大多数都是家族企业。

六、 战后日本财阀形成了六大企业系列

明治维新开始于 1868 年，日本在 20 世纪 80 年代后期经济规模和质量上赶上了欧美国家。在这个过程中，财阀和企业系列发挥了不可替代的作用。美国在 1945 年占领日本之后，认为日本的财阀支持了日本的对外侵略扩张，为了削弱日本的经济力量和威胁，实施了财阀解体。美国指定了 10 家财阀，没收了这些家族的股权，对财阀的主要企业进行了分拆。这 10 大

财阀是三井、三菱、住友、安田、中岛、鲇川、浅野、古河、大仓、野村。比如，美国把最知名的武器制造企业三菱重工业分拆成了三家企业，三井物产拆分成了几十家企业。战后，伴随着朝鲜战争的爆发，美国对日本的政策发生了根本的变化，从抑制日本的发展转变为扶植日本对抗社会主义国家。在这个大背景下，被日本分拆的许多日本企业又悄悄地合并。另外，原来同属于一个财阀的企业，又悄悄地通过各种方式走到了一起，在50年代末60年代初，形成了六大企业系列，或者称为六大企业集团，分别是三菱系列（战前三菱财阀的企业），三井系列（战前三井财阀的企业），住友系列（战前住友财阀的企业），芙蓉系列（战前安田财阀的企业），一劝系列（战前涩泽财阀和神户川崎财阀的企业），三和系列（战前鸿池财阀和山口财阀的企业）。

日本学者奥村宏认为，具有下面六个特点的企业群可以被认定为企业系列。（1）结成有社长会；（2）存在交叉持股；（3）存在发挥主要融资功能的大型商业银行；（4）集团内部存在大型综合商社；（5）企业群覆盖了大部分的产业；（6）有共同投资业务开展。下面的表格是1979年六大企业系列的基本情况。许多企业的公司名字中并没有财阀的名字，但是战后也属于某个企业系列。比如东芝公司和丰田公司都属于三井系列。

	三菱系列	住友系列	三井系列	芙蓉系列	三和系列	一劝系列
企业数量	27	21	23	29	39	45
社长会	金耀会	白水会	二木会	芙蓉会	三水会	三金会
主银行	三菱银行	住友银行	三井银行	富士银行	三和银行	第一劝业银行
综合商社	三菱商事	住友商事	三井物产	丸红	日商岩井	伊藤忠商事

三菱系列的27家企业分布在20个左右的行业，有23家是上市企业。其中有一些企业并没有使用三菱的商标，比如财产保险行业的东京海上火灾保险、啤酒行业的麒麟麦酒、玻璃行业的旭硝子、光学行业的日本光学

工业（也就是 Nikkon）。这 23 家上市企业存在非常明显的交叉持股。三菱系列的企业共持有三菱银行 24.7% 的股份，持有三菱信托银行 30.79% 的股份，持有三菱石油 15.42% 的股份（这是在三菱系列中最低的比率），持有三菱树脂 63.39% 的股份（这是在三菱系列中最高的比率）[①]。

　　主银行制度是战后日本经济体系的重要特征之一。同一个系列的企业，往往会同时和许多家金融机构有业务往来，但是贷款量最多的一定是自己系列的主银行。比如三菱系列的企业的贷款主要来源一定是三菱银行。如果同一个系列中的企业发生财务困难，面临破产的危险。主银行往往会协调其他贷款银行出手相救，比如率先豁免一些贷款。另外，综合商社在财阀中也扮演了非常特殊和重要的角色。我们不能把日本的综合商社简单理解为贸易公司。原来日本的综合商社只是贸易公司，战后逐步发生了变化，日本的综合商社发挥的作用是贸易公司＋投资公司＋能源矿产投资商＋海外信息收集中心。日本的综合商社战后在海外投资矿山和油气田的例子是很多的，他们往往在国际大宗商品交易市场也是重要的参与者。日本的大型综合商社往往在海外 100 多个国家（地区）都有分支机构，在收集海外信息方面是仅次于日本使领馆的重要存在。

　　90 年代以后六大企业系列也发生了一些重大变化。1990 年日本泡沫经济破灭，之后日本经济长期低迷。90 年代以后，日本几乎所有的传统行业都发生了大规模的企业合并，也包括了不少具有悠久历史的财阀企业，也就是不同的财阀企业进行了合并。战后，日本存在六大企业系列，这六大企业系列的主银行都发生了合并。三井银行和住友银行合并成为三井住友银行，第一劝业银行、富士银行及日本兴业银行合并成为瑞穗银行，三菱银行、三和银行及其他多家银行合并成为三菱东京 UFJ 银行。也有一些制

---

　　① 上述数据是 1990 年左右的数据。

造业企业，由于进行了合并，脱离了原来的企业系列，不再参加定期的社长会。90 年代以后，另外一个非常明显的变化是同一个系列的企业间的交叉持股下降。也就是说，企业之间资本联系下降了。

关于日本的财阀和企业系列对日本经济发展起到的正面作用，笔者想强调三点。第一点是日本的财阀在 1945 年之前，由于占据了政府资源和金融资源，利用后发优势，导入欧美的机械和设备，非常快地实现了日本近代的产业革命。第二点是日本战后的 6 大企业系列，在日本国内形成了一个稳定的竞争格局。传统行业一般都存在 3 ~ 10 家的企业，这些企业之间的稳定竞争，让日本企业的质量和服务稳步上升。第三点是日本企业大部分是家族企业，包括世界知名的大企业。家族企业的一个好处是能够不受股东短期回报的压力，基于长期的视角开展经营活动。这也是日本社会信赖程度高、产品质量好的重要基础。

第 4 章
重新解读日本泡沫经济

笔者认为，中国对日本 80 年代泡沫经济的研究依然存在许多误解。90 年代后期芬兰和瑞典也出现了严重的泡沫经济，特别是芬兰和日本高度相似。为什么日本和芬兰两个完全不同的国家会产生高度类似的泡沫经济？另外，战后政治和经济比较类似的西德为什么没有产生泡沫经济？导入芬兰和西德两个参照物，我们对日本的泡沫经济会有更加清楚的认识。

一、 日本泡沫经济发生的内在逻辑

日本泡沫经济的伏笔在 70 年代初期就埋下了。80 年代后期泡沫经济的爆发，本质上是日本经济发展和落后的政治经济系统的内在矛盾造成的。

（一）日本泡沫经济的伏笔在 70 年代就埋下了

日本的高速增长期是在 1973 年正式结束的，1974 年日本战后第一次出现负增长。1965 年以后日本对外贸易一直是黑字，1974 年第一次出现赤字。1973 年成为日本经济的转折点，是汇率成本优势和能源成本优势丧失的结果。1971 年 8 月 15 日，发生"NixonShock"，战后维持了 20 多年的 1 美元 = 360 日元的汇率开始上升。1971 年 12 月末在美国 Smithsonian 博物馆召开的 10 国财长会议，决定将日元汇率调高到 1 美元 = 308 日元。1973 年 2 月日本采用了浮动汇率制度。

1973 年由于中东战争发生的石油危机，使原油价格短期内上升了 4

倍。1979 年由于伊朗革命，原油价格在短期内上升了 2 倍。对于 70 年代发生的一系列的事情，日本企业是通过提高技术水平来克服的。但是从 70 年代中期到 80 年代中期，日本企业总体的 ROE 是缓慢下降的。1979 年的第二次石油危机，日本企业成功克服，但是欧美国家都陷入严重的滞胀。美国哈佛大学教授傅高义的书 *Japan as Number One* 于 1979 年出版，全世界开始关注日本的经营模式，日本人自身也开始对日本的经济和经营充满自信。

日本企业的盈利能力从 70 年代初就开始了缓慢的下降，这是日本泡沫经济重要的伏笔。

（二）80 年代后日本发生的重要变化

进入 80 年代，日本开始实施金融自由化，也就是放松对银行的一些管制（日语：规制缓和）和实施各种利息的市场化（日语：金利自由化）。经济的成长和市场的开放对日本在几方面造成了影响。第一个影响是外资企业开始在日本设立分支机构。1985 年开始的东京房地产价格上扬的直接导火索就是这个。东京要成为世界的金融中心之一，目前的写字楼是不够用的，东京都中心的土地价格开始上扬。第二个影响是企业和银行关系的根本变化。进入 80 年代，日本的一些企业已经成长为世界知名企业。企业自身的内部资金积累很充分，外部融资渠道也多样化。1980 年之前，大部分日本企业的唯一融资渠道就是银行贷款。日本大企业对银行的依赖开始降低，银行的收入和盈利能力开始钝化，日本的金融机构开始谋求新的盈利领域，这个时候房地产就成了最佳的选择。日本的 8 家住宅金融公司（简称住专，发音 Jusen）在 70 年代初期就成立了。当时日本的银行不愿意做个人住房贷款业务，因为单笔的金额太小，都选择做企业业务。80 年代以后，银行开始进入个人住宅领域，这就挤压了原来住宅金融公司的业务，逼迫他们从事风险更高的房地产融资业务。90 年代初期，住专贷款的一半以上都成了不良贷款。实体企业由于日本成本的上升和日元的升值，也面临着巨大的业绩压力。1983 年以后，保守的日本企业开始尝试金融机构提供的各种理财产品。这一点在 1985 年日本央行不断降息以后更加明显，企业融资成本低，投资理财产品回报率高，可以无风险套利。

1985 年广场协议后，日元升值过快，日本的出口型企业压力重重，日本央行不断放水。在这种情况下，日本的实体企业和日本的金融行业形成了滚雪球一样的互动关系。企业持有的土地升值，带来股价的上升或者银行融资的简单化。日本的银行在同质性竞争的市场环境下，形成了某种竞争性贷款。只要有房地产抵押，就无条件贷款。房地产市场流入过量的资金，地价高涨。地价飞腾带来上市企业的股价上涨和非上市企业融资能力的提升。同时良好的未来预期造成了企业设备投资和个人消费的空前上涨，反过来推动了各个行业业绩的上升，再次推高股价和土地价格。借助高股价和低融资成本，日本企业开始在海外大幅度扩张，收购海外资产。这就是 1985 年之后日本泡沫的逻辑。

（三）80 年代后期日本的政策失误是造成泡沫变大的重要原因

1985 年东京的土地价格开始飙升，1986 年波及大阪等大城市，1987 年以后才波及日本全国各地。如果日本政府在 1987 年左右能够采取果断措施，泡沫就不会变大，其危害也会很小。1985 年 9 月 22 日，著名的广场协议（Plaza Agreement）签署，日元开始迅速升值，汇率从 1 美元兑 240 日元升值到 1 美元兑 120 日元左右只用了两年时间。广场协议在日本经济史上具有转折意义是不争的事实。但是美国用广场协议打败了日本这个说法是不成立的。

关于广场协议有几点需要说明。（1）广场协议不是日美两国之间的协议。广场协议是美、日、德、英、法五个国家之间的协议，主角是美国、日本、西德。1971 年以后主要国家中日元和德国马克兑美元不断升值，日、德都是出口大国。为什么西德没有出现像日本一样大规模的泡沫经济？（2）日本当时为什么对日元升值持有比较积极的态度？1985 年，当时的日本首相为中曾根，大藏大臣为竹下登。竹下登对日元升值态度比较积极，有以下几个原因。一是 1970 年以后日本和美国直接存在长期的贸易摩擦，美国国内保护主义和对日本的反感情绪越来越强。日本必须要采取具体的措施去解决这个问题。二是日本对其产业实力有一定的自信，而且 1979 年的时候，日元曾经上升到 1 美元兑 179 日元。1985 年 8 月的汇率是 1 美元兑 240 日元左右。当时竹下登的判断是到 200 日元也没关系。（3）广场协议为什么可以达到超过预期的目的？广场协议作为协调主要国家汇率的会议，调整汇率成功是有其时代背景的。1985 年之前西方主要五国的财政部部长会议都是秘密召开的，也不公开报道。但是广场协议特意对媒体公开，其策略是非常成功的。（4）为什么日元过快升值不能够及时制止？1986 年 7 月 22 日，中曾根首相进行了内阁改造，大藏大臣由竹下登更换成了宫泽喜一。宫泽在任中一直积极交涉，期望能够抑制日元的过快升值。1987 年 2 月主要几个国家达成了卢浮宫协议，但是没有明显的效果。主要原因是美国和欧洲国家没有配合日本的动机。对欧洲国家来说，日元走高有利于欧洲国家的出口竞争能力。

单纯的日元升值，并不能带来日本的泡沫经济。广场协议之后的日本政策特别是日本金融政策的失败和日本对经济的错误认识，才是造成泡沫经济的主要原因。日本是出口型的国家，长期以来"日元升值是恶"的理念深入人心。广场协议之后的日元升值，使得日本的出口产业备受打击。日本央行联系调低了公定步合（公定步合是日本央行对商业银行的贷款利息）。1986 年 1 月公定步合调低到 4.5%，1986 年 3 月下调为 4%，1986 年 4 月调低到 3.5%，1986 年 11 月调低到 3%，1987 年调低到 2.5%。2.5% 的水准是日本战后最低的水准，而且这个水平一直维持到 1989 年 5 月。日本央行的这个金融政策应该是日本泡沫经济的主要原因之一。

　　日本央行面对疯狂的股市和楼市，没有意识到问题的严重性吗？并不是这样的。当时日本央行副总裁三重野康就公开发言说："日本就像坐在干透的柴火堆上。"日本央行之所以仍制定出错误的政策是有多方面原因的。（1）日本是出口型的国家。日元快速升值让许多企业苦不堪言，央行降息确实能够降低一部分企业的利息成本。这是来自政治家和企业界的共同压力。（2）来自美国的压力。从目前的资料来看，美国一直要求日本和西德配合美国的金融政策降息，以使好不容易贬值的美元反弹。（3）日本的普通物价指数一直没有明显上升。由于日元升值和国际化分工，日本的CPI指数一直比较平稳，但是资产价格飙升。而物价指数是央行重要的参考。（4）特殊事件的发生，1987年10月19日，美国股市暴跌（黑色星期一）。1987年的时候，日本央行有明显的调高公定步合的想法，但是面对来自美国的事件和压力，再次妥协。（5）日本特殊的权力结构和日本央行独立性的缺失。日本当时的央行法是1942年战时经济体制下的法律，大藏省对日本央行有着明显的优越地位。事实上，1945年以后日本央行的总裁超过一半都是日本退休的大藏省次官（次官是日本各个中央省厅中官僚的最高位置，相当于中国排名第一的副部长）。作为大藏省来讲，比起采用财政政策，其更愿意启用金融政策。日本从70年代开始发行赤字国债，国债余额连年升高。

（四）80年代后期日本国民的心态和整体的社会氛围也是推高泡沫的重要因素

　　明治维新之后，赶上并且超过欧美国家是日本整个国家和国民的目标。"二战"中，日本战败，被美国占领。1987年左右日本的人均GDP超过美国。在日本国民心中，有一种"虽然日本在过去的战争中败给了美国，但是在经济上日本超过了美国"的心理。或者说期望日本在经济上超过美国、战胜美国。80 年代后期，许多的人更愿意相信：日本真的在经济上战胜了美国。

当时所谓的土地神话也发挥了重大的作用。1945 年之后（除了 1975 年），日本没有发生过土地价格下降的事情。许多人认为，国土面积狭小的日本土地价格是不会下降的。

二、 日本 90 年代以后的经济长期低迷和日本泡沫经济破灭的逻辑关系

日本 90 年代经济低迷的直接原因是泡沫经济破灭。90 年代以后的长期经济低迷是日本国内环境的根本变化和国际环境发生根本变化造成的。

（一） 日本的泡沫经济是如何破灭的

日本股市的最高点是 1989 年 12 月 31 日（日经指数 38915 点），之后开始一路下降。日本土地价格的最高点是 1990 年夏天。日本的泡沫经济破灭的直接原因是日本央行的金融收缩政策和大藏省融资限制政策的推出。1987 年以后，日本泡沫经济的负面作用越来越明显，社会问题凸显。1989 年 5 月央行开始加息，公定步合提高到 3.25%，10 月提高到 3.75%。1989 年 12 月，大藏省出身的日本央行总裁澄田智离任，日本央行土生土长的总裁三重野康上任。三重野康短时间内进行了多次加息，1989 年 12 月公定步合提高到 4.25%，1990 年 2 月提高到 5.25%，1990 年 8 月提高到 6%。也就是日本央行从 1989 年 5 月开始到 1990 年 2 月的短短时间内，进行了 5 次加息。

此外，日本大藏省也下了两剂猛药。1990 年 4 月，大藏省发出通知，导入了不动产融资的总量管制，也就是针对银行对房地产行业融资的数量作出了具体的限制。1991 年 5 月，日本政府公布了地价税，通过税收手段对日本的土地买卖进行抑制。

对日本国民心理产生重大打击的是冷战的结束和海湾战争的爆发。1989 年 12 月，美苏两国领导人会晤，决定结束冷战；1990 年 8 月伊拉克进攻科威特，1991 年 1 月海湾战争打响。冷战的结束意味着日美关系可能会发生一些变数。海外战争的打响，意味着依赖中东石油的日本经济前景会发生一些变数。这对日本整体的心理变化产生了很大的影响。

1992 年 3 月，日经指数跌到破了 2 万点。日本政府对经济的态度是从 1991 年夏天开始转变的。1991 年 7 月份日本央行开始连续调低公定步合，7 月调低到 5.5%，11 月到 5%，12 月到 4.5%；1992 年 4 月为 3.75%，7 月为 3.25%。

（二）泡沫经济的破灭是日本 90 年代经济低迷的首要和直接原因

日本的金融机构和房地产机构出问题是从 1991 年左右开始的。1994 年日本的上市公司中申请破产和破产保护的企业达到了 40 家，其中大部分是中小型的房地产开发和建筑公司。这是第二次世界大战以后日本第一次有这么多上市公司破产或者申请破产保护。90 年代经济金融危机的高峰是在 1997 年和 1998 年。1997 年 11 月份左右，日本中型证券公司三洋证券，四大证券公司之一的山一证券，大型商业银行之一的北海道拓殖银行先后破产。1998 年日本两家大型银行——日本长期信用银行和日本债券信用银行面临破产，被国有化。

1991 年之后的十年，日本的各种金融机构破产了 100 多家左右，对日本经济产生巨大的副作用。

（三）日本国内环境和国际环境的根本变化是日本 1991 年以后经济长期低迷的根本原因

笔者认为，日本 90 年代以后长期的经济低迷是日本国内环境和国际环境的根本变化造成的。日本战后长期维持的政治经济和文化面对新的环境，出现了种种的不适应。这种不适应，是造成日本 90 年代以后经济长期低迷的根本原因。

国际环境方面，首先是冷战的结束和美国信息革命的崛起。其次是日本周边国家和地区的发展和变化。冷战的结束和信息革命让美国重新牢牢掌握了世界经济发展的主导权和制高点。在80年代后期，日本在许多产业质量和数量都超过了美国。冷战的结束和中国的市场经济化，在历史上第一次形成了真正意义上的全球化市场。美国的资本市场和IT革命完美结合，风险资金的注入和迅速的上市，从资金面推动了信息革命的迅速发展。信息革命的发展极大地改变了产业的竞争格局和产业的国际分布。80年代后期，日本站到了产业链的顶端。但是IT革命的兴起，让美国的硅谷站到了全球产业链的最顶端。欧洲在1992年2月签订了马斯特里赫特条约，明确了欧洲一体化的进程。80年代后期，欧洲传统大国的经济明显开始逊色于日本。而欧盟的诞生形成了欧洲的统一的市场，对促进欧洲的经济发展起到了良好的作用。

另外日本周边竞争格局发生了重大变化。1992年邓小平的南方谈话让中国被压制已久的力量彻底爆发。90年代以后，中国内地主要是纺织业和轻工业，韩国是造船和电子工业，中国台湾地区是电子行业，对日本产业形成了竞争。1985年广场协议以后，有许多日本企业把生产转移到中国。截至目前，日本国内外研究90年代日本经济的长期低迷和通货收缩的时候，往往强调了日本的经济金融政策和美国的因素。事实上，东亚地区的发展对日本90年代以后的发展也产生了很大的影响。

以上两个因素，让日本战后的经济和产业体制受到了根本的挑战。事实上，上面两个因素大部分情况是交织在一起的。

关于日本国内环境的变化，有两点是需要强调的。第一点是日本国内追赶型的政治经济文化体制走到了尽头。日本一直走的是学习模仿欧美国家的道路。日本战后的体制，被知名学者野口悠纪雄称之为1942年体制。

1942 年左右是日本开展"总力战",构筑战时经济管制体制的时代。战后日本的政治经济文化体系,包括国民的心态一直到 80 年代末 90 年代初,基本上都是一成不变的。

1985 年日本成为全世界最大的债权国。1987 年左右,日本人均 GDP 超过了美国,历史上第一次超过了自己仰慕 100 多年的老师。80 年代后期,从经济水平上来看,日本已经完全步入了发达国家行列,但是日本的社会体制依然是追赶型(catch up)的体制,这就产生了一个内在的矛盾。日本战后的央行法《日本央行法》是 1942 年制定的,这项法律一直到 1998 年才进行修改。日本央行独立性的低下是造成日本 80 年代后期金融政策失败的最重要原因。类似的事情还很多。

第二点是日本人口结构的根本性变化。从 90 年代初开始,日本开始步入老龄化社会。日本的劳动力人口 1998 年左右开始下降,总人口在 2005 年左右开始下降。日本在 1987 年左右,总人口是美国总人口的一半左右。之后美国保持了人口增长的强劲势头,但是日本人口态势逐年变差。进入 2005 年后,许多知名公司的创始人去世或者退出经营的一线。而这些人的企业家精神是支撑日本战后发展的重要力量。

三、 美国对日本泡沫经济的影响

美国与日本泡沫经济的产生是有关系的,但是所谓的美国阴谋论是不成立的。

日美的贸易战和日元的升值,如果站在一些日本企业的立场,是对日本不利的;如果站在日本消费者的立场上,则是好事情。1985 年的广场协议和之后的金融政策,日本受到了美国的影响,但是本质上还是日本政府的判断失误。我们在谈及日本的时候,总简单地认为日本是美国的附庸国,直到今天美国还在日本驻扎有 4 万多美军,所以认为日本必须听美国的。但是事实上，战后美国也一直在西德驻扎军队，直到今天仍有 3 万多美军。广场协议之后，西德在 1987 年 1 月就提高了央行的利率。1988 年 7 月和 8 月德国联邦央行两次加息。德国央行的这个判断是避免西德发生泡沫经济的重要一步。央行的独立性是区分西德和日本命运的重要因素。

日本学者针对美国的外部压力对日本的影响也做了许多研究，其基本结论如下：当美国对日本施加压力的时候，如果日本国内有一部分利益团体认为接受美国的提议对自己有好处或者认为对日本有利的时候，美国的压力往往容易奏效；如果日本国内没有受益的团体，美国的压力往往是无效的，比如对日本泡沫经济影响最大的金融自由化。进入 80 年代，日本经济已经步入世界前列。日本国内有实施金融自由化、放松包括利率在内的各种管制的内在要求。当时的金融监管当局大藏省银行局和日本的大银行都有这种要求。持有反对意见的是日本的小型金融机构，担心自己在竞争中落败。从国际横向比较，日本的金融自由化的步伐落后于大部分欧洲国家，甚至落后于一些亚洲的发展中国家。这个时候，美国在 80 年代初期开始对日本进行施压，要求开放日本市场，放松监管。日本的行政当局利用美国的外压，实施国内金融市场的改革。当时日本的一些金融机构的外币资产占到了总资产的一半以上，其背后原因就是日本受到各种管制不能开展业务，于是就到伦敦开设分支机构，开展业务。放松管制也是日本企业内在的要求。

笔者认为，日本的泡沫经济在以下几个方面给我们一些有益的启示。

1. 金融的自由化（deregulation）及利率的自由化（liberalization）如果和房地产市场结合，是容易发生金融和地产泡沫的。芬兰和日本是不同的两个国家，但是在同一个时期都发生了严重的地产和股市泡沫，其背后又几乎同时发生了金融的自由化和利率的自由化。

2. 保持央行的政策独立性，提高政府官员的政策水平，尊重市场规律，是防止大的泡沫产生的不可或缺的因素。西德的央行独立性是全世界都知名的，而日本的央行法是在 1942 年战争期间制定的，一直使用到 1998 年，其央行的独立性是非常差的。1985 年以后日本央行金融政策的失误，并不是日本央行没有认识到资产价格的过快上涨有问题，而是由于受到大藏省和民意的牵制，日本央行的政策出现了明显的失误。

西德在主要发达国家中是率先实现各种金融、利率自由化的国家。西德的金融、利率自由化从 1963 年就拉开了序幕，1973 年左右结束。而日本的金融、利率自由化是从 1979 年左右拉开序幕，1994 年左右才结束。西德自由竞争的结果是在 70 年代发生了一些金融机构的倒闭。另外，西德在应对 70 年代以后的升值压力的时候，比日本更加灵活。1971 年上半年，市场预测到既有的国际通货体制难以维持，美元贬值、西德马克升值是趋势，对西德马克进行了投机。西德在 1971 年 5 月就采取了浮动汇率制度。而日本在 1981 年 8 月 15 日之后，仍然不愿意主动采取浮动汇率制度，通过对市场的干预，依然想维持 1 美元 = 360 日元的汇率。

3. 国际贸易的变化可能成为泡沫经济破灭的导火索之一。芬兰和日本的经济泡沫破灭是在 1990 年和 1991 年，也就是冷战结束的时候。芬兰和苏联的贸易一直占到了芬兰对外出口的 20% 左右。对日本来说，美国一直是最大的出口目的地和贸易黑字来源国。冷战的结束，对日美经济关系和人们的心理预期产生了很大的影响。

第 5 章
如何看日本电子行业在平成时代的相对衰落

谈到日本，有一个绕不过的话题，那就是日本的制造业。20 世纪 80 年代以后，"Made in Japan" 获得了全世界的赞誉。70 年代以后，日本两大支柱行业是电子行业和汽车行业。2000 年以后出生的中国人，可能对日本的电子产品没有特别的感觉。但是在 20 世纪 80 年代和 90 年代的中国，如果有一个日本产的电视机或者其他家电产品，是一个非常令人羡慕的事情。在平成时代，这两个行业有着不同的结果。总体来讲，直到今天日本的汽车行业仍保持着强大的竞争力，比起平成元年的 1989 年，日本的汽车行业地位其实是上升了。但是电子行业在平成时代的后半部分，相对衰落了。需要注意的是，是相对衰落，或者说竞争力下降了不是衰败了。为什么出现这样的结果，是许多人都感兴趣的话题。为了更好地解释这个问题，本文扩大探讨的范围，期望给中国读者一个相对全面了解日本产业（特别是制造业）的机会。

一、 明治维新之后，日本哪些制造业发展起来了

作为普通的消费者，中国人对日本比较熟悉的是日本的汽车，还有日本的化妆品以及母婴用品等。事实上，日本大部分产业在数量上或质量上都达到了全世界前五名的水平。

回顾日本明治维新（1968 年）以后的发展道路，日本一直是以欧美为师，以赶超欧美为国家战略目标的，不断地从欧美发达国家导入科学技术

和政治经济制度。明治维新之前学习对象主要是荷兰。这是因为当时荷兰在全球范围广泛开展跨国贸易，其触角很早就伸到了日本。但是主要的学习对象是荷兰的医学，日语中"メス"这个词是手术刀的意思，来自荷兰语"mes"，这个词今天还在日本广泛使用。明治维新之后日本医学主要是学习德国，日语中"ガーゼ"是纱布的意思，来自德语"Gaze"；"カルテ"是病例的意思，来自德语"Karte"。明治维新之后到 1945 年战败，主要学习的对象是英国和德国。1945 年之后，学习的主要对象是美国。

明治政府高举"富国强兵，殖产兴业"的旗帜，追赶速度是很快的。但是从产业技术水平和竞争力的角度，从企业国际化的程度来讲，赶上欧美国家是 90 年代的事情。日本 GDP 超过意大利是在 1951 年，超过法国是1959 年，超过英国是 1964 年，超过当时的西德是 1968 年。但是人均 GDP超过意大利是在 1971 年，超过英国是在 1980 年，超过法国是 1988 年，超过德国是 1992 年。

日本在 1932 年左右棉纺织品出口成为全世界第一，1939 年左右，人造丝生产量成为全世界第一。"二战"结束以后的 20 年，日本纺织业是出口的领军行业，也是就业人口最多的行业。1956 年，日本造船业超过英国成为全世界第一。这个纪录一直保持到 2000 年左右，被韩国赶上，2005年左右被中国赶上。2005 年以后，东亚的日本、韩国、中国一直是全世界造船行业的前三甲。

谈到日本的制造业，很多中国人会联想到"工匠精神"和"长寿企业"等词汇。但是在日本国内，关于"工匠精神"和"长寿企业"的书籍绝大部分是 2000 年以后才出版的。1960 年以前，"Made in Japan"在欧美社会几乎就是粗制滥造的代名词。"Made in Japan"得到全世界的认可，也就是 1980 年以后的事情。

日本的铁路行业很早也成为全世界的领先者。1964 年，连接东京和大阪的东海道新干线开通，当时是全世界第一条运营时速达到 200 公里的铁道路线。这表明日本的铁道车辆制造水平达到了很高水平。之后，日本的技术不断进步，运营速度也不断提高。1992 年，时速达到 300 公里的"のぞみ"（在日语中是"希望"的意思）投入运营。1997 年 11 月 28 日，JR东海公司的磁悬浮试验列车跑出了 500km/h 的世界纪录。2015 年 4 月 21日，JR 东海公司的磁悬浮试验列车跑出了 603 公里的最高时速，被吉尼斯认定为世界纪录。

1970 年以后，日本的民生电子类产品的出口量达到了全世界第一的水平，而且一直保持了几十年。"二战"后，日本的电子产品类出口是从晶体管收音机开始的，主要的出口目的地国家是美国，占了电子类产品出口总量的 60% 以上。之后是电子计算器、录音机、电视机、录像机、随身听、电子表、DRAM 等产品。

日本的钢铁产品在 1979 年成为全世界第一，这个纪录一直保持到1996 年，被中国超过；日本的汽车产品在 1980 年成为全世界第一；日本的机床产品在 1981 年成为全世界第一，这个纪录一直保持到 2006 年左右；日本的机器人产业在 80 年代初也成为全世界第一。

日本有一个大行业，在 80 年代以后技术水平达到全世界的最高水平。日语称之为"素材产业"，中文是材料行业的意思，范围很广泛，包括了钢铁、玻璃、陶瓷、纤维、水泥、半导体原材料、液晶显示屏原材料、各种合金、各种新型材料等。

事实上，日本有许多小众的行业，也悄悄地成为全世界第一、第二的水平，但是不为我们所知晓。比如工业机器人行业、机床行业、模具行业等。现代制造业，机床、材料和模具是基础。全世界的工业机器人行业中有四大巨头，分别是瑞士 ABB（ABB 为瑞士和瑞典的企业在 1988 年合并成立）、德国 KUKA、日本的发那科和安川电机。机器人中不可或缺的精密减速器，日本企业更是遥遥领先。Nabtesco（纳博特斯克）公司、Harmonic Drive Systems（哈默纳科）公司、住友重机械工业公司这三家日本公司几乎霸占了全世界高端减速器 100% 的份额。

日本的模具行业并没有特别知名的企业。日本的模具企业往往都是中小型企业，但是技术水平和德国并列为全世界最高水平。模具是现代制造业的幕后英雄，日本的机床行业也是群星荟萃。主要企业有发那科、山崎 Mazak、森精机、大隈、牧田、THK、天田、JTEKT 等。

我们很多人的印象中，包括日本在内的发达国家占据了高端领域，中低端领域都被以中国为首的发展中国家占领了。但是这种认识恐怕是存在一定问题的。比如，纺织行业（日本称之为纤维行业）是一个传统行业。第一次产业革命的领导产业就是纺织行业、煤炭产业和铁路行业。日本的煤炭行业彻底衰败了，但是纺织行业也一直在不断地发展和进步。支持纺织行业不断发展进步的是纺织机械。直到今天，日本也是和德国并列的全世界纺织机械大国和强国。德日之后是意大利和瑞士等传统工业强国。中国的纺织机械企业开始崛起是在 2000 年之后，技术上基本还处在模仿发达国家的阶段，并没有在技术水平和品牌上赶上发达国家。

日本主要的纺织机械企业是丰田自动织机（丰田汽车的源头就是丰田自动织机的汽车部）、村田机械、岛精机、津田驹工业等公司。这些企业的名字，并不为普通的中国人所知晓，但是中国纺织行业相关人士对这些企业名字都非常熟悉。更令人吃惊的是，直到今天日本也有一大批全世界知名的工业缝纫机生产企业。缝纫机是在美国诞生发展的行业，美国胜家（Singer）是全世界缝纫企业的鼻祖。日本是 1921 年左右从模仿胜家缝纫机开始起步的。战后日本有多家缝纫机企业成为全世界知名的品牌。有 JUKI 公司、兄弟工业公司、蛇之目缝纫机公司等。中国的纺织品出口在 20 世纪 80 年代就成为全世界第一。几乎每一家外贸厂家的工厂里都能看到日本 JUKI 或者兄弟工业公司的缝纫机。直到今天，YKK（原名为吉田工业）也是全世界第一大拉链企业。

很多大家所熟悉一些传统领域，直到今天日本企业也保持了很强的竞争力。比如油墨行业全世界前十名企业的一半都是日本企业，DIC（大日本油墨）公司、东洋油墨公司、阪田油墨公司、T&K TOKA 公司等公司并不为我们所知道，但是行业内人人皆知。

轴承行业来讲，直到今天日本、德国和瑞典也是全世界轴承强国。日本精工和 NTN 公司以及 JTEKT、德国的 FAG 和 INA、瑞典的斯凯孚（SKF）在机械制造领域家喻户晓。我们总以为美国的实体制造业已经衰败了，但是美国仍是仅次于瑞典、德国、日本的第四大轴承强国。

全世界的电梯行业中，日本企业也占据了高端位置。美国是发明电梯的国家。日本也是从模仿美国和欧洲的电梯开始起步的。日本的电梯技术赶上美国是 1980 年左右。1979 年之后，全世界最高速电梯的纪录基本都被日本的电梯公司所持有。目前全世界的高端电梯品牌基本被美国（Otis）、德国（蒂森克虏伯）、瑞士（迅达）、芬兰（KONE）、日本（三菱、东芝、日立、Fujitec）所把持。

在印刷机行业，德国最近 200 年一直遥遥领先全世界，海德堡（Heidelberger）、曼罗兰（Manroland）、高宝（KBA）等企业享誉全世界。大家有所不知的是，日本是仅次于德国的第二大印刷机强国，小森机械、三菱重工业是主要的生产厂家。

日常所用的打印机领域，日本企业也几乎占据了全世界市场的半壁江山。佳能、EPSON 等品牌享誉全世界。

熟悉自行车行业的人都知道日本的禧玛诺公司。Shimano 是公司的创始人岛野的日文发音。全世界的自行车变速器行业，为日本的 Shimano（禧玛诺）、美国的 Sram（速联）、意大利的 Campagnolo 所把持。而且，日本的禧玛诺公司登上行业的顶端是在 1998 年以后，一直保持到现在。

比起美国的制造业，日本在几个行业中是有明显差距的。（1）商用大型飞机制造业。全世界的大型商用客机市场被美国波音和欧洲的空客所把持，中型支线客机被加拿大的庞巴迪和巴西的巴西航空工业所把持。第二次世界大战时期，日本的飞机制造水平和欧美国家基本势均力敌，零式战斗机当时是全世界最先进的战斗机。战后，美国长期采取抑制日本飞机制造行业的政策。日本航空工业的弱势，主要是这个政治原因造成的。80 年代以后，日本采取分担波音公司一部分开发费用的方式，参加到了波音公司的设计和零部件供应中。目前，波音公司最新机型基本都有 40% 以上的日本零部件。（2）石油（也包括油田服务行业和石油化工行业）。日本没有全世界前十名的石油公司。原因主要有两个，一是日本本国并没有油气田资源，二是战后日本在国际政治中比较弱势和保守。在油田服务行业，美国的斯伦贝谢和哈里伯顿以及贝克休斯公司一直是全世界油服行业的领军企业。需要指出的是，日本的石油化工企业规模比较小，但是其技术水平并不比欧美同行差。（3）制药行业和医疗器械行业。日本在制药行业和医疗器械行业的企业竞争力明显不如美国。制药行业和医疗器械行业全世界前 10 大企业排行榜中，全部都是欧美企业，没有日本企业的身影。

制造业方面，上面几个行业美国是具有明显的优势的。此外的行业，日本在技术上基本上都追平了美国。服务行业，总体来讲，日本企业的影响力不如美国企业，但是日本企业往往也在规模或者质量上占到了全世界前五名的位置。

在银行业，美国是全世界的金融中心。作为金融中心，纽约和伦敦作为世界金融中心已经上百年了，但是东京成长为世界金融中心是 1990 年以后，日本的银行走向海外是 1980 年以后的事情。但是从规模上来讲，日本的银行在 20 世纪 70 年代以后已经开始崭露头角了。1971 年，日本的第一银行和劝业银行合并，存款量一举跃升全世界银行之首。1996 年，三菱银行和东京银行合并，总资产规模成为全世界第一大银行。东京银行是"二战"后日本成立的外汇业务专业行，在全世界有着广泛的海外分支机构。2000 年，第一劝业银行、富士银行、日本兴业银行三家大银行合并，成立瑞穗（Mizuho）金融集团，当时为全世界资产规模最大的金融集团。2006 年，东京三菱银行和 UFJ 银行（UFJ 银行为三和银行和东海银行合并而成）合并，成为当时资产规模全世界第一的金融集团。

保险行业是在欧洲成形的产业。"二战"后美国逐渐成为全世界第一的保险大国。日本是西欧和美国以外保险最发达国家，80 年代以后，从保险行业的资产规模和每年的保费规模上，成为全世界第二大保险大国。日本保险行业比起欧美国家逊色的地方，主要是国际化程度不如欧美保险企业。

零售业来讲，日本的零售业在 2000 年以后受到全世界的瞩目。百货店行业是在欧洲成形的行业，超市和方便商店是在美国成形的行业，但是日本都把这些行业做到了极致。目前日本的百货店和 24 小时方便商店的综合水平应该是全世界最高的。

公关和广告行业一直是欧美企业的天下。但是日本的电通公司在 80 年代以后，也基本上一直在全世界前五名之内。

物流和快递行业来看，日本的企业距离欧美企业有一定差距。特别是距离美国的巨头 UPS 和 Fedax 差距比较大。日本快递行业起步在 70 年代，但日本物流和快递行业的服务质量并不输于欧美企业。主要差距是海外服务的能力不及欧美企业。

动漫行业，日本是仅次于美国的全世界第二大动漫大国和强国。

我们有很多人有一种误解，就是日本人对互联网和电商没兴趣，或者比较抵触。但是这个观点是站不住脚的。日本现在是仅次于美国和中国的全世界第三大电商大国。在 2007 年支付宝诞生以前，日本的电商比中国还要发达一些。这是因为日本电脑和信用卡的普及率远远比中国高，物流行业的水平也远远好于中国。事实上，互联网行业所有类型的企业在日本都能看到，大部分都是日本人创业的，而且，日本的电商也在不断发展进化。最近几年出现了一些细分领域的新型电商，比如 2013 年设立的 Mercari。

还有一个误解，就是日本在宇宙开发领域没有什么成果。事实上，日本的宇宙开发技术能力仅次于美国、俄罗斯、欧盟和中国，综合技术实力可以排到全世界第五名。日本的宇宙开发和研究在 2003 年之前，都是模仿和跟随美国。之后，日本也开始探索走自己的路线，获得独自的研究成果。2003 年 5 月 9 日发射的小行星探测器 "Hayabusa1 号"（隼鸟的意思）是一个标志性的事件。"Hayabusa1 号" 的任务是飞向距离地球大约 3 亿公里的小行星 "丝川"，并且采集上面的物质再飞回地球。经过了 60 亿公里的飞行，2010 年 6 月，"Hayabusa1 号" 成功飞回地球。这是人类第一次成功获得小行星物质样本。2014 年 12 月 3 日，日本发射了 "Hayabusa 2 号"，2019 年 7 月成功在小行星 "龙宫" 着陆。日本也成功研发了向国际空间站（ISS）运送货物的 HTV 货运飞船。该货运飞船被命名为 "KOUNOTORI"，在日语里是白鹳的意思。在日本传统传说中，鹳是可以给家庭带来孩子的神鸟。2009 年 9 月 11 日，日本成功发射了 "KOUNO-TORI 1 号"，圆满完成任务。

二、 日本的制造业为什么强大起来了

日本是过去 150 年中，唯一一个可以说在各个方面都赶上欧美国家的非白人国家。韩国是 "二战" 后发展最成功的国家之一，但是其科技水平和产业水平距离欧美日还是有一定的距离。笔者 1995 年去日本留学，一直

有朴素的想法，想彻底了解日本制造业强大的秘密。为此，笔者收集了日本制造业行业的各种研究书籍，收集了日本很多大型企业的公司史，研究了很多日本优质企业或者破产企业的案例。系统研究了明治维新以来日本所有行业的产业发展历史。

1. 日本的制造业是有一定基础的。明治维新之前的日本，并不是一张白纸，是存在一定的产业和文化基础的。在谈论日本近代产业发展的时候，这一点的重要性往往被忽视。1968 年之前的日本，从产业角度来讲，存在几个主要的产业。最重要的当然是农业，主要是大米和蔬菜的种植。此外重要的产业包括，纺织业、酿造业、采矿业、建筑业以及饮食业等。明治维新之前的江户，也是商业高度发达的城市。很多人有一种概念，就是日本是明治维新之后才超过中国的。最近的一些研究成果表明，在明治维新之前，日本的人均 GDP 就已经超过中国了。

笔者认为，日本传统产业的存在，对明治维新之后顺利导入西欧的现代化技术和西方技术在日本的落地以及进化有着非常重要的意义。明治维新之前的纺织业主要是家庭作坊样式的存在。酿造业主要是日本清酒和酱油的制造。从酿造流程的复杂程度来讲，日本清酒酿造需要的技术并不比啤酒或者葡萄酒低。陶瓷制造技术是 1600 年前后经由朝鲜传入日本的。

日本是没有石油、铁矿石等资源的国家，但是日本存在煤矿、银矿和铜矿等资源。位于岛根县的石见银山在 16 世纪初期被发现，17 世纪开采达到鼎盛，当时为全世界产银量最大的银山。比如大名鼎鼎的住友集团就是从铜矿的开采开始发家的（位于爱媛县的别子铜山，从 1690 年左右开始开采，1973 年矿山封闭）。

"二战"前日本影响力最大的财阀是三井财阀。三井财阀的起源是1673 年三井高利在江户日本桥设立的"越后屋"吴服屋，也就是销售和服的零售服装店。三井家族的老家是伊势松阪，也就是现在三重县松阪。伴随着服装业务的发展，他们开始钱庄业务，日语称之为"為替"。这个过程和晋商从贩卖茶叶到兼营票号是有点类似的。

很多人可能不明白，有传统的各项产业为什么重要。如果思考一下，为什么非洲很多国家工业发展不理想就会明白。非洲大部分地方是狩猎社会，并没有这么多的产业基础。

事实上，日本有很多企业具有 150 年以上的历史，也就是明治维新之前就存在了，其中一些企业发展成了行业的龙头企业。三井财阀和住友财阀都具有 300 年以上的历史；日本最大的制药公司武田制药具有 300 年左右的历史；日本大型建筑公司清水建设也具有 200 年以上的历史。清水建设的源头其实就是一组工匠。在日本经营历史超过 150 年的温泉旅馆、日本点心铺子和日本酒制造企业有很多。

文化基础也是非常重要的。明治维新之前，日本就有完整的茶道和花道，有浮世绘。明治维新之前，浮世绘被传教士等人带回到欧洲，在欧洲产生了很大的影响。很多人认为科学技术的发展非常重要，但是对文化在产业发展中的重要作用认识不够。

现代社会，任何一个产业都需要良好的设计，但是好的设计是需要文化基础的。这一点往往不被经济学家和管理学家所认识。欧洲国家的奢侈品品牌最多，这是欧洲几百年经济和文化发展的必然结果。

2. 对西欧和美国全面彻底的学习是日本贯穿日本明治维新之后的主线。现代社会的体系和技术是欧洲和美国打造的。日本一直到 80 年代，始终都是模仿和追随者。日本在明治维新之前，基本上是锁国政策，但是一直保留和外部的沟通渠道和收集外部信息的渠道。

1609 年，荷兰的东印度公司就开始和日本的贸易。1640 年以后，以日本长崎的"出岛"（出岛是日本政府为外国商人指定的一个特殊小地方，之后长期成为日本对外的一个窗口）为据点，长期和日本开展各项交流活动。

日本明治时期，为了导入外国的制度和技术，高薪聘请了大量的外国人（欧洲和美国），在日语中被称之为"お雇い外国人"，人数高达3000人以上。其中一些人的薪水甚至比当时的日本首相都高。这些人不仅仅是在工业技术方面，而且在法律制度建设和基础研究方面，对日本的发展都起到了很大的作用。

提到日本产品的高品质，很多人都说谈及"戴明奖"的作用。William Edwards Deming 是美国的统计学家，1947年作为驻日盟军司令部统计使节团成员访日后，常去日本做讲座。1951年，日本设立了戴明奖。几乎日本所有的大型制造业企业都获得过戴明奖，对推动日本工业品的质量提高起到了很大的作用。与戴明起到类似作用的，还有美国的 Joseph M Juran。Juran 博士 1954 年到日本开展各种指导活动。

3. 军队技术人员全部流入民间企业，对战后日本经济复苏和发展起到了很大的作用。1938年日本全面侵华之后，日本进入战时经济体制，国家的重要资源都投入到以军工为主的部门。特别是1942年12月8日的珍珠港事件之后，日本和美国全面开战，日本把全国所有的资源都投入到了军事领域。1945年之前，日本的科学技术水平低于美国和德国等国家，基础科学研究大幅度落后欧美国家，但是工业技术落后5~10年，差距不是非常大。"二战"结束以后，日本的300万军人都进入民间各个行业。军队的技术人员的加入，带来的是世界领先的军事技术在民生产业的应用。

日本军队技术人员和军工企业技术人员主要流入到以下几个领域。(1)造船行业。"二战"前，日本一共建造或者改造了30多艘航空母舰，这个数字仅次于美国，其造船业的综合实力可见一斑。(2)铁道领域。有大量飞机技术人员进入到铁道综合研究所，对日本新干线的诞生起到了非常重大的作用。(3)汽车领域。战前日本生产飞机的公司主要有两家，一家是中岛飞行机，一家是三菱重工业。战后，中岛飞行机被分割为多家企业，其中一家为现在的富士重工业，也就是生产 SUBARU 汽车的公司。中岛飞行机的另一个企业成为 Prince 自动车工业生产汽车，初期被日本的普利司通轮胎公司持有，1966 年和日产公司合并。丰田企业第一代花冠汽车的总工程师也是军队原来的技术人员。（4）电子工业领域。"二战"前，日本军队在电子行业也有大量的技术人员从事无线通信和雷达等研究。1946 年设立的 SONY 公司就是一个典型，索尼公司的创始人井深大和盛田昭夫都是日本海军的原技术人员。

关于这一点日本的许多学者都有研究。这里，笔者想补充的是，日本的战争体验和"二战"前的军国文化，对日本战后企业文化和社会结构也有很多的影响。这一点往往没有被日本的学者指出来。战后很长一段时间，日本人的平均劳动时间都是全世界第一。另外日本社会的上下级关系的严格也是全世界有名的。这和日本传统文化有一定关系。但是笔者认为，这与明治维新之后长期的军事扩张路线有重大的关系。一直到 80 年代，日本社会普遍存在着长时间免费加班的文化。如果考虑战争期间生活的残酷，免费加班对日本人来讲是很正常的事情。军队是各种组织中上下级关系最严格的。这个影响直接延续到"二战"后的日本社会。

4. 日本企业间抱团但是竞争仍很激烈。西方国家都是市场经济体制，存在激烈的竞争。但是日本的竞争体制和英美的竞争模式有着明显的不同。"二战"前，日本以大大小小 20 个全国性的财阀为主，其中规模最大的为三井、三菱、住友财阀。"二战"后逐步形成了六大企业系列，也就是三井、三菱、住友、一劝、芙蓉、三和。每个企业系列都有分布在十多个行业的众多企业。日本企业的竞争可以说是抱团竞争。"二战"前是财阀和财阀的竞争，"二战"后是企业系列和企业系列之间的竞争。由于是团体战，加上政府的政策性诱导，战后 50 年，日本基本上没有出现过大型企业由于竞争失败而破产的情况。

当然，日本也有一些企业不属于上面的企业系列，或者属于企业系列但是所属关系比较远。比如，丰田企业可以算是三井系列的企业，但是事实上丰田汽车自身成了一个财阀和三井系列的其他企业亲近感比较差。

纵观日本战后的产业发展史，日本比较成功的行业都有众多的企业在激烈竞争。比如汽车行业，日本汽车企业就有：丰田、日产、本田、富士重工业、马自达、铃木、三菱自动车、五十铃、大发、日野等众多汽车厂家，而且日本雅马哈公司尽管不生产汽车，但是生产汽车发动机。日本的摩托车行业也有本田、铃木、川崎、雅马哈等多个厂家。

钢铁行业来讲，也有多家企业在激烈竞争。新日本制铁（1970 年富士制铁和八幡制铁合并而成）、NKK、川崎制铁、神户制钢、住友金属等。造船行业来讲，有三菱重工业、三井造船、川崎重工业、石川岛播磨重工业、日立造船、住友重机械、今治造船等。

家电企业来讲，日本的优质企业多如云霞。比如东芝、日立、松下、索尼、夏普、三洋、三菱等多家企业。

20 世纪 80 年代以后，日本产品的质量和工业品的设计受到全世界的瞩目。这本质上也是长期的激烈竞争的结果。

谈到日本企业的竞争，还有一点需要指出，那就是日本企业在国内是激烈的竞争，但是在海外市场却往往比较协作，共同开拓海外市场，分散风险。这一点在海外能源和矿业投资上非常明显。

5. 后发优势。如果想全面了解日本制造业，就需要首先了解日本制造的一个突出特点。目前存在的所有行业，都是在西欧和美国诞生的，而且几乎所有的工业产品，都是在欧美诞生的。我们日常经常看到的各种工业产品，几乎都不是日本发明的（都是欧美发明的）。日本制造的厉害之处，在于品质的提升和生产效率的提升。

研究日本传统大企业发展历史，就会发现一个共同的地方，那就是在发展的初期，几乎所有企业都有购买外国专利、聘用外国人、日本企业高管海外考察的经历。

日本很多知名的企业，在过去都是合资企业或者是与外国企业合资设立过合资公司。比如 GE 公司在"二战"前后很长一段时间，都是东芝公司的大股东。东芝公司的大部分产品，都是从 GE 公司导入技术生产制造的。

1952 年，松下电器和荷兰飞利浦公司设立合资企业，导入了大量的飞利浦的技术。现在日本的燃气涡轮机技术全世界一流，但是日本燃机技术也都是从学习和模仿欧美企业起步的。三菱重工业是 60 年代和美国的西屋公司达成的技术合作。

50 年代，日本几乎所有的大型造船企业都从丹麦的 B&W 公司、瑞士的苏尔寿公司（Sulzer）、德国的曼公司（Man）导入了柴油发动机技术。这些造船企业也从美国的西屋公司、瑞士的 Escher Wyss 公司、美国的 GE 公司、瑞典的 Delaval 公司导入了船用燃机技术。在船舶用大型柴油发动机方面，直至今日日本公司的技术也并没有超过德国的 MAN（由丹麦的 B&W 和德国 Man 公司合并）和芬兰瓦锡兰公司（Wartsila）。

需要特别指出的是，日本在消化吸收外来技术之后，往往会进行改良和提高，之后会有再创造。大工业生产模式（也就是福特生产方式）是在美国诞生的。但是日本企业进一步细化了这种生产方式，诞生了丰田生产方式。80 年代以后，全世界几乎所有的制造企业都不同程度学习和研究过丰田生产方式。

6. 政府发挥的重要作用。提到"二战"后日本经济发展的奇迹，很多人就会想起"通产省的奇迹""官僚的夏天"等。通产省是"二战"后重组之前的政府机构设立的机构。"二战"以前，日本政府在经济发展中发挥的作用同样是巨大的。笔者认为明治维新之后，日本政府在以下几个方面的做法，对日本经济健康长久发展起到了重要的作用。（1）坚定不移地学习欧美的政治、法律和经济制度，打造了很好的制度基础和社会环境。（2）在明治初期就普及了小学义务教育。明治维新之后，日本政府大力建设小学。到明治末年，适龄儿童的入学率达到了90%以上。对于国民素质的提升和优质劳动力的供给起到了很大的作用。（3）限制外资，保护本国产业的发展。战前也好战后也好，日本政府对外国资本进入日本，自始至终是警惕和排斥的态度，采取各种措施限制外国资本投资日本，或者通过关税限制外国商品的流入。这对保护日本弱小的产业发挥了巨大的作用。日美贸易摩擦，很多人简单地认为是美国对日本的打压，其实美国对日本的很多要求都是合理的。"二战"后，美国市场一直比日本市场更加开放。（4）自始至终发挥了民间主导力量，让企业家在经济发展中发挥关键作用。从明治时期开始，所有行业都可以民间资本参与。这些领域包括了铁路、电力、教育（从幼儿园到大学）、石油、矿业等。明治维新之后，日本政府也把一些国有资产和工厂卖给了民间企业。日语中称之为"払い下げ"。在今天，日本私立大学的数量超过国力大学和公立大学（公立大学是指日本地方政府设立的大学）。（5）政府对一些产业的资金支持。在日本产业发展历史上，日本政府对许多产业都推出过政府资金支持或者政策支持。

7. 日本的终身雇佣制度。战后的日本，各种因素交织在一起，诞生了终身雇佣制度。应该讲，终身雇佣制度在日本追赶欧美的过程中是一种威力巨大、高效的制度。笔者认为，终身雇佣制度在以下三个方面发挥了巨大的作用。（1）有利于技术的长期积累和技术的内部传承。很多领域的技术是需要长达几十年的不断的积累。终身雇佣制度可以安心让员工做长期的研究和花时间去磨炼提高技术。而且，由于是终身雇佣制度，掌握技术的员工即使传授给年轻人，也不需要担心"教会徒弟，饿死师傅"的事情发生。（2）终身雇佣制度有利于提高民众的道德水平。因为一个人一辈子都在一个公司工作，如果说谎话或者做坏事，被公司发现了被迫辞职，那就面临着无路可走的窘境。日本社会整体的社会公德水平比较高，并不是日本传统文化发挥了作用，而是背后的社会制度发挥了作用。（3）终身雇佣制度有利于员工有计划的消费。由于工作稳定，前景明晰，员工就可以有机会进行家庭大型消费支出。比如建房子、购买汽车、家电等。国民的稳定消费，反过来给日本企业提供了强大的内需，让企业稳定投资生产盈利。企业发展盈利了，可以给员工稳定的升迁机会和加薪的机会。1945～1990 年的日本，都是在实施这个正循环。

三、　要客观认识平成时代的日本的电子工业

很多中国人都有一种观念，就是日本的制造业在泡沫经济以后就不行了。但是如果单纯从制造业的技术水平和企业的品牌来讲，日本的企业在1989 年以后（也就是进入平成时代以后）达到了历史的最高峰。

首先需要强调的是，1989 年（平成元年）之后，日本所有制造业的技术水平都在持续发展。但是从企业业绩来讲，许多企业并不是非常好，其中的原因是多方面的。

（一）　如何认识平成时代日本电子行业的起伏

从日本的电子行业来讲，日本电子行业的最高峰是从 1989 年（平成元年）到 2007 年左右。很多人认为，进入 90 年代日本的电子行业就不行了。但是从技术水平的提高、新产品的推出、企业的国际化等角度，日本的电子行业在 90 年代都有大幅的提高。这种提高是行业普遍的现象，而不是某个个别企业的事情。从电子工业的日本国内生产总值来看，"二战"后的峰值是 2000 年，大约为 20 万亿日元左右，之后开始缓慢下降。但是

这个下降主要是日本企业把一些生产基地转移到了海外（主要是中国）的原因。技术和品牌都仍在日本企业手里。

（二）为什么 2007 年的 iPhone 发售会成为日本电子行业的一个转折点

笔者把 IT 行业分为四个阶段。第一个阶段是 1946～1981 年。1946 年在美国诞生了全世界第一台计算机（ENIAC）。1981 年美国 IBM 公司推出全世界第一款个人电脑 IBM5150。这个阶段美国遥遥领先，日本企业只是模仿和学习。1981～1995 年是第二个阶段。1995 年之所以成为一个里程碑，是因为微软公司推出了 Windows95。Windows95 的推出具有划时代的意义，让普通人可以零基础、很方便的操作电脑。而且，英特尔和微软公司构成 CPU 和 OS 联合阵营。在这个阶段美国有一定的优势，但是日本和美国的差距并不是很大。因为个人电脑的制造技术和周边设备（打印机、数码相机等）日本企业具有明显的优势。

1995～2007 年是 IT 行业的第三个阶段。从硬件来讲，各种设备性能不断提高，但是价格不断下降，电脑和互联网快速普及。以美国为首，全世界有众多的互联网公司诞生并且迅速在纳斯达克上市。这个阶段，日本明显落后美国了。Amazon（1995 年）、Googel（1998 年）、Facebook（2004 年）、Twitter（2006 年）都是在这个时间段诞生的。2007 年至今是第四个阶段。iPhone 的诞生对全世界的 IT 行业都产生了深远的影响。我们可以把以 iPhone 为代表的智能手机理解为一个新型的微型电脑。以苹果公司和Google 为首的两大阵营，开发了新的 OS 和处理器。智能手机的诞生，极大地改变了 IT 行业的竞争规则和人们的生活。笔者认为，2020 年以后应该是 IT 行业的第五个阶段。今后的主要的竞争领域是人工智能（AI）。日本企业是否能在这个领域占据一席之地，是决定今后日本企业生死的关键因素。

（三）日本的电子行业开始走向衰落本质上是从 2007 年

下面从三个角度去分析这个问题。第一个角度是从硬件产品的角度。智能手机的功能代替了很多的产品。比如（1）手表和闹钟；（2）电子计算器；（3）数码相机；（4）游戏机；（5）车载 GPS 导航仪；（6）VTR 和 CD 以及 DVD 播放器；（7）随身听；（8）电视机；（9）录音笔；（10）传真机。上面几种产品，日本企业都是数一数二的生产大国。日本企业在全世界范围率先在石英表和电子表领域产业化。电子计算器领域，日本企业从 60 年代末就一直领先世界，一直是日本出口的强力产品。游戏机领域，日本的任天堂和 SONY 的 Play Station 风靡全世界几十年。90 年代以后，在数码相机领域，日本企业也一直掌握着发展的主导权，主要的技术进步都是日本企业完成的。日本企业在全世界数码相机领域的市场份额一直保持在 70% 以上。传统照相机领域，德国和日本是全世界两大照相机强国。关于车载 GPS 导航仪，日本早在 1991 年就推出了全世界第一台民用车载 GPS 导航仪。VTR 是日本电子行业第一个掌握世界标准的领域。之后的 CD 和 DVD 领域，日本企业也掌握着发展的主导权。SONY 在 1979 年诞生的随身听（Walkman）风靡全世界。日本的电视机和录音笔领域，90 年代以后也是全世界最高水平。很多中国人不知道，日本企业在 60 年代以后，公司用传真机和家庭用传真机一直是全世界第一的。进入 90 年代，日本一半的家庭都有带传真机的电话机。但是伴随着智能手机的普及，这些产品也都不需要了。

日本的电子工业为什么开始衰落，这就是原因。因为大部分传统的电子工业产品都不需要了。没有市场了或者市场萎缩了，日本企业的势力收缩也是必然的。

第二个角度是国际化大分工的视角。苹果公司的生产大部分都是在中国内地生产的，但负责组织生产的是以富士康为代表的中国台湾的企业。

iPhone 或者 iPad 中的各种电子零部件是从全世界采购的，主要是日本、美国、韩国、欧洲、中国的企业提供的。美国的苹果公司负责产品的设计、OS 的更新换代、产品的营销等工作。苹果公司构筑了一个以美国总部为首的全球供应链和价值链。这个结果，本质上是美国企业根据时代的变化被迫做出的符合时代的创造。在传统的电子工业行业，日本在大部分细分领域都战胜了美国的竞争对手。苹果公司的战略，某种意义上来讲，也是被逼出来的。

第三个角度更加重要，那就是互联网时代的企业竞争战略发生了根本变化。事实上，在 iPhone 出现之前，这个趋势就已经出现了，那就是以 Facebook 和 Twitter 的诞生为代表的 SNS 领域的出现。互联网行业具有明显的网络外部性。美国的互联网企业比起日本企业，具有明显的优势。美国的人口是 3.5 亿人左右，日本只有 1.2 亿人左右。而且，英文是全世界的通用语言，英文网站的潜在顾客是 60 亿人口，但是日语网站的顾客只是 1.2 亿人左右。美国的资本市场比日本发达，美国 IT 行业是聚集了全世界的人才加上美国发达的资本市场。美国的人口加上美国的资本市场，打造了快速增长的互联网企业。中国的互联网企业本质上是中国的人口加上外国的资本市场。不要忘记了中国的互联网企业大部分都有外国风险投资企业的出资，大部分都是在美国上市。

很多中国人认为，平成时代日本经济长期低迷是由于日美贸易战受到美国的打压所致，或者是泡沫经济带来。客观地讲，贸易战也好，泡沫经济破灭也好，对日本经济发展确实带来了很大的负面影响。但这不是平成时代日本经济低迷的根本原因。根本的原因在于日本没有能够在 1990 年以后在互联网时代占据产业的制高点。

直到今天，在需要长期技术积累的单体的工业制品领域，日本依然和美国以及西欧并列站在全世界的最高端，而且在一些领域产业地位还提高了。比如，2012 年日本科学家山中伸弥获得诺贝尔医学奖，其获奖理由是 iPS 细胞，也就是再生细胞。目前在再生医疗领域，日本走到了全世界的前列。

另外，在通信行业，日本企业在进行系统出口方面不是很擅长。这一点在新干线的出口方面也很明显。日本 1964 年就开通了新干线，之后日本的铁道技术一直站在全世界的前沿，但是日本在铁道出口方面并不很成功。

（四）　日本为什么没能很好地适应互联网时代

1989 年，日本步入平成时代。也就是在 1989 年，东欧发生了巨变。平成时代，日本外部环境发生了两个重大变化，一个是全球化的浪潮，另一个是互联网时代的崛起。日本国内也发生了两个重大的变化，一个是日本民众生活水平达到发达国家水平，国内消费市场相对饱和，另外一个是泡沫经济破灭，在许多方面对日本产生了很多的影响。事实上，从 1990～2005 年的 15 年，日本所有行业（包括政府和研究机构），都在为了适应国内外环境的变化而做各种摸索和调整。

日本电子行业在 2007 年以后相对衰落了（不是衰败了）。笔者这样说，是有一定原因的。1950 年到 1990 年，日本所有电子行业的企业都是飞速发展的，技术不断进步，年产量不断（国内消费和出口）增加。80 年代中期，和欧美的电子工业企业基本追平或者超过了欧美同行企业。90 年代，日本电子行业企业的技术非常明显。2000 年以后，一些产品的市场份额开始下降。其背后是韩国和中国企业的崛起（中国大陆和中国台湾地区）。特别是韩国企业的崛起。90 年代中期以后，在 DRAM（dynamic ran-dom-access memory）领域，日本被韩国企业超过。2000 年以后，在液晶领域，日本也被韩国和台湾地区企业赶超。在太阳能电池领域，被中国企业赶超。总体来讲，周边国家的赶超主要是成本优势和企业竞争战略的优势，并没有从技术水平上超过日本。而且周围国家大量从日本采购生产设备和高端原材料。日本的集成电路出口一直增长到 2007 年。

在半导体领域，美国是全世界第一的半导体强国。但是从综合来讲，日本依然是第二大半导体强国。直到今天日本也是全世界第一大半导体材料强国，日本有十多种半导体材料市场份额都是全世界第一。半导体设备方面，日本稍逊美国一筹，为全世界第二大半导体生产设备国。但是美国的半导体设备大量依赖日本企业的零部件。总体来讲日美两国在半导体生产设备领域势均力敌。在 2018 年的全世界半导体设备企业排行榜中，全世界前 15 名企业中，日本占据了 8 个席位，分别是 Tokyo Electron, Advantest, SCREEN, Kokusai Electric, Hitach – Technologies, Daifuku, Canon。美国占据了 4 席位，欧盟占据了 2 席，韩国 1 席，新加坡 1 席。

在 EDA（Electronic Design Automation），美国一统天下。在半导体的巨头产品方面，美国产品线长，半导体产品的众多领域都占据世界最大份额。但是日本半导体企业在一些细分领域，在平成时代的 30 年一直占据着全世界最大的份额。比如索尼公司的 CMOS 图像传感器，东芝公司的闪存卡（Flash Memory），三菱电机的 LGBT（Insulated Gate Bipolar Transisitor，一种动力半导体）都长期保持了竞争力。LED 半导体方面，日本也在 90 年代以后领先了全世界。2014 年，日本三位科学家（赤崎勇、天野浩、中村修一）获得诺贝尔物理学奖，获奖理由是蓝色发光半导体的发明。该发明是 1994 年左右完成的，之后日本企业在 LED 生产领域一直保持了领先。

直到今天，在电子零部件领域，日本依然是第一强国。日本企业在全世界的市场份额超过了 30%。以村田制作所为代表的电子零部件企业，在平成时代也一直保持了业绩的不断增长。村田制作所的主要产品是 MLCC（Multi – Layer Ceramic Capacitors）电容器、SAW（Surface Acoustic Wave）滤波器和 EMI（Electro Magnetic Interference）滤波器等。在平成时代，基本上保持了 15% 以上的利润率。华为的最新手机，按照零部件的数量来看，日本公司生产的零部件占到了 40% 左右。这从一个侧面也反映了日本电子零部件行业的强大。

又比如，在数码单反相机领域，日本企业（尼康和佳能）占据了全世界市场份额的 90% 左右。在复印机领域，日本企业今天也占据了世界份额的一半以上。

（五）日本电子行业衰落的其他原因

日本电子行业在 2000 年以后，特别是 2007 年以后逐步衰退。其本质原因是日本国内外环境的根本变化。下面谈一下日本企业相对衰落的一些具体的原因。

（1）成本的问题。1990 年前后，日本的人均 GDP 达到了欧美相同的水平，人均工资等和欧美企业也基本持平。由于 80 年代后期的地产泡沫，日本土地价格高企，90 年代以后日本的土地成本和房地产租金甚至高过了欧美国家。90 年代，日本的人工成本是韩国和台湾地区的 2 ~ 3 倍，是中国内地的 10 倍以上。

1985 年之后，日元持续升值。1995 年 9 月 22 日广场协议之前的汇率为 1 美元 = 240 日元左右；两年左右日元升值到 1 美元 = 120 日元左右；1995 年 4 月 19 日，日元达到了"二战"后的最高水平，1 美元 = 79.75 日元。

日本企业成本的上升，不仅仅在于日元的升值和人工成本的高昂，而且成为发达国家以后，环境成本和合规成本会急速上升。日本在 1971 年成立环境厅，2001 年环境厅升格为环境省。日本的环境破坏问题在 60 年代成为社会问题，70 年代以后逐步得到改善，日本国民的环境保护意识日益增强，对企业的环境保护要求和合规经营要求也日益增加。

（2）日本企业自身的结构和文化问题。"二战"以后，日本逐步形成了终生雇佣制度。应该说，终身雇佣制度是日本战后迅速赶上欧美国家的重要制度。在追赶欧美企业的过程中，目标是非常明确的。比如，大名鼎鼎的丰田汽车一直到80年代末，始终都在拆解美国通用汽车的汽车。通用汽车每推出一款新车，丰田汽车都要进行彻底的拆解和分析，进行逆向开发或者吸收其中的一些技术元素。其他行业也基本上都是类似的，都在紧紧跟随美国和西欧的全球领先企业。

但是终身雇佣制度到了平成时代，威力就明显下降了。在很多领域，日本企业已经赶上了欧美同行。这个时候需要的是，不断地发明和创造，需要员工更多的个性或者更加宽松的公司内部氛围。而且，经过明治维新之后100多年的发展，日本许多企业都成为超大型企业。随之而来的就是大企业病。80年代，日本的一些知名的创业家相继去世或者离开了一线。平成时代的公司负责人，往往都是大学毕业之后加入某家公司，认真工作几十年后登上领导岗位的人。这些干部的特征是聪明但是缺乏个性，也缺乏第一代创业人的激情和掌控力。

泡沫经济破灭之后，日本的大部分传统行业都陷入了人员过剩和设备过剩的情况。但是按照日本的雇佣习惯，公司很难进行裁员。日本的电子行业在1990年以后，技术水平也是不断提高的。但是企业的盈利都被冗员吃光了。这是日本电子行业的大企业利润低的重要原因。

1999年，法国雷诺公司入资日本的日产汽车公司。在当时，雷诺的技术是明显不如日产公司的。虽然雷诺派遣到日产公司的戈恩后来被全世界所赞扬，但是戈恩做的事情，本质上就是一个：关闭工厂和裁员，削减成本。关闭工厂和裁员容易理解，但是在日本削减成本，还不仅仅限于此。日本的大型汽车公司都是有相对固定的零部件供应商的，也就是丰田公司的供应商不会给日产或者本田公司供货，日产的供应商也不会去试图给丰田公司供货。虽然没有明文的规定，但是行业内是有潜在的约定。戈恩打破了这个日本持续了几十年的不成文规矩，同样的产品，谁便宜就采购谁的。

（3）日本的技术外溢（技术的装置化、提供关键零部件和人员的流动）。

日本之后崛起的国家和地区都集中在东亚。这个绝不是偶然的。日本的技术外溢对东亚地区的发展起到了非常重大的作用。70 年代以后，日本对东亚和东南亚地区的技术外溢开始显现。事实上，田中角荣访华之后，就不断有日本的企业家代表团来华访问。东亚国家和地区导入日本技术和资金的渠道有多种。①购买日本生产设备和生产线。②日本企业到海外投资办厂。改革开放以来，日本在中国内地设立了 3 万家以上的企业。③留学生和研修生的途径。日本从 80 年代开始有计划地接纳外国留学生，东亚和东南亚的留学生一直占到总数的 90% 以上。其中中国内地和韩国一直是最大的留学生来源地。④东亚的企业招聘日本退休技术人员。90 年代，几乎所有的台湾电子类企业都聘用有日本人。⑤通过贸易日本进行技术指导。很多人没有注意到，外贸也是导入外国先进技术和管理经验的重要渠道。80 年代以后，日本的轻工业产业和中等技术产品大部分转移到海外。其中中国是主要的承接地。日本的厂家对外贸厂家要进行技术的指导和管理的规范化。

韩国和中国的电子行业，每一家工厂里都有大量日本的设备。复杂的产品，每一种产品都有日本原产的零部件。另外还有一个重要的事情需要指出来，那就是专利的保护时间问题。专利的保护时期只有 20 年时间。2000 年以后，韩国和中国台湾地区在许多电子产品领域迅速赶上或者超过日本，其中背后就有很多核心专利过期的理由。韩国和中国台湾的企业可以自由免费使用这些专利。比如，2019 年的诺贝尔化学奖得主为美国的 John. B. Goodenough、Stanley Whittingham 和日本的吉野彰。吉野彰是日本旭化成公司的研究人员，在锂电池领域获得技术突破是 1985 年的事情。两位美国教授的研究成果是在 70 年代。日本索尼公司在 1991 年领先全世界，第一次在电子产品上使用锂电池。后发国家在许多领域都可以免费或者廉价地使用发达国家的技术。日本在 1980 年之前大量地使用欧美国家技术。日本的专利收支逆转是 2003 年左右的事情。也就是在 2003 年之前，日本支付给外国的专利使用费大于从外国收取的专利费。这从一个侧面也说明了日本技术水平之高。笔者反复强调，日本企业的技术水平在泡沫经济之后也是在不断发展，专利收支的逆转就是一个重要的证据。

东亚国家在 2000 年以后大量使用日本开发的技术。比如我们现在离不开的二维码。二维码是日本最大的汽车零部件企业电装公司在 1994 年左右发明的技术。当初的开发目的是为了方便巨大数量的零部件管理，但是在中国却在完全不同的领域开花结果，发扬光大。

（4）技术路线和企业战略的问题。iPhone 的出现是世界历史上划时代事件。1G 和 2G 时代，日本企业是站在了全世界领先的位置。3G 以后，日本一直是落后的，没有存在感。其中的原因当然是多方面的，其中一个原因是技术路线和企业战略的问题。1999 年 9 月，日本的京瓷公司推出了全世界第一台带有照相机功能的手机。日本的 NTTdocomo 在 1999 年就推出了 "iMode"，这是历史上第一次在手机上可以使用互联网，领先了全世界。在 90 年代，日本企业在手机的小型化、电池的长效化、功能的多样化等领域都走在全世界的前列。

但是 90 年代，日本通信有自己独特的标准。日本各个企业都按照日本国内的路线向前走。日本企业生产的手机被称之为 "ガラ系"，意思是就像加拉帕果戈斯群岛的生物一样，走的是自己独特的进化道路。

谈到电子行业有一个绕不过去的话题，那就是光刻机。由于中兴事件，让光刻机这个极其特殊的设备走进了普通民众的视野。光刻机被称之为截至目前人类制造的最精密的设备。日本尼康和佳能公司的光刻机在 80

年代中期以后超过美国，这个技术优势一直保持到 2005 年左右。2005 年之后，荷兰的 ASML 在技术和销售量上超过了日本企业。笔者认为其中的原因有两个。一是日本企业投入的持续研发资金不够。90 年代，日本的所有企业都受到了日本国内市场饱和以及泡沫经济破灭之后的影响。半导体行业受到日美半导体摩擦的影响，对新技术的研发和设备的投入不如 80 年代那么迅猛和大胆。90 年代中期，在存储器领域日本企业败给韩国企业。也就说，90 年代中期以后日本企业对设备的需求其实也减少了。依靠尼康公司一家企业去开展巨额的投资是不现实的。二是企业战略的影响。ASML 是荷兰的企业，荷兰是没有完整的制造业体系的。这就逼迫 ASML 和全世界所有相关的优质企业以及用户去构成战略和联盟。ASML 光刻机的镜头和照明系统是德国蔡司提供的，控制台是飞利浦提供的。尼康公司除了光源都是公司内部制造的。现在美国英特尔、台湾的台积电都是 ASML 的大股东，本质上 ASML 和这些企业构成了战略联盟。半导体企业负担了开发资金，股东企业也成为 ASML 的固定客户。这个战略联盟的确立是 ASML 胜出的关键因素。如果单纯从光刻机的部件来讲，目前 ASML 光刻机使用的零部件和光源，日本企业都可以制造。

（5）产品性质的不同。日本电子行业相对衰弱了，但汽车行业却更加具有竞争力了。因为其背后的制造逻辑和发展路径不一样。90 年代以后，有一个概念影响非常大，那就是模块化或者模组化，英文为"Module"。90 年代以后，家电行业严重模块化，其他国家企业可以通过进口模组简单的组装各种家电产品和笔记本电脑。

但是汽车行业不同，汽车的零部件有 2 万个左右，是需要负责设计和调整的。日本的经营学家称之为"すりあわせ"（英文翻译为 Integrated，中文可以翻译为复杂调整）。直到今天复杂而且精密的一些产品，日本企业依然是具有强大竞争力的。比如复印打印一体机、数码照相机等，并没有被后来崛起的韩国和中国企业所替代。

四、 日本汽车行业的强大会继续保持吗？

现在，全世界的汽车强国是德国、美国和日本。如果单纯比较汽车产业，日本恐怕是总分第一名。在燃料电池车、混合动力车等领域，日本汽车产业能力好于美国和德国。从生产效率和汽车质量的稳定性来讲，日本汽车产业也稍微好于德国和美国。从自动驾驶技术来讲，日本的专利数量仅次于美国，比德国多。但是，在考虑今后汽车行业竞争格局的时候，是不是就能说今后日本汽车行业也会保持强大的竞争力呢？恐怕现在还不能过于乐观。

这是因为，现在汽车行业正在发生100年一次的革命性变化，简单说就是CASE。CASE是以下四个英文字母的简称，也就是Connected（互联）、Autonomous（自动驾驶）、Sharing（共享）、Electric（电动）。这一革命性的变化，不仅仅对日本汽车行业，对全世界所有国家的汽车企业都提出了挑战。以后汽车可能会变成一个具有交通功能的，使用电池的互联网产品。很多人不再购买汽车，而是通过互联网App，进行汽车的共享使用。

与互联网时代的其他行业类似，这次汽车行业的竞争对手，不仅仅是汽车企业，而是来自完全不同的行业或者新兴企业。目前持有自动驾驶专利最多的企业是美国的谷歌公司（具体是谷歌公司的子公司Waymo），日本的丰田集团是全世界第二。Waymo公司的估值已经超过美国三大汽车公司市值之和。美国的特斯拉公司是一个完全没有汽车制造基础的创业企业，但是已经受到全世界的瞩目。中国的电动汽车行业也是风起云涌。

汽车行业总体要求的技术多样，要求技术水平高，要求投入的资本很大。在传统汽车行业，其他国家很难挑战德国、日本、美国的传统汽车企业的优势。但是CASE的到来，给许多企业带来了新的契机。

第 6 章
从并购角度看平成时代日本经济和社会的变化

平成时代的 30 年，也可以说是一部日本企业开展并购的历史（包括日本企业国内的并购和在海外开展的并购）。平成时代 30 年的企业并购历史，从一个侧面很好地反映了日本经济体制和社会意识的变革，反映了日本企业国内外环境的重大变化。本章想从并购的角度去回望和分析平成时代。

一、 平成时代日本发生前所未有的并购浪潮

明治时代主要是学习欧美，导入欧美的制度和技术，日本的产业处在初创期。明治时代，日本并购主要是民营企业家去购买日本政府国有的企业或者资产，日语称之为"払い下げ"。日本历史上第一次并购浪潮发生在大正时期和昭和初期。其时代背景有三个，第一个是日本证券市场和股份制制度已经形成；第二个是日本的一些企业已经有一定的实力去扩展；第三个昭和初期发生了所谓的昭和恐慌，许多企业破产或者面临破产的危险。

日本第二次并购浪潮发生在 20 世纪 50 年代，准确地说是日本企业之间的合并。特殊的时代背景是其发生的主要原因。1945 年美国占领日本之后，对日本主要的财阀进行了解体，对一些大型企业进行了分拆。比如战前日本最大的财阀是三井财阀，三井财阀的最主要企业三井物产竟然被拆分为几十家企业。三菱集团的代表性企业之一的三菱重工业被拆分为 3 家

企业。这些被拆分的企业,在 50 年代又悄悄地合并在了一起。从 1960 年到 1989 年(也就是昭和时代最后一年),日本企业之间的合并很少。企业的大型合并只有几个:1960 年石川岛重工业和播磨造船所合并,成立了石川岛播磨重工业株式会社,也就是现在的 IHI;1971 年,第一银行和劝业银行合并成为第一劝业银行;1970 年,八幡制铁和富士制铁公司合并成为新日本制铁公司。八幡制铁和富士制铁公司在 1945 年之前是一家公司,1945 年之后被美国拆分。

平成时代发生了前所未有的并购浪潮。这次并购浪潮有三个重要的特点:一是几乎所有的传统行业都发生了同行业的合并或者重组。二是日本企业大规模赴海外投资并购。三是几乎所有的并购手法都在平成时代出现和实施了。日本企业的并购能力和欧美企业基本达到同样的水平。

二、 日本各个行业并购的基本情况

下面列举的仅仅是一部分,实际发生的并购更加多。特别是 2000 年以后,日本中小企业之间的并购非常多。

(一)银行行业的大型合并

从 1990 年(平成 2 年)到 2018 年(平成 30 年),日本的银行业发生了天翻地覆的变化。1988 年全世界规模最大 10 家银行都是日资银行,平成元年时规模最大的 15 家日资银行却在 20 年后无一例外名字都消失了。1989 年,日本最大的 15 家银行的构成是,都市银行有 12 家:三井银行、三菱银行、住友银行、第一劝业银行、三和银行、富士银行、东海银行、北海道拓殖民银行、东京银行(外汇专业行)、大和银行、朝日银行、太阳神户银行;长期信用银行有 3 家(也就是不吸收存款,通过发行金融债来筹集资金进行贷款的银行):日本兴业银行、日本长期信用银行、日本债券信用银行。

1. 瑞穗金融集团诞生。第一劝业银行、富士银行和日本兴业银行 3 家大银行在 2000 年（平成 12 年）合并成立了瑞穗控股集团。这 3 家银行旗下是有许多相关公司的，包括信托银行、证券公司、智库、IT 系统支持公司等。3 家大型银行在 2000 年合并，但是其中的内部重组到 2013 年左右才结束。

2. 三菱 UFJ 金融集团诞生。1996 年，三菱银行和东京银行合并，成为当时资产规模全世界最大的银行。三和银行和东海银行在 2001 年合并成为 UFJ 控股。2005 年，东京三菱金融集团和 UFJ 控股合并，2018 年左右完成最终的内部重组。

3. 三井住友金融集团诞生。1990 年，三井银行和太阳神户银行合并，诞生了樱花银行。2001 年，樱花银行和住友银行合并，诞生了三井住友金融银行。在 2003 年左右，三井住友银行完成整合。

4. RESONA 银行诞生。2001 年，大和银行和朝日银行合并，诞生了 RESONA 银行。

北海道拓殖银行在 1997 年破产。日本长期信用银行和日本债券信用银行在 1998 年破产，被收归国有，之后落入外国基金手中，日本长期信用银行更名为新生银行，日本债券信用银行更名为青空银行。2013 年左右，外资基金退出，青空银行成为普通的日资银行。新生银行的第一大股东仍然为外资基金。

日本的几百家地方性银行，也不断在进行合并重组，在此不再一一赘述。

（二）证券行业

在 1997 年之前，日本的证券行业有 100 多家公司，最大的 4 家分别是：野村证券、大和证券、山一证券、日兴证券。1997 年山一证券破产。野村证券和大和证券一直保持了相对的独立和稳健发展。2008 年 1 月，美国的花旗集团收购了日兴证券。受到次贷危机的影响，2009 年 10 月花旗集团把日兴证券出售给了三井住友银行。

日本的证券公司中，变化最大的是那些作为银行子公司存在的证券公司。这些证券公司伴随着母公司银行的合并，也不断地合并重组。在平成时代，消失的证券公司名字至少有 20 多家。

新日本证券、和光证券、兴银证券、富士证券、第一劝业证券、大东证券、公共证券、日本劝业角丸证券、农中证券从平成 12 年（2000 年）开始进行反复地合并，最终在 2013 年完成重组，诞生了瑞穗金融集团的证券公司瑞穗证券。上述证券公司的合并，大部分都是伴随着日本兴业银行、富士银行、第一劝业银行三家大银行合并成为瑞穗金融集团而发生，伴随着瑞穗金融集团内部的重组而不断合并重组。

（三）信托银行行业

信托银行行业伴随商业银行行业的合并，也发生了大规模的合并。安田信托转变为瑞穗金融集团中的瑞穗信托银行。

三菱信托银行、日本信托银行和东京信托银行在 2001 年合并成为三菱信托银行。东洋信托银行和东海信托银行在 2002 年合并成为 UFJ 信托银行。三菱信托银行和 UFJ 信托银行在 2005 年合并成为三菱 UFJ 信托银行。2017 年，信金信托并入三菱 UFJ 信托银行。

住友信托银行一直是日本最大的信托银行。2012 年，住友信托银行和三井信托银行合并成为三井住友信托银行。

（四）人寿保险行业

日语中"生命保险"的意思是人寿保险。平成时代日本的寿险行业也发生了多次同行业合并。2004 年，明治生命和安田生命合并，诞生了明治安田生命。2004 年，太阳生命和大同生命合并，诞生了 T&D 控股。2015 年，日本人寿保险行业最大规模企业日本生命收购了三井生命。

（五）财产保险行业

日本的几十家财产保险公司，经过平成时代反复的合并和整合，最终形成了 3 家大型综合财产保险集团。日本 90% 以上财产保险公司经过平成时代的整合，名字都消失了。目前这 3 家大型财产保险集团把控了日本 90% 以上的财产保险市场份额。

1. 东京海上控股集团诞生。2004 年，东京海上火灾和日动火灾合并，诞生了东京海上日动火灾。另外需要说明的是，伴随着 20 世纪 90 年代中期日本保险行业大规模的去管制（日语：规制缓和），日本的财产保险公司可以通过设立寿险子公司的方式，进入人寿保险市场。寿险公司也可以通过设立财产保险子公司的方式，进入财产保险市场。在平成 8 年，也就是 1996 年，东京海上火灾和日动火灾都成立了寿险子公司。在 2003 年，这两家寿险公司合并，成为东京海外日动安心生命。2008 年，也就是平成 20 年，东京海上控股集团完整内部整合重组。

2. SOMPO 控股集团诞生。SOMPO 在日语里是损保发音，损保是损害保险的简称。损害保险在日语中是财产保险的意思。安田火灾和日产火灾在 2002 年合并诞生了损保日本。

日本火灾和兴亚火灾在 2001 年合并诞生了日本兴亚损保。损保 Japan 和日本兴亚损保在平成 22 年（2010 年）合并诞生了 NKSJ 控股。NK 是日本兴亚 NihonKasai 的简称。SJ 是损保日本 SompoJapan 的简称。经过内部整合之后，SOMPO 控股在平成 28 年（2016 年）正式诞生。

3. MS&AD 保险集团控股诞生。大东京火灾和千代田火灾在 2001 年合并诞生了爱和谊损保。同和火灾海上和日生损保在 2001 年合并，诞生了日生同和损保。爱和谊损保和日生同和损保在 2010 年合并，诞生了爱和谊日生同和损保。三井海外和住友海上火灾在 2001 年合并，诞生了三井住友海外火灾。2008 年整合成为三井住友海上集团控股。三井住友海上集团控股和爱和谊日生同和损保在 2010 年合并，诞生了 MS&AD 保险集团控股。M 代表三井 Mitsui，S 代表住友 Sumitomo，A 代表爱和谊 Aioi，D 代表了同和 Douwa。

（六）百货店行业

2000 年，崇光百货破产，负债总金额 6891 亿日元。2008 年，三越和伊势丹合并，成立了三越伊势丹控股。2007 年，大丸和松坂屋合并，成立了 J Front Retailing。2007 年，阪急百货店和阪神百货店合并，成立了 H₂O Retailing。这个名字的意思是期望自己的百货店对消费者来讲成为像水一样不可或缺的存在。

（七）石油和矿产资源行业

日本石油和矿产行业的 15 家公司，竟然在 20 年内合并成了 5 家公司。从平成 11 年（1999 年）开始拉开了合并的大幕。平成 29 年，也就是 2017 年，日本诞生了最大的石油和矿产企业，JXTG 能源。这家公司是下面的 10 家公司在 20 年时间，多次进行企业合并的结果。这 10 家公司大部分都是在日本家喻户晓的公司，分别是：日本石油、三菱石油、九州石油、日本矿业、共同石油、ESSO 石油、Mobile 石油、东燃、General 石油、三井石油。

出光兴产和昭和 Shell 石油在 2019 年合并成为一家。石油行业没有进行合并的只有两家小型企业。

（八）钢铁行业

2002 年，日本钢管（NKK）和川崎制铁公司合并，诞生了 JFE 控股公司。2012 年，新日本制铁和住友金属合并，诞生了新日铁住金。2019 年 1 月，日新制钢成为新日铁住金的 100% 子公司。2019 年 3 月，山阳特殊制钢公司成为新日铁住金的子公司。2019 年 4 月，新日铁住金更名为日本制铁公司。

（九）水泥行业

1994 年，小野田水泥和秩父水泥合并，诞生了秩父小野田水泥。1998 年，秩父水泥和日本水泥公司合并，诞生了太平洋水泥，其目前是日本第一大水泥企业。1994 年，大阪水泥和住友水泥合并，诞生了住友大阪水泥，其目前是日本第二大水泥企业。1998 年，宇部兴产和三菱材料公司合资（双方各自持股 50%）成立了宇部三菱水泥。该公司目前是日本第三大水泥公司。

（十）制药行业

山之内制药和藤泽药品工业在 2005 年合并，诞生了 Astelas 制药，其目前为日本制药行业第二大企业。三共和第一制药在 2007 年合并，诞生了第一三共，其目前为日本制药行业第四大企业。大日本制药和住友制药在 2005 年合并，诞生了大日本住友制药，其目前为日本制药行业第七大企业。田边制药和三菱 welpharma 在 2007 年合并，诞生了田边三菱制药，其目前为日本制药行业第 8 大企业。协和发酵工业和麒麟 pharma 在 2008 年合并，诞生了协和发酵麒麟，目前为日本制药行业第九大企业。

（十一）24 小时方便店（CVS）行业

2016 年，FamilyMart（全家）和 Yuni Group 控股合并，成为日本 CVS 行业第二大企业。2018 年，日本的大型综合商社伊藤忠商事通过 TOB 方式收购了 Family Mart。

2017 年，日本的综合大型商社三菱商事通过 TOB 方式收购了 Lawson（罗森）。罗森目前为日本 CVS 行业第二大企业。

（十二）养老行业

养老行业的并购也很多，其中比较受瞩目是日本大型财产保险公司 SOMPO 控股通过收购的方式进入养老行业。2012 年，对养老公司 Shida 公司进行出资。2015 年，收购了大型居酒屋连锁和民公司的养老部门；2016

年，通过 TOB 方式收购了当时日本第一大养老公司 Message；2018 年就收购的这些企业进行了内部重组。

（十三）半导体

三菱电机、日立制作所和 NEC 三家公司剥离了 DRAM 业务，成立了 Elpida 公司。但是该公司在 2012 年申请了破产保护，2013 年被美国 Micron Technology 收购。

2002 年，三菱电机、日立制作所剥离了 LSI 业务，成立了复兴电子公司（Renesas Electronics Corporation）。2010 年该公司和 NEC 电子合并。2018 年，东芝公司出售了 Flash Memory 业务的部分股权。

（十四）家电行业和液晶

2009 年，三洋成为松下的子公司。2012 年，松下电器把三洋的洗衣机和冰箱业务出售给了中国的海尔。2016 年，中国台湾地区的鸿海精密收购了夏普公司。2002 年，日立制作所、东芝和索尼三家公司剥离了液晶业务，成立了 Japan Display。该公司 2014 年在东京证券交易所上市。2016 年，中国的美的收购了东芝的白色家电业务。

（十五）超市行业

1997 年，连锁超市八佰伴破产。2001 年，连锁超市 Maikal 破产，负债总金额为 1 兆 6000 亿日元。2008 年，美国的沃尔玛公司收购了日本的连锁超市西友。2013 年，永旺集团收购了大荣。大荣在 20 世纪 70 年代到 90 年代一直是日本最大的连锁超市。

（十六）照相机行业

2003 年，美能达（Minoruta）和小西（Konica）合并。2007 年，光学企业 HOYA（保谷）并购照相机企业 Pentax。

（十七）综合商社行业

日本的综合商社一般指下面 6 家公司：三菱商事、三井物产、伊藤忠商事、住友商事、丸红、双日。丰田通商是丰田汽车的子公司，近年来也有发展成为综合商社的趋势。2006 年，丰田通商和日棉合并，实质上是丰田通商吞并了日棉。

2000 年以后，平常是激烈竞争对手的综合商社，出现了在一些细分领域进行合作的举措。比如，三菱商事和双日集团成立了合资（三菱 60%，双日 40%）的钢铁制品子公司 Metal One。丸红和伊藤忠商事 2001 年合资（50%：50%）成立了伊藤忠丸红钢铁。双日集团和住友商事在 2001 年合资成立了 LNG Japan，专门从事 LNG 业务。

2017 年，三井物产、住友商事和丸红三家公司合资成立了 SMB 建材，专门从事建筑材料的业务。

（十八）汽车行业

1999 年，日产公司成为法国雷诺汽车的子公司。

2001 年，丰田汽车获得日野汽车超过半数的股权。日野成为丰田控股的子公司。2016 年，大发汽车成为丰田汽车 100% 子公司。

（十九）造纸行业

1993 年，王子制纸和神崎制纸合并，诞生了新王子制纸。1996 年，新王子制纸和本州制纸合并，新公司名称定为"王子制纸"。2012 年，日本制纸收购了日本大昭和板纸。

（二十）建筑工程行业

日本的建筑工程行业中最大的有 5 家，分别是鹿岛、清水建设、大成建设、大林组、竹中工务店。这 5 家大型企业没有发生合并，但是此外的中型建筑工程公司发生了不少合并。

2003 年，三井建设和住友建设合并，诞生了三井住友建设。2004 年，青木建设和翌桧（Asunaro）建设合并，诞生了青木翌慧建设。2013 年，大和房屋工业并购了藤田，之后藤田和同样是大和房屋工业建筑子公司的小田急建设合并。2013 年，间（Hazama）和安藤建设合并，诞生了安藤间。2017 年，熊谷组和住友林业进行资本合作，互相持有对方公司股份。

（二十一）游戏行业

日本游戏行业的巨头是任天堂和索尼，此外还有众多的优质公司。在 2000 年以后，日本的游戏行业也发生了大规模的企业合并。2003 年，Square（史克威尔）和 Enix（艾尼克斯）合并，诞生了 Square Enix。2004 年，Sega（世嘉）和 Sammy 合并。2005 年，Bandai（万代）和 Namco（南梦宫）合并。

（二十二）成人服装行业

2010 年，日本知名服装品牌公司"Renown"被中国山东如意集团收购。2011 年，东京 Style 和三荣 International 合并，诞生了 TSI 控股。

（二十三）海运行业

1999 年，大阪商船三井船舶和 Navix Line 公司合并，诞生了商船三井。日本海运行业迎来了三大巨头时代，分别为日本邮船、商船三井和川崎汽船。

2016 年，日本三大海运公司把所属的集装箱业务整合在一起，成立了 ONE 公司（Ocean Network Express）。2018 年 ONE 公司开始提供服务。

三、 平成时代日本发生大并购的时代背景

平成时代日本发生了前所未有的并购浪潮，有以下几个时代背景。

1. 日本泡沫经济的破灭是平成时代并购浪潮的直接导火索。这一点在金融行业特别明显。泡沫经济破灭之后，日本所有的大型银行都陷入了困境。股市的长期低迷，也给证券公司造成了业绩的长期低迷。泡沫经济时期许多日本寿险公司推出高利率产品，泡沫经济之后很多寿险公司陷入逆差损、破产或者面临破产。1997 年，北海道拓殖银行和山一证券破产。

1998 年，日本大型银行日本长期信用银行和日本债券信用银行破产，被收归国有。另外，日本的寿险公司也有多家破产。日本金融机构的合并，是为了生存下去。特别是坏账比较多的银行，如果不尽快和相对健全的银行合并，就会面临破产的危机。2005 年 UFJ 和东京三菱银行的合并，就是这种情况。UFJ 银行隐瞒了大量的坏账，但是由于内部员工的告发，被当时的金融厅查出，银行面临生死危机。泡沫经济的破灭，对那些进行房地产投机的公司打击也是很大的。90 年代，有大批房地产公司和建筑工程公司破产。

2. 国际环境发生了根本变化，许多日本企业的优势逐步丧失。昭和时代是在 1989 年初结束的。1988 年左右，日本的人均 GDP 赶上了美国，可以理解为昭和末年，日本实现了明治维新以来学习欧美超过欧美的国家目标。日本在 80 年代末，在制造业的许多领域都超过了欧美企业。1990 年冷战结束，1992 年中国正式进入市场经济时代。美国在 90 年代依靠互联网革命和华尔街的完美配合，重新夺回了产业发展主导权，重新巩固了世界经济引领者的地位。90 年代以后，韩国和中国台湾地区的企业在造船、钢铁、半导体、液晶、电脑等领域对日本企业造成了很大的冲击。比如，日本造船业在 1955 年以后一直是全世界第一，韩国在 2000 年左右赶上了日本，中国在 2010 年左右也赶上了日本。韩国在半导体领域，1993 年左右 DRAM 的生产量就赶上了日本。中国在 2000 年以后，以银行业为主的许多企业在规模上也开始迅速赶上日本。日本企业开始在规模上丧失了和外国同行竞争的优势。

这是许多传统行业企业开始进行合并或者整合的重要原因。日本钢铁行业的同业合并，日本三大海运企业整合集装箱业务都属于这种情况。

3. 技术和消费市场的巨大变化，也是造成日本企业合并的主要原因之一。平成时代是信息革命和国际化飞速发展的 30 年，这给许多企业造成了很大的影响。比如，数码相机的飞速发展，让传统照相机企业陷入困境。日本照相机行业除了尼康和佳能，都进行了合并和重组。尼康和佳能公司很早就开始业务的多元化，照相机业务占公司总业务比重很小。

平成时代，日本的零售行业也发生了巨大的变化。传统的零售企业开始陷入困境，超市行业业绩有好有差，24 小时方便商店和以优衣库为代表的新型零售企业飞速发展。日本的百货店（三越、高岛屋、松坂屋等）行业面临着巨大的调整。日本百货店的诞生，是从 1905 年三井集团的越后屋正式宣言成为百货店开始的。从 1905 年到 20 世纪 80 年代末，日本的百货店一直是日本零售业的引领者和高端消费的代名词。1971 年，廉价超市连锁店——大荣的销售额超过了当时百货店行业第一大企业——三越。2000年，24 小时方便店 7/11 超过了大荣，成为日本零售业的冠军。泡沫经济破灭之后，一些没有破产的百货店也通过关闭一些门店或者与同行合并的方式谋求生存。

4. 90 年代以后大量改革和社会风气的改变，让多种多样的并购成为可能。从 50 年代到 80 年代，日本经济顺利发展，泡沫经济时期的 1988 年日本人均 GDP 超过了美国。当时日本人自信膨胀，"日本可以说不""日本已经没有什么可以向美国学习"等言论频出。泡沫经济破灭之后，特别是IT 革命显出巨大威力之后，日本整个社会开始重新回到老老实实学习美国的状态。

90 年代以后，日本开始大幅度的改革。1990 年之前的日本经济社会，是以六大企业集团（三井、三菱、住友、芙蓉、一劝、三和）为顶点的封闭社会，在公司治理方面和美国社会也有很大的不同。日本实施的是终身雇佣制度，认为企业不仅仅是股东的，也是员工的。90 年代改革本质上是向美国式资本主义更加接近一步。平成 8 年（1996 年）桥本龙太郎成为日本首相，推出了"金融大爆炸"改革，要建设一个"自由 公正 国际化"

的日本金融市场。战后日本的金融体系一直是大藏省主导的所谓"护送船团方式",不让一个金融机构破产。日本从 90 年代开始放弃战后的政治经济体系。1998 年,把原来属于大藏省的金融行政监督权转移出来,设立了金融监督厅。

90 年代以后,几乎所有涉及经济金融的法律都做了修改。如果没有这些法律的修改,M&A 多种多样的手法是不可能实现的。比如,日本战后一直允许控股公司的存在,到 1997 年左右才修改法律,允许单纯的控股公司的存在。2005 年日本公司法修改,才使得"三角合并"从 2007 年成为可能。

90 年代以后,美国的投资银行和基金在日本开始收购各类不良资产,重整之后出售获利颇丰。刚刚开始的时候,日本人称之为"金钱游戏""秃鹫基金"等。日本人通过这些美国投行和基金的操作,了解到了投行和基金的运作模式,也纷纷开始模仿操作。这也是并购开始增多的一个重要的时代背景。

2006 年,王子制纸发动了对北越制纸的敌对性收购。虽然失败了,但是这样的行为,在之前是不能想象的。

5. 日本金融机构开始重视提供 M&A 服务。日本本土的金融机构(商业银行和证券公司)在 90 年代以后,面临着开拓新的业务增长点的局面。90 年代以后,日本商业银行贷款业务的增加变得更加困难,M&A 中介业务和并购贷款业务就成为很好的一个突破口。

6. 缺乏继承人也是日本中小企业开始重视并购的重要原因。进入 90 年代,支撑日本战后经济发展的所谓"团块"时代,开始慢慢退出职场。日本的许多中小企业主年龄都在 70 岁左右。由于自己孩子不愿意接班,就面临着后继无人而只能把企业出售的局面。这也是 2000 年以后日本中小企业之间的并购开始连年增多的主要原因之一。

7. 许多日本企业把 M&A 作为企业成长和企业转型的重要手段，也是平成时代 M&A 发生的重要原因。在日本，有许多企业成功地利用收购其他企业实现自身的飞速发展或者企业的成功转型。日本电产公司成立于 1973 年，是生产微型马达的企业。从 1985 年到 2019 年，日本电产公司竟然收购了日本国内外的 65 家企业，大部分是马达企业。日本电产公司通过收购实现了快速发展。日本本土最大的电子商务企业乐天成立于 1997 年。乐天从 2000 年开始收购各行各业的企业。从 2000 年到 2016 年，乐天收购了 23 家国内外企业，成功地把自己发展成为提供综合服务的电商企业。孙正义领导的软银集团的投资并购更是全世界知名。软银公司成立于 1981 年，从 1985 年开始收购其他企业。

日本烟草产业（JT）从 90 年代开始收购了大量的食品和医药企业，实现了业务的多元化。同时收购了英美的一些烟草公司，实现了烟草主业在全世界的扩大和烟草产品线的丰富。

富士胶片公司在作为主业的照相胶片市场消失前后，收购了国内外的多家医药类企业，成功实现了企业的转型和多元化发展。

8. 一个并购会诱发其他的并购，也是平成时代并购大浪潮的重要原因之一。某一个行业或者上下游行业的企业合并，会改变既有的竞争格局和力量对比，往往会诱发一系列的合并。在这里举一个例子，1999 年，日产汽车被法国雷诺并购。戈恩入驻日产之后，大幅度关停工厂、削减人员，而且在采购方面采取了更加竞争的手法。在日本的汽车行业，大型汽车公司都有自己固定的零部件供应商，井水不犯河水。但是戈恩入驻之后，抛弃了日本原来的采购方法，自由竞标，哪一家便宜用哪一家的。这是日本钢铁企业 NKK 和川崎制铁合并的一个间接原因。如果没有一定的规模互相竞争，那么钢铁生产企业对汽车企业没有任何交涉能力。NKK 和川崎制铁的合并，诱发了新日本制铁和住友金属的合并。

四、 日本企业合并的特点

日本是资本主义国家，但是其公司治理结构及文化与美国完全不同。平成时代的并购，也很好地反映了这一点。日本同行业企业之间的合并，更加注重的是平衡和保障员工的工作岗位，这一点在日本银行业的并购中尤其明显。

1996 年，三菱财阀的三菱银行和外汇专业行的东京银行合并，诞生了东京三菱银行，但是银行的英文名字为 Mitsubishi Tokyo Bank，也就是三菱东京银行。2001 年，樱花银行和住友银行合并，诞生了三井住友银行，其英文名字为 Sumitomo Mitsui Bank，也就是住友三井银行。这就是日本式的平衡。东京三菱银行合并后，三菱银行比较强大，占据了主导权，行长一直是三菱银行出身的人。负责国际业务的副行长一直都是东京银行出身的人。三井住友银行合并后，住友银行比较强大，占据了新银行的主导权，行长很长时间一直是住友银行出身的人。占据了主导权的银行在英文名字中，都排在前面。

关于日本银行合并的内部平衡和避免裁员问题，有一个非常好的例子，那就是瑞穗金融集团的例子。2000 年，第一劝业银行、富士银行和日本兴业银行这三家当时名列日本前十名的大银行合并，组成了瑞穗控股。2002 年，这三家银行重组成了两家银行，一家是 Mizuho Bank，主要负责中小型企业和个人客户；另外一家是 Mizuho Corporate Bank，负责大企业和海外分支机构，没有零售业务。这样做非常别扭，在对客户提供服务方面也非常不利。之所以三家银行不能立刻合并成一家银行，最主要的原因就是没有办法裁员。富士银行和第一劝业银行的许多分支机构都是邻居，裁撤分支机构和冗员需要花很长时间慢慢去做，而且在人事布局上，必须要保证平衡。Mizuho Bank 的行长往往是第一劝业银行出身的人，Mizuho Corporate Bank 的行长是日本兴业银行出身的人，Mizuho 金融集团的 CEO 是富士银行出身的人。2013 年，Mizuho Bank 和 Mizuho Corporate Bank 合并，诞生了新的 Mizuho Bank。可以简单地理解为，这三家银行从合并到内部整合基本结束，整整花了 13 年。

五、 日本大型银行合并的意义

本文中，列举了很多行业中的企业并购。但是对日本经济和社会影响最大的是银行的合并，日本大型银行的合并可以说极大地改变了日本经济社会的结构。而且，银行的合并也间接地促发了其他行业的合并和整合。

1945 年之前，日本最有经济影响力的是十多家全国性财阀。1945 年之后，美国实施了财阀解体政策。日本战前的财阀在 50 年代又悄悄地走在了一起，最终形成了六大企业集团（也称之为企业系列），分别是三井、三菱、住友、一劝、芙蓉、三和。这六大企业系列的核心就是所谓的主银行。三井系列是三井银行，三菱系列是三菱银行，住友系列是住友银行，一劝系列是第一劝业银行，芙蓉系列是富士银行，三和系列是三和银行。经过平成时代的反复合并，三井和住友银行合并，三菱银行和三和银行合并，富士银行和第一劝业银行合并。从某种意义上说，日本的六大企业系列变成了三大企业系列。也可以理解为日本的银行在企业系列中的相对地位下降了。

六、 日本海外企业的海外投资和收购

日本企业收购海外企业从 70 年代开始就有，但是件数极少，而且金额也很小。日本企业真正开始大规模开展海外投资并购，是在 1987 年左右。之所以从 1987 年开始大规模海外投资并购，有两个主要的时代背景。一是 1985 年广场协议之后，日元迅速升值，短短两年时间日元升值了一倍。二

是日本的企业在规模和实力上具有了走出去的实力。

中国很多人对 80 年代末日本企业在泡沫经济的背景下，海外疯狂收购的失败案例津津乐道，还有一种印象是日本企业在海外并购中从此一蹶不振。但是这个看法是存在问题的。日本企业从 2000 年开始连续 17 年海外投资和并购金额都是上升的，而且，90 年代，日本企业进行收缩的主要是金融行业和地产行业。日本的制造业企业在 90 年代日本低迷的经济环境下，其实也一直没有停下海外投资和并购的步伐。平成时代的 30 年，日本从一个通过贸易赚外国钱的国家，转变成为一个通过投资赚外国钱的国家。从日本企业海外收购金额来看，最大的 10 宗海外收购，大部分都发生在 2000 年以后。

2018 年，武田药品工业以 68000 亿日元的价格收购爱尔兰的制药公司夏尔。

2016 年，软银集团以 33234 亿日元的价格收购英国 ARM Holding。

2006 年，JT（日本烟草产业）以 22530 亿日元的价格收购英国加拉赫公司。

2012 年，软银集团以 19172 亿日元收购英国 Vodafone 的日本法人。

2006 年，软银集团以 18121 亿日元收购美国电信公司 Sprint Nextel 公司。

2014 年，三得利公司（Suntory）以 16793 亿日元的价格收购美国 Beam 公司。

2011 年，武田药品工业以 11086 亿日元的价格收购瑞士制药公司 Nycomed。

2015 年，东京海上控股以 9413 亿日元的价格收购美国保险公司 HCC 保险控股。

1999 年，JT（日本烟草工业）以 9441 亿日元的价格收购美国雷诺的国际业务。

2008 年，武田药品工业以 8998 亿日元的价格收购美国制药公司 Millennium Pharmaceutical。

七、 日本本土并购专业投行的迅速发展

80 年代，在日本开展 M&A 财务顾问业务的投资银行基本上都是欧美的大型投资银行。90 年代，日本的大型证券公司才开始开展设立专门的 M&A 咨询部门。2000 年以后，几乎所有的大中型金融机构（主要是银行和证券公司）都成立了专门的 M&A 咨询部门。90 年代中期以后，也不断有日本本土的独立系的 M&A 服务公司诞生。这些专业并购服务公司的诞生和各个金融机构并购服务部门的诞生是有时代背景的。

第一个背景是 1987 年以后，日本企业开始大规模在全球开展投资并购。泡沫经济破灭之后，如上所述几乎所有的传统行业都发生了大规模的企业合并或者企业破产。企业的合并就需要第三方机构的各种服务。第二个背景是 90 年代以后，日本有大批中小型企业面临经营困难或者后继无人的局面，需要出售自己的企业。第三个背景是泡沫经济破灭之后，日本在法律层面进行了大幅度的自由化改革（日语称之为"规制缓和"），让各种并购框架和方法的实施成为可能。

2005 年以后，日本诞生了多家上市的 M&A 服务公司，分别为 2005 年东京证券交易所一部上市的 M&A 资本伙伴公司（M&A キャピタルパートナーズ）；2006 年东京证券交易所一部上市的日本 M&A 中心公司（日本 M&A センター）；2008 年东京证券交易所一部上市的 GCA 公司；2016 年东京证券交易所一部上市的 STRIKE 公司（ストライク）。这些公司的诞生和迅速成长，也从一个侧面折射了日本 90 年代以后并购的多发。

八、 从并购角度看为什么次贷危机之后日本经济强劲复苏了？

2012 年以后，日本进入了有史以来最长的景气扩大期，这次景气扩大一直延续到了 2019 年。几乎所有的经济指标都显示了日本经济的良好状态。2012 年 12 月，安倍晋三上台，推出了所谓的 "安倍经济学"。许多人简单地认为，日本近年来的经济复苏是安倍经济学的功效。笔者认为，把 2011 年之后日本经济的复苏全部归因于安倍经济学是不客观的。安倍政权虽然对于本次的经济稳定恢复起到了很大作用，但是日本经济恢复的本质原因是日本过去 100 多年的技术积累和平成时代产业重组调整的结果。

笔者认为，安倍政权在以下几个方面为日本经济复苏作出了贡献。第一个贡献是采取了前所未有的金融宽松政策。2013 年 3 月，安倍政权启用了黑田东彦作为日本央行总裁。其上任后一直采取前所未有的金融宽松政策。其政策的直接效果是日元的相对贬值和股市的上扬。2011 年 10 月，日元在历史上留下了 1 美元 = 75.32 日元的最高纪录。1995 年 4 月，日元被称为 "超日元高" 的时代，也仅仅是 1 美元 = 79.75 日元的水平。第二个贡献是坚定不移地推行了促进外国人到日本旅游观光的政策。2018 年，到日本旅游观光的外国客人达到了 3000 多万人次，对日本消费的提升起到了巨大的作用。第三个贡献是获得了 2020 年夏季奥运会举办权。2013 年 9 月，在安倍内阁的大力支持下东京获得举办权。2018 年，大阪获得 2025 年世博会举办权。东京在 1964 年举办过奥运会，大阪在 1970 年举办过世博会，它们对日本经济社会发展和国际地位的提升，都起到了很大的作用。本次的东京 2020 年奥运会对拉动日本经济也起到了很好的正面作用。第四个贡献是稳定的政权运营。平成时代除了小泉纯一郎在位时间为 5 年左右之外，其他首相的平均在位时间为 1 年左右，这使得日本外交内政的各种政策难以持续，民心荒废。2006 年 9 月，安倍晋三登上日本首相的宝座，但是不到一年就主动下台。2012 年上台之后，安倍吸取了上次的经验教训，政权运营务实稳定。

但是，简单地把日本经济复苏的功劳记到安倍晋三身上是不公正的。日本许多行业在平成时代一直保持了非常强大的竞争力和稳定的发展。比如，日本的汽车行业和机床行业。丰田汽车在 2007 年成为全世界第一大汽车生产企业。日本的机床和工业机器人行业在泡沫经济破灭之后，也是年年稳步发展的。今天中国人耳熟能详的日本新兴零售企业（比如优衣库、无印良品、Tsutaya、唐吉柯德、百元店连锁的大创产业等），都是在平成时代以前就诞生的企业，在平成时代都保持了高速的发展。这些行业和企业都与安倍经济学没有关系。比如平成时代，JT（日本烟草产业）在日本国内外开展了 10 多次收购活动。日本的吸烟人数在 80 年代初期就开始稳定下降。JT 通过并购医药公司、食品饮料公司、欧美的烟草公司，不断实现业务的转型和企业的发展。但是 JT 能够这样做的基础是 80 年代，中曾根康弘推动的 NTT、日本国铁、日本专卖公社（也就是烟草专卖）的民营化。没有民营化的基础，JT 就不可能在 90 年代以后不断开展并购活动。这些事情与安倍内阁都没有关系。

笔者认为，日本企业在 2005 年左右基本就从泡沫经济之后的阴影中走了出来。如果不是 2008 年左右的次贷危机和 2011 年的日本大地震，日本企业的业绩会更早为世人所知。

今天日本的工匠精神和长寿企业已经成为日本亮丽的名片。但是工匠精神和长寿企业都是日本几百年发展和努力的结果，不是一朝一夕得来的。

在平成时代，日本几乎所有的行业都发生了大规模的并购重组，许多原来的竞争对手都走到了一起。并购后的效果：1. 让企业获得一定的规模，能够比肩欧美的同行业企业，能够发挥规模经济，增强了企业的抗风险能力。这一点在银行行业、财产保险行业、钢铁行业、海运行业等比较明显。2. 同行业企业合并，削减了冗员，避免了日本行业内部的过分竞争和互相压价，保证了企业的一定利润空间。这一点在银行行业、财产保险行业、钢铁行业、证券行业、海运行业、综合商社行业等都比较明显。3. 通过企业合并，让日本企业有更加多的资金和人力物力投入到研发中，增加了日本企业的研发能力。这一点在日本的制药行业、游戏行业等特别明显。

　　总之，2012 年之后日本经济的强力复苏，离不开日本平成时代各个行业的并购和整合。

第 7 章
日本中小微企业的生存和发展之道

最近几年，中国经济下行压力很大，对于众多的中国中小微民营企业来说，日子越来越难。而日本目前有 400 万家左右的企业，公司人数超过 1000 人的大型企业不到 0.01%，其中有不少是只有不到 10 人的小微企业。战后，有不少中小微企业也发展壮大成为全世界一流的企业。也有一些小微企业坚持了小而美，走了自己独特的道路。一些不到 10 人的企业甚至成为全世界知名的企业。许多的中小微企业随着日本时代的变化，不断地发展和进化。1990 年到 2018 年，日本的平均经济增长率只有 1% 左右，经济长期低迷。但是本章介绍的一些中小微企业，丝毫不受外部经济环境影响，长期维持一个稳定的高利润率。一些企业逆势成长，成功实现转型和发展。通过介绍这些优秀中小微企业的成功经验，期望能给中国的中小微企业一些有益的启发。

一、 坚守传统， 把自己的主业做到极致， 但是不盲目扩大

这一类企业，日本传统的饮食行业和工艺品行业比较多。日本 NHK 有一个持续了 7 年的节目叫"プロフェショナル 仕事の流儀"，意思是专业人士工作的流仪。"流仪"这个词在日语中有做事的风格和自己独特坚守的意思。到 2018 年末，已经介绍了 360 多位各行各业中闪闪发光的人士。其中有不少节目的主人公是料理行业的人。包括寿司、天妇罗、和果子（日本传统点心）、鳗鱼饭、面包、蛋糕、荞麦面、烤鸡串、鸡尾酒、

拉面、西式点心，日本怀石料理等。甚至还有小菜店、小肉店、港口的鱼类批发商店的店主。能让 NHK 专门为他们做一个 45 分钟的专题节目，而且是在黄金时间播放，节目中的对象当然都是业内的佼佼者。但是这些企业都有一个特点，并没有盲目扩张，往往都是几十年只有一家店。几十年如一日，做好一件事情。笔者曾经去被称为天妇罗之神的店"是山居"吃过饭。那里店很小，只能容纳 12 个客人吃饭。只有店主本人和两名徒弟在店里忙碌，也没有开设分店。

日本是全世界长寿企业最多的国家，创业超过 100 年的企业有 2 万家左右。其中有不少企业都是和"吃喝穿用住"有关联的企业，如餐饮业、酱油和醋酿造业、日本清酒酿造业和服以及各种布料制造业，各种生活用品、各种工艺品和装饰品、温泉设施、传统房建筑业等行业的企业。

东京都吉祥寺的商店街有一个卖羊羹（用红豆为原料做的一种点心）的小店，面积只有 10 平方米左右，但是在全国很有名气，店主也曾经出版过书籍。笔者也多次去购买过。每天开店之前两个小时就有人在门口排队等候，一般开店一个小时就售罄了。过去 40 年一直如此。每天只煮两大锅的红豆做羊羹，卖完为止。在日本，餐饮行业中类似的店铺很多，一心一意做好东西，但是绝不盲目扩大规模。

这些企业都是家族经营的微型企业，财务资料也不会公开。但是笔者推测，这些企业的税前利润率应该在 35% 以上。因为这些企业的运营完全可控高效，也没有任何浪费。每天客人都是满的，每天准备的商品都会售罄，不会存在任何的库存和浪费。店里的员工也都是各司其职，满负荷工作。由于效益好，员工工资高，员工的流失率也很低。公司不用把时间浪费到招聘员工和培训新员工上面。这些企业不仅赚钱，而且受到顾客和社区的高度尊重。

不仅仅是在餐饮行业，其他行业也有许多类似的企业。埼玉县有一个叫十谷工业（日语：辻谷工業）的公司，只有 6 个员工，资本金只有 300 万日元（折合约 20 万元人民币）。主要产品是铅球、跨栏、接力棒等田径用品。其生产的铅球在亚特兰大奥运会、悉尼奥运会、雅典奥运会被采用，成绩在第一到第八位的选手都是用该公司的铅球。但是该公司的产品质量也是通过漫长努力得来的。该公司设立于 1959 年，1966 年开始生产铅球。1988 年第一次被汉城（今首尔）奥运会采用，但是没有一个选手使用该公司的产品。该公司以此为教训，进一步研究发现，同样重量的铅球，铅球的重心位置是影响铅球飞行距离的最重要因素。该公司努力打造了重心在最中心的铅球，而且该公司制作铅球是使用普通的机床，不是数控机床。

二、 在某一个领域常年耕耘，成为全国的唯一（only one）企业或者细分领域的第一（number one）企业

日本的中小微企业中，常年耕耘某一个细小的领域，在自己的领域成为日本全国知名甚至全世界知名的企业。这样的企业在日本和德国很多，往往被称为"隐形冠军企业"。这些中小型企业大部分都是家族企业。企业的负责人往往一身担负着多种角色。许多小微企业的负责人往往是企业家＋发明家＋工程师＋高级技工。日本全国各地都有这样的企业。东京都的大田区和大阪府的东大阪市是日本全国最知名的小微制造业企业聚集地。大田区目前有 4000 家左右的小微制造业企业。80 年代初期曾有 8000 家左右的小微企业。随着日元升高和长期的不景气，许多小微企业也被淘汰了。但是有许多企业顽强地生存下来，而且不断有所发展和进化。

岗野工业株式会社是大田区小微制造业企业的杰出代表。该公司的负责人岗野雅行是日本全国知名的人物。该公司目前只有 6 名员工，资本金只有 1000 万日元，每年的销售额为 6 亿 ~ 8 亿日元。这么小的公司之所以

这么有名气，是因为做出了不平凡的事情。岗野本人好像没有来过中国，但是几乎所有的中国人都曾经受惠于他开发的技术或者产品。公司是其父亲创立的模具制造公司，岗野雅行在 1972 年成为社长，改公司名字为岗野工业。岗野第一个比较知名的技术创新，是打造出细钢丝编造的麦克风外盖。之前的产品都是薄钢片上打孔做的。新产品比原来的产品集音效果更好，之后成为麦克风的主流。让岗野名扬天下的是下面两个技术杰作。一个是手机的锂电池外壳。锂电池外壳使用的不锈钢进行成壳加工的时候，很容易出现裂缝，加工难度非常大。岗野在技术上成功地解决了这个问题，我们过去用的许多手机中的锂电池，应该都是用的岗野工业生产的电池外壳。另外一个知名的技术产品是打针不疼的注射针头。针头的外围直径只有 200 微米，针孔的直径只有 80 微米（一微米为 10^{-6} 米）。注射筒一侧的直径为 0.35 毫米。传统的针管是把一个钢针钻空制成的，但是岗野是用一个不锈钢薄片卷起来的方式制造的。这种方式被一些物理学家认为在理论上是不可能实现的。日本一家知名医疗器械公司为了能够开发这种产品，走访了 100 多家企业，都被告知没办法制造这种针头，最后找到岗野工业。岗野雅行把这个工作接了下来。开发工作是非常困难的，岗野花了5 年时间才成功。岗野雅行本人回忆说，当时就没有在床上睡过觉，一天到晚都是在琢磨这个事情。岗野雅行 1933 年出生，本人只有小学文化程度，小时候在自己家里工厂半玩耍半帮忙，20 岁才正式开始工作。岗野一直说，别的公司能造的东西不要找他，别的公司造不了的找他。

Hardlock 工业株式会社是东大阪市中小微制造企业的杰出代表。该公司的创业人为若林克彦，1933 年出生，大阪工业大学毕业后进入一家阀门生产企业工作。1974 年成立 Harklock 工业株式会社。该公司其实只有一种工业产品，就是创始人研发的不会松动的螺丝螺母，商标名称为"Hard-lock"。目前该公司的注册资本金也只有 1000 万日元，年销售额为 20 亿日元左右，员工人数为 70 人左右。公司设立后，产品得到各行各业的认可，销售量不断增加，在日本国内先后设立了 4 家工厂。这个公司虽然不为大家所知，可是许多中国人也都曾经受益于这家公司。中国高铁的一些部位采用的就是该公司的螺丝螺母。目前该公司的产品在日本、英国、韩国、中国等国家获得了广泛的应用。

该公司推出此产品之后，也有一些韩国和中国企业仿制，但是废品率高，产品的稳定性也不如 hardlock 公司生产得好。这是因为，即使专利过期了，但是生产过程中的一些经验（knowhow 也就是工艺技巧）是需要长期积累和摸索的。这些并不被其他企业所能轻易掌握。

三、 与同一区域的同行业企业合作谋求共赢

日本和中国相比，行业协会发挥的正面作用往往比较大。中小企业力量比较小，许多时候团结起来团体作战往往是很有效的。在这里举两个成功的例子。

日本的温泉旅馆非常有名，但是日本温泉地的人气度是有所变化的。20 世纪 50 年代和 60 年代的日本，距离东京比较近的箱根是最有人气的温泉地。1980 年以后，位于九州地区的大分县，还保留了比较好的田园风光，成为最有人气的温泉。2000 年以后，熊本县的黑川温泉在各种人气评比中经常成为日本最有人气的温泉地。熊本县的黑川温泉为什么从一个没有人气的温泉地，发展成为一个日本全国数一数二有人气的温泉地呢？其背后是温泉地的旅馆和牵头人共同努力的结果。

黑川温泉的成功，离不开后藤哲也发挥的巨大作用。后藤自身也是在黑川经营温泉旅馆，最开始自己花了三年半时间在山上凿出了一个宽 2 米长 30 米的山洞，里面引入温泉水，打造成了一个山洞温泉。之后他又打造了一个露天温泉。其他温泉旅馆经营者也模仿后藤，打造了许多露天温

泉。之后，温泉和大自然浑然一体的风格成为黑川温泉的主体。后藤发挥领导力，召集所有的温泉旅馆多次协商，撤掉了街上200多个看板，重新进行了造林，打造了一个自然丛林的感觉。目前黑川温泉打造了一个自然舒适的大环境。黑川温泉发行了温泉券，持券可以到各家的温泉去泡汤。街上的街道变成了温泉旅馆的走廊，各个温泉旅馆成了不同的温泉池。黑川温泉的成功就是从各个温泉旅馆单打独斗转变为集团作战的成功案例。这一点有点像欧洲的一些知名观光城市，让整个城市成为世界遗产或者观光地，而不是某一个观光点。

今治毛巾品牌的树立，也是一个非常成功的地区小微企业联合作战大获成功的案例。今治是位于爱媛县的一个非常偏僻的地方小城市，从明治时期开始生产毛巾和浴巾，成为和大阪市的泉州齐名的毛巾浴巾生产聚居地。高峰时期有几百家生产毛巾的小微企业。有一些是为欧洲知名品牌进行贴牌生产，有一些是自己的品牌。80年代以后，中国生产的廉价毛巾大量进口到日本，今治毛巾的产品开始连续下降。2005年的毛巾浴巾生产量不到1990年的1/5。可以想象今治市毛巾浴巾生产企业受到的打击之大。今治市毛巾组合（组合相当于日本的协会和行会）在2006年聘请了日本知名的品牌设计师伊藤可士和进行品牌设计。之后各个企业采取统一的"IMABARI"（imabari是今治的日语发音）商标，统一了毛巾生产的品质标准。统一的商标上面通过企业编号表明生产毛巾浴巾的具体企业。今治的毛巾企业根据材质、花色及尺寸的不同，可以生产出上万种不同的毛巾浴巾。2006年以后，为了突出品牌价值，在展示的时候统一采用纯白的毛巾浴巾，营造了强烈的视觉感和品牌冲击力。

2006年到2017年，今治毛巾的生产量增长了两倍，但是营业额却增长了5倍以上。品牌的价值凸显。

四、 通过国际布局和竞争战略， 获得企业的竞争力和高回报

日本有许多中小企业，通过国际分工获得了飞速的发展。在 1985 年日元快速升值以后，日本有许多企业陷入了困境。但是一些企业却主动适应新的形势，成长为大型企业。在微型马达行业，日本有一个全世界知名的企业，叫万宝至马达（Mabuchi Motor。日文：馬渕モーターズ）。该公司在过去的几十年，一直是直流微型马达领域市场份额全世界第一的公司。该公司的创始人也是一个发明家，在 1947 年左右发明了新型的小型马达。该公司在 1954 年成立，之后发展顺利，1984 年在东京证券交易所主板上市。该公司的成功是国际分工＋技术战略＋市场战略的成功。

该公司在 1990 年左右就开始停止了日本国内生产，全部转到了以中国为主的海外工厂生产。目前，该公司的总公司员工只有 800 多人，在海外有 23000 人左右。1990 年左右的时候，该公司在日本总部只有 300 多人，海外有 10000 人左右。总部员工只负责战略、财务、研发和销售，生产全部在海外。利用海外廉价劳动力和廉价土地等资源，极大地降低了微型马达的价格。但是万宝至马达的成功，不仅仅是靠走出日本利用国际分工降低成本获得的。该公司还有出色的技术战略和市场战略。过去的小型马达公司都是根据客户的需要设计和制造微型马达。但是万宝至马达改变了策略，该公司提前设计了各种标准型号的微型马达，把商品目录交给了各个既有客户和潜在客户。客户在设计产品的时候，根据自己的需要并根据合适的型号的马达尺寸去设计产品。为什么客户愿意这样做呢？对客户来讲，有两个很大的好处。因为是标准尺寸的微型马达，价格更加便宜而且可以随时交货。这是个双赢的战略。

2005 年前后，万宝至马达的销售量和利润有所下降。原因有两个，一

是 DVD 和 CD 放映机的生产销售量下降，使用的微型马达也有所下降，二是行业竞争增多，中国企业的价格更加廉价。对此，万宝至马达采取的策略是开拓了新的业务领域——汽车领域。一辆汽车往往会使用十多个直流微型马达，而且一辆车的使用寿命往往是 15 年左右，比起价格汽车厂家更加重视马达的质量和耐久性。现在万宝至的汽车用微型马达领域已经占到了全世界份额的一半左右。通过进入汽车用微型马达领域，万宝至马达的营销额和利润率都有明显的提升。

万宝至今天已经不能称为是一个中小企业，1985 年之前也算是一个中小型企业，但是其发展壮大的过程也是许多日本企业发展壮大的缩影。即依靠技术起家→企业规模小的时候去迎合外部大型客户的需要→在一定时候确立自己的技术战略和市场战略→80 年代以后进行国际化布局→在市场发生变化的时候进入到新的领域。

五、 利用新技术把普通传统产品做出新的精彩

1985 年 9 月广场协议签订，之后日元快速升值。而且，美国长期和日本进行各种贸易谈判，逼迫日本开放各个领域的市场。20 世纪 90 年代中期以后，日本在表面上开放了除大米之外的几乎所有领域。1990 年之后，日本几乎所有传统行业的总量都在下降，所有传统产品的进口量都在连年增加。但是这并不意味着传统行业的所有企业都在收缩，都没有进化和进步。一些非常古老的产业都有一些新的变化。在这里举两个例子。

毛巾是传统而且普通的产品。即使是这样的产品，位于日本岐阜石县的小型企业，竟然做出了新的精彩。该公司叫浅野撚丝株式会社，创立于 1967 年，是一个为大型纺织公司提供捻线服务的小型公司。歧阜县高峰时期有 800 家这样的公司，现在减少到 20 家左右。2003 年，浅野公司员工人数减少到 10 名，公司业务基本消失，面临着破产的危险。2003 年日本

知名化学公司仓敷化学开发了新型的纤维。该公司 2006 年使用新型纤维开始了新的毛巾的生产。新型毛巾中使用了中空纤维，吸水性特别强大。一块毛巾销售定价为 1000 日元，是普通毛巾的 2 倍以上，从 2007 年开始销售，目前累计销售量已经达到 500 万块以上。

做饭的锅也是传统而且普通的产品，但是也有日本的小型企业把锅做出了新的精彩。爱知 dobby 公司是土方司马一在 1936 年创立的企业，最初的名字为土方铸造所，是从事铸造的小公司。1947 年开始生产各种纺织机使用的 dobby，也就是多臂机。2001 年，创业人的孙子土方邦裕进入公司，2008 年正式接班。这个时代，日本的传统纺织机械行业和铸造业都已经极度衰退。社长和其弟弟两个人开发了新型的锅，命名为 vermicular。该产品的特点是密封性能好，加工蔬菜的时候不需要加水，利用蔬菜中自身的水分就能做出很好的味道。为了开发新产品，兄弟两人尝试制造了 5 万个锅，才完全掌握了新技术。而其中难点有两个，第一个是锅是铸造的传统铁锅，铸造的锅上面进行珐琅施工非常难，产品质量不稳定，解决这个问题花了 1 年左右的时间。第二个难点是锅和锅盖需要很高的加工精度。因为需要完全密封，才能锁住锅内的水分，解决这个问题花了 1 年半左右的时间。技术成功以后，该产品大受欢迎。

毛巾和锅都是传统产品。日本的这两家小公司（公司员工人员都是 10 人左右）都做出了新的精彩，不仅挽救了公司，也增加了就业。

六、 适应时代的发展， 发展新的业务

日本在 90 年代以后，也诞生了许多飞速发展的中小型企业。这些企业的一个共同特点，那就是所做的业务符合了时代的要求。1990 年，日本泡沫经济破灭，日本经济长期低迷，民众的消费能力下降。同时，日本也进行了许多的改革，进行了所谓的规制缓和，也就是撤掉了许多原来的法

规，让企业更加自由的竞争。进入 90 年代，从中小企业迅速发展成为大型企业的有以下几个业态。1. 电器量贩店。类似中国的国美和苏宁电器。2. 廉价服装经营连锁。3. 旧书店、二手名牌手提包和手表店。4. 养老设施运营企业。在这里举两个企业的例子。

优衣库，目前在全世界都很知名。优衣库公司的柳井正在中国也是具有很高知名度的企业家。柳井正是家族企业的第二代。1949 年柳井正的父亲在山口县宇部市成立了一个销售男士服装的小郡商事。1984 年 6 月，小郡商事在广岛开设了第一家优衣库名字的店铺。同年 9 月，柳井正成为公司的代表，正式接班。进入 90 年代，优衣库步入发展的快车道。

还有一个有趣的案例是销售二手书籍和 DVD 的 "book off"。创业人是坂本孝，1990 年 5 月在神奈川相模原市开设了第一家店。之后采取连锁加盟的方式迅速扩张，2005 年 5 月在日本全国达到 500 家店，2003 年 2 月达到 700 家店，2005 年 3 月在东京证券交易所一部（也就是主板市场）上市。2018 年 3 月末，全国达到 807 家店铺，业务也从单纯的旧书扩张到二手体育用品、二手贵金属首饰等领域。

旧书店在日本存在上百年，高峰时期日本全国有上万家旧书店。为什么 "book off" 能够成长为东京证券交易所上市的大型企业？其经营模式是有明显的创新的。日本传统的旧书店店面都比较暗，店内也比较脏乱。但是 "book off" 把旧书店改造成了干净亮丽的店面。书店宽敞，非常明亮，书架整齐，店员年轻热情，店内一天到晚播放着音乐和书店的各种广告；书店收到的旧书都要进行边缘的打磨，封面都擦拭得干净整洁；对在店内站着长时间看书的顾客也从来不进行制止；全国的店铺采取统一的店面外观装修，店员穿着统一的工作服。另外，采取了现代化的加盟方式，可以快速在全国扩展。

七、 学习外国先进技术， 消化吸收改造后超过外国

日本从明治维新之后，一直走的是学习欧美赶超欧美的道路。日本从科技实力上赶上欧美国家是 20 世纪 80 年代后期和 90 年代初期的事情。回顾日本发展的道路，会发现一个非常有意思的现象，那就是日本学习和导入欧美的技术之后，往往可以做出比欧美更完美的产品。这个现象，在许多领域都能看到。比如方便商店是日本学习美国的东西，但是现在日本方便商店在 80 年代末就成为美国方便商店学习的目标了。

日本与 7/11 公司的美国母公司谈判决定导入方便商店这种业态是 1973 年，1974 年开设了第一家店铺。在 20 世纪 80 年代后期，日本的 7/11 的运营效率和效果就明显好过美国的店铺。1973 年左右日本翻译学习了美国的店铺操作手册，但是日本的商业环境和美国有太多不同。日本方面决定走自己独特的道路，之后逐步摸索出了自己的一套操作手册。10 年后，美国反过来要翻译学习日本的店铺操作手册。

八、 传统产业加上现代化的设计或者运营

日本也有不少传统的行业，在战后日本生活快速西方化的大背景下，面临着转型或者更加残酷的竞争。一些企业破产了，但是有一些企业通过自身的努力，顽强地进行了转型。在这里举几个具体的例子。

温泉旅馆是在日本存在了上千年的古老行业。日本的温泉酒店中，大部分都是代代相传，在自己的温泉地发展，最多就是增加一些住宿设施。星野就走出了完全不同的道路。最近"虹夕诺野"的品牌在中国也越来越有名。"星野屋"的日文发音为"Hoshinoya"，其中文发音翻译成为虹夕诺野，其实在日文中就是星野家的温泉旅馆的意思。星野家族创业是在日本知名的避暑地长野县的轻井泽，1914 年开业了第一家旅馆，之后一直到

20 世纪 90 年代初期一直是家族在经营这家温泉旅馆。现在的社长星野佳路出生于 1960 年，1991 年左右成为第四代社长，开始执掌家业。星野佳路曾经在美国康奈尔大学学习过酒店管理，和父辈有着不同的经营理念。1990 年以后，日本有不少温泉旅馆陷入经营困难，星野开始进入破产温泉旅馆的再生再建行业，逐渐成为一个依靠品牌和强大的运营能力来赚钱的公司。过去日本的温泉旅馆都是自己持有酒店物业、自己运营，而星野走出了不同的道路。2013 年，星野运营的 REITs 在东京证券交易所上市。目前，星野成了日本传统温泉旅馆行业最知名的品牌。

日本传统的伞被称为"和伞"，骨架是竹子，伞面是日本传统的和纸。1945 年以后，传统和伞的市场越来越小，只有传统的茶道活动和日本传统的艺伎会使用和伞。目前，日本只剩余一家专门经营和伞的企业，就是位于京都的"千倉"（Tsujikura，十仓），是元俸禄三年（1690 年）创业的长寿企业。同行业企业都慢慢破产或者转行了，只有这一家企业还在坚持。该企业在 2000 年以后，为了谋求生路，也进行了产品创新。传统和伞的颜色和图案是很漂亮的，利用这一特点，十仓开发出了利用和纸的装饰品和灯罩。现在的企业转型为和伞和装饰工艺品的企业。

中川政七商店也是类似的例子。中川政七商店是位于奈良县从事麻制品生产超过 200 年的家族企业。2000 年以后，走上了传统麻纺织品和现在设计相结合的方式，在东京繁华的商业街也开设了自己的专门店。

九、 做大企业稳定的供货商， 和大企业同步成长

日本的许多中小企业是大型制造业的供货商。比如丰田汽车从事的是新车和新技术的研发，整车设计和组装，品牌的宣传，汽车的销售，汽车发动机的研发和制造等工作。一辆汽车有 2 万个左右的零部件，丰田自己制造的只有发动机，剩下的零部件是 1000 家左右的企业在给丰田汽车供

货。这些零部件企业和丰田一起成长发达。丰田不断地在开发新的技术和汽车，对零部件企业也不断提出新的要求。不仅仅是技术上的要求，丰田汽车在海外设立工厂的时候，往往也会要求零部件厂家也一起到海外设立工厂。战后丰田从一家年生产5000台汽车的企业发展成为全球生产600多万辆汽车的企业，也意味着这些汽车零部件企业同步大幅度发展了。丰田汽车成立70多年来，只有2009年受到次贷危机影响时出现了赤字，其他年份都是黑字。可以想象其主要的零部件供应企业也应该都是业绩不错的。

第 8 章
工匠精神的文化源头和传统文化在日本发展中发挥的重要作用

我们在分析研究日本经济和社会发展的时候，往往对产业政策和政治的分析比较多，对文化在经济和社会发展中发挥的作用涉及比较少。目前中国正处在产业升级换代的关键时期，人民群众呼唤着更好的产品和服务，渴望着工匠精神在中国各行各业落地生根。截至目前，我们看到的文章大部分都是描述日本的工匠精神如何好，日本的产品质量和服务如何好，日本的长寿企业如何厉害。任何事物都不是无根之木、无源之水。本文的目的就是阐述日本工匠精神的文化源头，在此基础上进一步解释日本传统文化如何影响日本近代的产业发展和产业升级。

一、　传统文化的不间断传承是日本工匠精神的文化源头

从技术的层面来讲，日本的传统文化和工匠技术大部分是来自中国的。但是之后，在日本的特殊环境下进行了不断的进化和发展。日本是一个距离亚洲大陆不远也不近的岛国，这对日本的政治和文化的形成产生了决定性的影响。与亚洲大陆不远也不近的距离，减少了日本受亚洲大陆强国侵略的概率，让日本有一个相对和平的环境。日本可以比较方便地去中国、学习和吸收先进的东西，也可以遮蔽来自亚洲大陆的侵略或者不好的影响。日本皇室是全世界唯一一个存续时间超过 2000 年的皇室，地理位置的特殊性是最为重要的一个原因。

长期存在的皇室和贵族阶层，对日本的文化形成和保存起到了至关重

要的作用。文化的长期保存直接带来了手工业的存在和发展，促进了匠人文化的发展和培育。日本的许多神社都有"式年迁宫"的活动，也就是每隔一段时间重新建设或者翻修神殿。最著名的有伊势神宫和出云大社。这两家神社都是和日本皇室有渊源的神社，伊势神宫供奉着传说中的日本先祖天照大神和护卫农业丰收的丰受大神。位于三重县的伊势神宫从公元690年起，每20年进行一次迁宫活动。位于岛根县的出云大社每六七十年进行一次。定期的翻修，保证了日本各种手艺人的代代传承。比如，伊势神宫进行一次迁宫活动需要8年左右的时间，耗费庞大的物力和人力。其神殿的样式和1300年前一模一样，而且神殿内的70多种、1600多件物品都是按照原来的样子重新打造和制作。神殿的建造和1600多件物品的打造都是需要工匠来完成的。每20年进行一次迁宫活动，就保证了手艺的不间断的传承。直到今天，伊势神宫每天早晚两次供奉给神灵的食物，都是通过钻木取火的方式生火制作的。

伊势神宫被称为日本文化的故乡，直到今天每年也有许多人到伊势神宫去参拜。每年日本的首相都会在1月2日这一天去做新年参拜。

明治维新之后，日本皇室下面的王公大臣和各个地方的大名（地方的诸侯）和平转化为华族，相当于欧洲的贵族。华族分别被授予公爵、侯爵、伯爵、子爵、男爵的爵位。1945年日本战败，1947年日本华族被废止，但是皇室得以保留。皇室的吃穿用行，都需要专门的手艺人来提供。给神社打造各种用品，给皇室成员和贵族成员提供用品当然需要非常用心用力，这是认真专一的日本工匠精神的起源之所在。进入明治维新之后的工业化时代，其培养的工匠精神转化到大规模生产中，对产品质量的提高和改善起到非常大的作用。

目前，日本创业时间超过100年的企业有2万家以上，大部分是和传统文化以及吃穿用有关的企业。日本存续时间最长的公司是一个叫金刚组的公司，历史长达 1300 年。该公司的主要业务是寺院和神社建筑相关工作。这和日本传统文化的稳定传承有密不可分的关系。有人说日本的匠人精神是一辈子只做一件事，把一件事做到无与伦比的好，笔者也基本赞成这种观点。工匠也是需要挣钱养家糊口的，必须有稳定的工作来源。日本超过 100 年的企业大部分是传统文化手工业、吃穿用相关的手工业，原因就在这里。

应该指出的是，大部分时候传统文化和工匠精神是配套和相辅相成的。文化需要各种具体的建筑和物品承载，这需要各种工匠的配合。工匠的高超的技艺可以让文化更加成熟更加具有魅力。比如，日本传统文化代表之一是茶道。茶道的源头是中国，在日本进行了不同的进化。茶道中有一个词叫"千家十职"。日语中，"职人"就是指工匠。茶道中有"表千家"和"里千家"等不同流派。"十职"是指给茶人提供不同的茶道用具的各种工匠。茶道代代相传，这些工匠也代代相传。其中有一些工匠已经传承了 14 代。

二、 5S 是工匠精神的明文化和通俗化

日本战后初期的工业产品质量和欧美不能相提并论，其质量赶上欧美企业是 20 世纪 80 年代左右的事情。战后以制造业为中心，日本企业普及推广了 5S。5S 是五个日语词汇的首字母，分别是：整理（せいり，Seiri。整理分类，丢掉不需要的东西）；整顿（せいとん，Seiton。把需要的各种东西放在规定的位置，方便取用）。清扫（せいそう，Seisou。保持职场的干净）；清洁（せいけつ，Seiketsu。保持员工自身的干净和职场的干净整洁）；躾（しつけ，Shitsuke。有礼貌守规矩）。也有一些企业扩展了这个概念。比如日本电产集团就提出了 6S 的概念，加上了一个 S：做法（さほう，Sahou。意识是合乎礼貌的举手投足和合理高效的工作动作）。

日本传统的工匠都是采取家族传承或者师徒传承的方式。以福特汽车的福特生产方式诞生为标志，发达国家进入大规模工业生产时代。笔者认为，日本战后的 5S 是日本传统工匠精神在大工业生产时代的明文化和简单化。大型企业员工众多，不可能采取师徒传承的方式，必须列出一个简单易懂的标准，5S 就是在这个背景下诞生的。

日本战后形成了终身雇佣制度。一个人高中或者大学毕业之后往往在一家公司工作一辈子，这就形成了一个人可以在某一个领域钻研一辈子的环境。日本的传统工匠精神在终身雇佣制度和 5S 的普及下，在新时代得到发扬光大。

日本的传统运动中，带有"道"字的运动比较多，比如剑道、柔道、弓道。"道"字表明了日本的运动重视的不仅仅是外部的体力和运动技巧，更加重视内在精神的锤炼。各种运动的普及从一个侧面提高了日本劳动者的整体素质，促进了工匠精神的发扬和光大。

许多去日本旅游的中国人都对日本的干净赞赏有加。日本的干净也是慢慢形成的，战后的 5S 就发挥了重要的作用。现在日本的干净成了日本吸引外国观光客人的重要软实力，但是干净整洁对一个社会的重要价值不仅仅在于吸引了观光客人。工厂以及服务业的干净整洁，能够提高工作的效率和舒适度，能够减少疾病的传播。环境的干净是社会进步和文明的重要因素，文明的进步反过来又促进了环境的干净和自然的保护，是一个良性的互动。

三、 日本丰田生产方式的诞生也离不开日本的文化背景

日本在第二次世界大战之后，形成了几乎完美的工业生产体系。战后日本工业体系的顶峰是丰田汽车和其背后的丰田生产方式。20 世纪 80 年代日本的汽车生产量超过美国成为全世界第一大汽车生产国。80 年代和 90

年代，日本和美国存在长期的汽车贸易摩擦。美国人理解不了为什么汇率的不断升值，也阻断不了日本暴雨式的对美出口。美国的经济学家在80年代初期，对日美欧的主要汽车厂家进行了研究。结果发现，日本丰田汽车的高岗工厂在美日欧的所有汽车工厂中，生产效率最高，是美国汽车行业的2倍，是欧洲汽车行业的3倍，而且每100台汽车的故障率仅次于欧洲的一家工厂，排名全世界第二。

丰田生产方式成形于20世纪60年代后期，其特点是"自働化"（中间的汉字是带有人字旁的动）和"just in time"。其精髓是彻底排除无效和浪费（日语的むだ，むり，むら）。80年代以后，全世界的汽车行业都不同程度地研究和导入了丰田的生产方式，但是都没有能够达到丰田汽车的水平。其背后的根本原因还是在于文化的不同。日本的寿司屋可以说就是一个餐饮行业的丰田生产方式。料理人根据客人的需要，在需要的时间，给客人提供需要的量，没有任何的浪费。日本人从小就养成这种习惯，这种影响是潜移默化的。

战后日本的各个行业都不同程度进行了"改善"的经营活动。"改善"的日文发音为"Kaizen"（かいぜん）。1980年以后，不少英文词典都收录了Kaizen这个词汇。改善成了日本式经营的一个重要的特征。日本的公司把改善翻译为"continuous improvement"，也就是连续不断的改进和提高的意思。坚守和不断提高是日本工匠精神的本质特点。丰田公司的改善活动也是很有名的。笔者认为，日本的改善精神和日本伊势神宫的"常若"文化有很大的关联。前文提到伊势神宫有迁宫的活动，其背后的文化就是"常若"，"若"是年轻有活力的意思。所谓的常若，简单地说就是一直保持年轻和活力。日本的5S活动和改善活动一直不断在进行。

以美国福特生产方式的诞生为标志，欧美社会进入了大量生产大量消费的现代社会。战后的日本也是沿着这个道路发展工业。日本的工业生产体系在 70 年代有了进一步的进化。日本工业生产体系的特点是少量、多种、及时生产体系。作者认为这个体系的诞生有三个重要原因：企业竞争的压力，日本的资源匮乏和日元升值的压力，日本传统文化的影响。

回顾日本战后的经济发展，我们会发现一个有趣的现象。几乎所有的工业产品都不是日本率先发明的，但是日本都可以最终做到全世界数一数二好的水平。其背后的一个重要原因就是不断地改善和推广 5S。

四、 文化因素在明治维新之后的产业发展和产业升级中发挥了重要作用

日本在明治维新之后，从轻工业到重工业和化学工业，再到汽车和电子行业，现在发展到创意产业和服务业，产业水平在不断升级。许多人往往只关注日本政府的产业政策和财政金融政策，但是传统文化的积累在日本的产业升级中也发挥了不可或缺的重要作用，可以说和产业政策同样重要。日本的产业从 50 年代至 70 年代的"重厚长大"到八九十年代的"短小轻薄"，进入 21 世纪后可以形容为"高精软远"，在高科技、精密仪器和精密加工、创意产业、国际化等方面都有了长足的进步。但日本传统文化的积累和发展对日本产业升级的影响被严重低估了。

80 年代日本的产品在质量上全面赶上欧美，但是在企业的品牌和产品的外观设计等方面还是落后于欧美国家的，国家软实力明显逊色于欧美主要发达国家。进入 21 世纪后，日本软实力有明显提升。日本料理风靡全世界，赴日本旅游人数连年增多，现代社会物质极大丰富。消费者在购买商品的时候，在注重质量和价格的同时，也非常注重外观的美感和操作的舒适性。如果日本不能在产品的感受性方面继续不断进化，日本的产业就不可能继续升级。

茶道、花道、和服等都是代表性的日本文化。茶道和花道在长期的发

展过程中，形成了不同的流派。在不断的进化中，衍生出了丰富多彩的副产品。比如，知名的"怀石料理"和"和果子"就和茶道有密不可分的关系。在发展过程中，对茶舍、用具、仪礼等也进行了无微不至的改进，这极大地丰富了日本人的感性。而感性是支撑艺术创作和产品设计的最重要因素。而且各种茶道用品的长期需求，也培养了工匠精神。所以说，传统文化的传承和发展对日本现代产业的发展，起到了不可或缺的重要作用。

日语中保留着完整的敬语体系，日本人的礼貌也是全世界知名的。日本的礼貌和敬语离不开宗教的长期流传和皇室的长期存在。在任何一个民族，对神灵和王室都是需要有一整套礼仪和礼貌用语的。在现代社会，日本人的礼仪和礼貌成为日本服务业重要的竞争力。

日本各个行业的服务精神之高是全世界都知名的。充分的市场竞争能够促使企业提高服务水平，但是日本比起市场经济历史更加悠久的欧美各国，服务水平更高。其根源还在于日本传统文化的传承和发展。日语中有一个词叫"おもてなし"（发音为 Omotenashi），可以翻译为"款待"。Omotenashi 精神是在日本的各种传统文化中不断传承发展下来的。其源头首先在于日本全国各地对神灵的供奉。此外，日本传统文化中的茶道和日本传统艺伎的传承也发挥了不小的作用。日本的茶道中有"一期一会"和"一座建立"的传统。所谓"一期一会"就是在茶会的时候，主人和客人都视其为一生只有一次的机会，彼此付出最大的诚意去珍惜这一次的茶会。所谓的"一座建立"是指在茶道中，让主人和客人产生一体感的各种努力。

日本传统的工匠精神和 Omotenashi 精神在第二次世界大战之后和工业化大生产方式完美融合进化，有力地促进了日本经济和社会的发展。经济的发展，带来了日本国民的富裕，富裕的国民对传统文化又形成了一个更高的精神需求。传统文化的保存与发展和现代经济的发展形成了一个完美的互动。传统文化和现代经济的完美互动和结合，形成了日本越来越强的软实力。

国民整体的文化素养和艺术修养对产业的发展具有重要的意义。比如咖啡行业，美国的星巴克风靡全球，在日本也不例外。但是日本本土企业中也有可以和星巴克相抗衡的咖啡企业。日本建筑设计师先后有六位获得建筑设计界最有影响力的奖项——普利茨克奖（Pritzker），也是全世界数一数二的获奖国家。其背后是日本建筑行业设计水平的整体提高。日本实体商业的高水平是日本硬实力和软实力的综合体现。

五、 传统文化对良好经济伦理的形成也发挥了重要的作用

被称为日本资本主义之父的涩泽荣一有一句名言，叫"论语和算盘"，也就是在企业活动中伦理和牟利是同样重要。日本的茶道讲究"侘び"和"寂び"。笔者认为，茶道的"侘び"和"寂び"本质上就是极端的简约和给客人一个暂时忘掉尘世面对自己心灵的机会。传统文化的茶道起到了一个平衡经济发展中的过分物欲的作用。

"武士道"是大家耳熟能详的词。过去日本的武士强调对主君的忠诚，提倡礼仪、简朴、尚武等。明治维新之后，武士阶层不存在了，但是其精神并没有完全消亡，"二战"之前存在于军国主义中。战后的和平环境下，武士道精神在日本企业发展中发挥了非常大的作用。比起欧美国家，日本公司员工对企业的忠诚度更高，奉献精神更大。日本知名高科技企业岛根制作所的田中耕一在80年代的研发成果后来获得了诺贝尔化学奖，公司给田中耕一的奖励只是2万日元。当时田中的月工资大约为30万日元，可见奖金之少。田中加入公司以后一直拒绝晋升，坚持在研究一线。获得诺贝尔奖的消息公布之后，岛根制作所的股票总市值一天上升了70亿日元，而田中还是像以前一样坚持在科研一线。日本战后像田中耕一这样的企业员

工还有不少，其精神应该说和武士道精神是一脉相承的。

日本是百年长寿企业最多的一个国家，创业超过 300 年的企业就有 40 多家。目前这些长寿企业成为日本经济和软实力的重要组成部分。长寿企业的存在也离不开日本传统文化的传承，同时长寿企业也是日本文化的载体和传承者。大部分的长寿企业都是和老百姓"衣食住"相关的企业。日本的许多长寿家族企业，都有家训和家督，对子孙的个人修养和经营都有一定的规范。

明治维新之后，应该说日本传统文化受到西方文化较大的冲击。但是日本传统文化在导入西方的民主法治制度和市场经济体制下，其精神得到了发扬，在经济和社会发展中发挥了不可替代的巨大作用。我们在研究日本经济发展的时候，只注重日本产业政策或者国际政治关系是不够的，需要考虑文化的因素。比起欧美发达国家，日本的文化和中国相似的地方比较多，日本文化的源头是中国。日本的发展经验说明，传统文化的保护传承和现代经济的发展是不矛盾的。不仅仅不矛盾，而且对经济的健康发展能够起到不可替代的重要作用。目前，中国产业正处在升级的重要关口，如何培养一个良好的社会风尚和文化，对中国今后的经济和社会发展具有极其重要的意义。中国企业在发展的过程中，需要根据中国文化的实际情况，吸收发达国家的经验，摸索出适合自己的管理之道。需要指出的是，中国作为一个历史悠久的文化大国，也需要虚心学习和导入外国的文化，让中国传统文化在现代民主法治的土壤上开出更加灿烂的花朵。

第 9 章
日本的长寿企业到底是什么样的存在？

最近几年来，介绍日本工匠精神和日本长寿企业的文章越来越多。全世界范围内，长寿企业主要分布在日本和西欧国家。日本目前是长寿企业最多的一个国家，创业超过 100 年的企业有 2 万家左右。但是我们国家对日本长寿企业的整体情况一直缺乏一个相对全面的了解。本章主要介绍两点：一是日本长寿企业的基本概况。二是日本长寿企业长期稳健经营和发展壮大的原因。本文的长寿企业数据来源是征信公司帝国数据银行公司和东京商工调查公司公布的数据。

一、 日本长寿企业的基本概况

日本创业超过 800 年的企业就有多家。以下是这些企业的简单情况。

企业名称	所在地	创业时间 （公元）	主要业务
金刚组	大阪市	578 年	佛教寺院的建设和维护
西山温泉庆云馆	山梨县	705 年	温泉旅馆
古万（古まん）	兵库县	717 年	温泉旅馆
善吾楼（法师）	石川县	718 年	温泉旅馆
源田纸业	京都市	771 年	战前主要制造上浆的纸捻绳
田中伊雅佛具店	京都市	889 年	佛教寺院的佛像和各种用品
须藤本家	茨城县	1141 年	日本清酒制造
通圆	京都府宇治市	1160 年	日本茶的制造销售
酒店佐勘	仙台市	1184 年	温泉旅馆

续表

企业名称	所在地	创业时间 （公元）	主要业务
伊藤铁工	山形县	1189 年	原来为铸铁。现在制造空调阀门
御所坊	神户市	1191 年	温泉
白鹭汤俵屋	石川县	1190～1199 年	温泉

上表中，在中国也比较有名的有两家，金刚组和温泉旅馆的善吾楼（法师），其他企业在中国并没有看到报道。根据东京商工调查公司的数据，1908 年以前创立的企业中，明治时期（1868～1908）创立的企业有 17212 家，占到总体的 82.8%；江户时代（1603～1867）创立的企业有 3446 家，占到总体的 16.6%。

二、 日本加入 Les Henokiens 协会的企业

欧洲的长寿家族企业主导成立了一个长寿家族企业协会，叫 Les Henokiens，英文名称为 International Association of Bicentenary Family Companies。其会员企业必须同时符合以下几个条件：（1）创业超过 200 年；（2）现在依然是创业家族在经营；（3）该企业股份依然被创业家族所持有；（4）企业经营依然是正常的。

目前日本加入该协会的有 9 家企业，分别是：（1）法师，公元 718 年创业，温泉旅馆业。（2）株式会社虎屋，公元 1530 年创业，日本传统点心制造业。 （3）月桂冠株式会社，1637 年创业，日本清酒制造业。（4）Yamasa（山笠）酱油株式会社，1645 年创业，酱油制造业。（5）岗谷钢机株式会社，1669 年创业，钢材贸易业。 （6）材总木材株式会社（日语：材惣木材），1690 年创业，木材行业。（7）株式会社赤福，1707 年创业，日本传统点心制造业。（8）株式会社中川政七商店，1716 年创业，麻制品制造。（9）株式会社山本山，1690 年创业，日本茶和紫菜的制

造销售。以上几家企业都是在日本全国知名的企业。

三、 长寿企业都分布在哪些行业

根据帝国数据银行公司的数据，日本的长寿企业主要分布在以下几个行业。(1) 清酒制造行业，637 家。(2) 酒类零售企业，514 家。(3) 和服零售以及服装材料销售业，511 家。(4) 温泉旅馆和西式酒店业，467 家。(5) 女性儿童服装零售业，425 家。(6) 办公室租赁行业，403 家。这里需要说明一下，日本的许多长寿企业原来持有许多土地，近代在原来的土地上建设了现代化的大楼，自用一部分，剩下的出租。所以被划分为办公室租赁行业。(7) 酒类批发业，336 家。(8) 加油站行业，305 家。这里需要说明，大部分是明治时期创业的销售灯油的企业，之后发展成为加油站企业。(9) 木材（包括竹子）批发，266 家。(10) 木质建筑建设行业，259 家。(11) 一般土木工程建筑行业，247 家。(12) 传统点心制造业，222 家。(13) 金属器物批发业，216 家。(14) 印刷行业，208 家。(15) 生鲜鱼类批发，198 家。(16) 其他食品类零售，198 家。(17) 大米谷物零售，188 家。(18) 燃料零售，188 家。(19) 其他零售业，183 家。(20) 其他类的批发商，179 家。

从上面可以看出，大部分长寿企业分布在和人们的"吃喝穿用住"相关的行业。这些企业一般是在明治维新之后，逐步重组成为株式会社，也就是现代化的股份制公司。

四、 长寿企业的重要价值

日本目前传统行业中的龙头企业，大部分都是百年长寿企业。90 年代以后，日本进入财富 500 强的企业，也有不少是历史超过 100 年的企业。日本的长寿企业是支撑日本近代社会发展最重要的力量。帝国数据银行公司的资料显示，日本的长寿企业中，有 60% 左右的企业都是每年销售额在 3 亿日元以下的中小企业。但是，不能因为营业额小就低估这些企业的价值。根据东京商工调查公司的数据，1908 年以前创立的企业中，拥有 3000 人以上员工的公司有 104 家，占总体的 0.5%；1000 ~ 2999 人的企业有 178 家，占总体的 0.9%；30 人以下的企业占比最高，占总体的 76% 左右。

上面也曾经谈到，日本长寿企业的大部分都是和老百姓的"吃喝穿用住"有关系的企业。这些企业可以说是日本传统文化的实际的载体和传承者。最近十年，去日本观光的外国客人越来越多，日本的长寿企业也成为吸引外国客人的重要力量。日本的文化造就了日本众多的长寿企业，其实长寿企业也在打造着日本文化。日本帝国数据银行公司对长寿企业进行了问卷调查，其中一个问题是用一个汉字来表达对长寿企业最重要的事情。第一位是"信"，第二位是"诚"，第三位是"继"，第四位是"心"，第五位是"真"，第六位是"和"，第七位是"变"和"新"并列，第八位是"忍"。"信，诚，心，真，和"是指诚实守信，真心真诚，以和为贵；"继"是继承家业和传统；"变，新"是指要不断求变和创新；"忍"是指要忍受外部环境的各种不好的变化，让企业生存下去。从上面可以看出来，长寿企业所看重的，其实也是每个社会都提倡的基本价值观。

我们最近经常谈到文化发展和软实力。现代社会，企业是财富的创造者，也是文化传承和文化的创造者。比如，日本的茶道非常有名，支撑日本茶道发展的也有许多长寿企业和工匠，因为茶道需要有各种各样的器具、茶叶、传统日本建筑和庭院、和服等。日语中有一个词叫"千家十职"，是指给"表千家""里千家"等茶道世家提供茶道各种用品的工匠，其中一些工匠也是家族传承了几百年。

酱油是中国的发明，也是饮食文化的一部分。但是在美国培养酱油市场的不是中国企业，而是日本企业。日本的前三大酱油企业都是历史超过

100 年的企业。伴随时代的发展，虽然酱油的酿造原理和流程没有变化，这些企业首先是采取工业化的生产方式，之后是不断地开拓海外市场。

五、 日本长寿企业数量众多的秘密

长寿企业并不是日本独有的现象，西欧也存在不少的长寿企业，在美国创业超过 100 年的保险公司也很多。但是日本长寿企业数量之多，令人惊叹。其原因是多方面的。

（一） 独特的外部自然环境

日本独特的外部自然环境和社会环境是日本诞生众多的长寿企业的重要原因。日本是一个距离中国不远也不太近的岛国。这就让日本既可以主动去学习中国的先进制度和技术，也可以和中国保持一定的距离。第二次世界大战时，美国也只是在 1945 年对日本进行了大规模空袭（只有在冲绳发生了激烈的地面战）。日本本岛许多企业的血脉得以保留。

从社会环境来讲，明治维新之前的日本一直是一个相对比较稳定的封建社会，并不是一个高度中央集权的封建社会。封建社会中的家族制度在日本社会一直传承有序，其影响在明治维新之后也一直存在。

传承的文化在任何一个社会都存在，日本在一些方面做得更好。在这里举一个具体的小例子。日本社会中有袭名的习惯，袭名制度虽然战后在企业界逐步消失了，但在歌舞伎行业直到今天也在实施。歌舞伎演员世家代代相传，父辈去世以后，继承人会在自己演艺能力得到社会和观众认可，使用祖辈的名字也不会玷污祖上英名的时候进行袭名。社会和观众区分他们的时候，会用初代、二代目、三代目这样表示顺序的词汇来加以区别，也就是第一代创始人、第二代传承人、第三代传承人的意思。

武田制药是日本目前最大的制药公司，其源头为 1781 年 6 月 12 日武田长兵卫设立的个人商店，武田制药公司一直将其视为公司创立日。之后其历代社长都使用武田长兵卫的名字，这个袭名传统一直传承到 1993 年。直到现在日本的少数长寿企业还是在采取袭名的制度。

（二）企业自身的努力经营和高素质的伦理观

据日本帝国数据银行公司统计，超过 70% 以上的长寿企业都有"家训，社是，社训"。日本的公司在日语里叫"会社"，"社是"和"社训"可以理解为公司的"家训"。当然每个家族和长寿企业的内容都不一样。帝国数据银行公司将其分为五种，大部分的"家训，社是，社训"的内容都不同程度涵盖了下面五种内容，也就是"感谢，勤勉，功夫，俭约，贡献"。"感谢"是指无论什么时候都要对客人怀有感谢之情。"勤勉"是指家族人员和员工都要勤奋工作。"功夫"这个词在日语里是指"通过思考和努力，把某个事情做得更好"的意思。"俭约"就是指家族成员和公司在任何时候都要勤俭过日子，这也是一种风险管理意识。"贡献"是指对地区社会的贡献和对社会的回报。

日本的商业史书籍或者关于企业 CSR 的书籍都会谈到近江商人的"三方よし"（三方都好）。近江是日本过去的地名，位于现在的滋贺县，过去出了许多知名的商人和企业。比如日本最大的寿险公司日本生命、综合商社伊藤忠、知名的百货店高岛屋等都是近江商人创建的。所谓的三方都好，是指卖方好、买方好、社会也好。简单地说就是一家企业不能只考虑自己的利益，而需要考虑到方方面面的利益。近江商人的这个传统对近代日本商业社会产生了很大的影响。被称为日本近代资本主义之父的涩泽荣一一生参与了 100 多家企业和学校的创建。他有一句非常有名的话就是"论语和算盘"，意思是说企业盈利和公德心都要重视。

（三）日本长寿企业的关键是"不易流行"和"先义后利"

几百年中，日本发生过各种战乱和自然灾害，也有过许多次经济不景气。日本的长寿企业行业多种多样，都在竞争中顽强地活了下来。长寿企业都有一个共同的特点，那就是处理好了传承和创新的关系。从长期看，日本长寿企业传承精神层面的东西更多，而不是具体的产品和技术。传承的是对品质的孜孜不倦的追求，对顾客的尊重，对风险的控制。明治维新以后，西方的科学技术和思想不断涌入日本，能够根据自身情况稳定创新的企业都生存下来了，有一些企业甚至发展成为世界知名企业。创新表现在多个地方，比如导入新的机器设备，开发新的产品，进入新的业务领域，开拓海外市场，把传统和现代设计结合，导入西方的管理方法，等等。日本一些专家指出，有30%左右的长寿企业目前从事的是与创业时候完全不同的业务。

一些日本长寿企业研究专家用"不易流行"和"先义后利"来形容日本长寿企业的本质和共同特点。不易是指传承的不变的东西，流行是指根据时代的变迁不断改变自己。先义后利是指企业对企业伦理的坚守。也就是说，长寿企业都处理好了变与不变、公德和牟利的关系。

丰田家族就是一个很好的例子。丰田家族的创业是从丰田佐吉开始。1985年日本的专利厅为了纪念日本确立专利制度100年，评选了日本最伟大的10位发明家，丰田佐吉位列其中。他一生以纺织机为中心，获得了80项左右的专利。丰田佐吉在世的时候，创办了纺织工厂和生产纺织机械的企业。现在丰田汽车的源头是丰田织机的汽车部。如果从丰田佐吉创办的第一家企业开始算，丰田家族的企业已经绵延120多年了。丰田汽车不仅技术上不断进取，在生产系统上也创造出了闻名全世界的丰田生产方式。丰田生产方式的形成是20世纪60年代末至70年代初。大野耐一出版《丰田生产方式》是在1979年。大野耐一战前在丰田织机的工厂工作。丰田生产方式是丰田织机工厂管理经验的积累，考察美国企业得到的启发，加上反复摸索和创新得来的，是继承和发展的结果。丰田汽车经过50年不间断的努力，于80年代在质量上赶上了欧美汽车企业。丰田从20世纪80

年代开始，就不断研发混合动力车和燃料电池汽车，目前在燃料电池汽车领域走在全世界的最前列。

上面曾经谈到，日本的许多长寿企业都是关于日本传统的"吃喝穿用住"相关的行业。这些行业在 1945 年之后受到了很大的冲击。主要原因是日本人生活逐步西化，日本传统的东西即使没有抛弃，消费量也连年下降。日本的长寿企业都在谋求艰难的转型和创新。上文曾经提到的"Les Honokiens"的中川政七商店就是一个例子。中川政七商店是制造麻制品的，麻类纺织品的生产和销售量几十年来都是下降的。中川政七商店采取的生存之道是把麻制品和现代设计相结合。几年前，该企业在东京的知名商业区开设了自己的门店。

客观地讲，1980 年以后，许多的日本长寿企业都消失了。日本人引以为豪的全世界最古老的企业金刚组在 2006 年就重组了。该公司经营陷入困境的原因是 20 世纪 80 年代进入了普通的工程建筑领域，这一领域在 90 年代以后一直是属于不景气的行业。主要原因有三个：一是日本社会西化，日本一些传统的产品消费量越来越少，企业没有市场难以生存。二是从中国等国家进口的廉价产品极大地冲击了日本一些行业。三是日本社会价值观也开始多样化，一些长寿企业老板的孩子并不愿意继承家业。

六、　支撑明治维新之后日本经济发展的企业主要是明治到昭和初期诞生的企业

2018 年是明治维新 150 周年。明治维新之后许多的长寿企业也不断进化，实现了自我蜕变和发展。比如，三越吴服店（吴服是指日本的和服）在 1904 年进行了百货店宣言，开始模仿欧美的大型商厦进行新的经营。支持日本经济发展的企业，大部分都是在明治维新到昭和初期创立的股份制企业，几乎涵盖了所有的工业领域和服务领域，这些企业大部分后来形成

了财阀。日本的第一家现代化银行第一国立银行诞生于 1872 年（明治 5 年）；1881 年斗笠井顺八设立了水泥制造公司，在 1891 年改组为有限责任小野田水泥制造株式会社。一般认为，这是日本近代第一家株式会社（也就是股份制公司）。从明治到昭和初期，日本诞生了大量的企业，这些企业到现在也平均有 100 多年的历史。

最近几年，中国对日本长寿企业的介绍越来越多，其本质是对长寿企业背后精神的呼唤。长寿企业代表的是真诚守信的品德，代表的是对高品质孜孜不倦的追求，代表的是对职业的敬虔精神，代表的是对顾客认真负责的态度，代表的是企业、顾客、社会三者的和谐关系，代表的是文化的传承和发展，代表的是不断创新。长寿企业，不仅仅是财富的创造者，也是文化的传承和创造者。

最近几年，有许多中国企业去考察日本的实体商业设施。日本的实体商业设施的存在感超过电商，支撑这些商业设施的还是日本的长寿企业和百年老店。建筑物容易建设和复制，但是百年的传承和文化就无法模仿。长寿企业目前已经成为日本重要的软实力，长寿企业是日本传统的传承者，也是打造新的日本传统的重要力量。

中国也需要成千上万家的长寿企业和百年老店。这需要从制度上给予保证，比如私有权的明确，知识产权的保护，公平公正竞争市场的建设，对长寿企业进行资金和税收的支持等，也需要从文化上给予鼓励，比如弘扬工匠精神，鼓励子承父业等。

第 10 章
长达几十年的日美贸易摩擦的经验教训

日本和美国在 20 世纪 60 年代就开始各种各样的贸易摩擦，主要的贸易和金融摩擦一直持续到 1998 年左右。往前追溯，事实上日本和欧美国家在 20 世纪 30 年代就发生过贸易摩擦。这次贸易摩擦之后演化为日本和欧美主要国家的热战。在我们的印象中，战后日本在日美贸易和金融摩擦中，每次都妥协让步，所以才有后来的泡沫经济和泡沫破灭之后长期的经济低迷。日美的贸易和金融摩擦的确对日本的经济和社会发展产生了重大的影响。但是这个影响不完全是负面的，也有积极的影响。我们往往看到的报道是负面的比较多。这是因为，在日美贸易和金融摩擦中受到负面影响的行业和企业会高声呼救，而受到正面影响的行业和企业不会因为受到了正面的影响而去广泛宣传说自己赚钱了。另外，还有日本政府和企业的高管推脱自己责任的因素在里面。回顾日美从 60 年代到 90 年代 40 年的贸易和金融摩擦，包括 2000 年之后日本的发展，可以用一句话来形容日本的应对：在摩擦中求共赢，在打压中谋发展，通过自身的进化和发展来为自身获得在各种约束条件下的利益最大化。日美贸易摩擦不能说日本赢了，但是也不能说日本输了。

一、 日本和美国的经济摩擦包括贸易摩擦、金融摩擦和市场开放摩擦

从 60 年代就拉开序幕的日美经济摩擦和交涉，可以分为三个不同的类

型。(1) 日美贸易摩擦。主要是某个具体产品的交涉和某个行业的交涉。(2) 日美金融摩擦。主要是从 1971 年之后日元长期的升值。(3) 日美关于日本开放本国市场的谈判。这个从 70 年代开始到 90 年代中期结束。下面是主要事件时间表。

1. 日美纺织品行业交涉。1970 年，日本纺织品交涉正式开始。1972 年，日美双方签订了日美纺织品协定，日本接受了主动控制出口的要求。

2. 日美牛肉和柑橘产品交涉。(1) 1977 年，双方开始第一次交涉。1978 年，双方确立了到 1983 年达到进口美国牛肉 3 万吨、柑橘 8 万吨、橙汁 6500 吨的目标。(2) 1983 年，日美双方第二次交涉。1984 年，日本同意增加每年进口牛肉的数量，从 1984 年开始每年增加进口 6900 吨牛肉。(3) 1988 年，日美第三次牛肉、柑橘交涉。决定取消牛肉的配额限制，改为关税管理，并且逐步下调关税，1991 年 70%，1992 年 60%，1993 年 50%；柑橘类产品 3 年后完全自由化；橙汁 4 年后完全自由化。

3. 日美汽车交涉。(1) 70 年代的石油危机之后，日本的汽车对美出口增加。美国的汽车行业和工会开始对政府和议会施加压力。(2) 1981 年，日本决定对美国汽车出口采取自主限制措施：1981~1983 年控制在每年 168 万台；1984 年 185 万台；1985~1991 年每年 230 万台；1992~1993 年每年 165 万台。(3) 1992 年，日本制订了一个增加美国汽车零部件进口的计划。另外，"在美国的日资汽车公司 1994 年购买美国汽车零部件约 150 亿美元，美国汽车零部件进口 40 亿美元"的计划被分解给各个日本汽车公司。

4. MOSS 谈判（Market-Oriented, Sector-Selective）。1985 年，日美双方开始 MOSS 谈判。美国要求日本在电子、电气通信、医药和医疗器械、木材四个美国占有优势的行业取消进入日本市场的壁垒。1986 年，电气通信服务领域一部分自由化，木材和计算机零部件的关税被取消。

5. 日美半导体协商。(1) 1985 年，日美开始半导体谈判。(2) 1986 年，第一次日美半导体协定缔结（扩大外国企业参与日本半导体市场的机会，防止半导体产品倾销等）。(3) 1991 年，第二次日美半导体协定缔结。

6. 日美超级计算机问题谈判。(1) 1987 年，美国认为在超级计算机领域，美国在日本市场受到了不公平的待遇，要发动超级 301 条款。(2) 1989～1990 年，日美双方召开了 4 次专家会议，基本达成了协议，日本改善政府采购等方面的措施。

7. 日美结构问题谈判 (SII, Structural Impediments Initiative)。(1) 1989 年，日美双方就国际收支不平衡的削减开始谈判。(2) 1990 年发表了最终报告。日本方面的措施：改善储蓄投资结构；促进流通领域改革；改正市场的不良交易习俗等。

8. 日美保险谈判。(1) 1993 年，作为日美综合性经济谈判的优先领域，开始保险领域的谈判。(2) 1994 年 3 月，日本方面主动发布了一系列有利于外资保险公司的措施；10 月，双方进一步达成一系列有利于外资保险公司进入日本市场的措施。

9. 日美综合性经济谈判。(1) 主要包括宏观经济问题，日美合作领域、具体领域和市场机构问题等三大领域。(2) 关于政策采购，日本政府做出让步，增加采购的公平和透明性。(3) 在保险和金融服务领域，进一步解除管制。(4) 促进美国对日本的直接投资等。(5) 促进平板玻璃的进口等。

日美关于金融方面的摩擦和交涉是从 1971 年布雷顿森林体系崩溃开始的。在此之前的 30 年，日元和美元的汇率一直是 1 美元 = 360 日元。1971 年 12 月史密森会议主要发达国家货币对美国协调升值。日元升值 16.88%，基准汇率调整为 1 美元 = 308 日元。1973 年主要发达国家彻底放弃了固定汇率制度。日美双方交涉的结果，日美双方确定 1 美元 = 264 日元为日元升值的上限。1978 年，日美双方的问题是防卫美元，也就是避免美元的过度下跌，日美双方利益一致。1985 年，美国、日本、德国、法国、英国在纽约广场酒店签订广场协议。五个主要发达国家同时介入外汇市场，诱导美元下跌。之后日元迅速升值，两年时间升值大约 1 倍。1997 年主要几个国家在法国卢浮宫开会，达成卢浮宫协议，但是没有达到使日元过多升值的效果。1995 年，日元升值到历史最高水平的 1 美元 =80 日元左右。日美进行多次谈判，期望日元能够贬值。1997 年发生亚洲金融危机，日本期望发挥主导权，成立亚洲货币基金，但是被美国阻击而失败。

二、 日美 40 年贸易和金融摩擦的结果

1998 年到 2018 年，时间已经整整过去 20 年了，可以相对客观地评价从 60 年代末日美经济摩擦的 40 年历史对日本的影响。笔者认为，持续 40 年的日美贸易摩擦和日本市场开放交涉，整体来讲对日本的影响是中性的，金融方面对日本的负面影响大一些。

如果只从日本对美贸易黑字来讲，日美长期的各种摩擦和争斗，并没有解决日本对美国的大幅度贸易黑字问题。日本在 1985 年以后，对美贸易黑字持续增加，2017 年日本对美贸易黑字是 1985 年的 2 倍左右。如果从美国对日本在高科技行业的阻击来看，美国是相对成功的。1992 年泡沫经济破灭，经济的低迷让日本企业对科技研发投入趋于减少。从互联网企业来讲，日本并没有诞生全世界有影响力的互联网公司。但是笔者认为，这与经济摩擦没有关系。美国 Google 公司是 1998 年才创立的，Facebook 2004 年才成立。德国和美国的贸易摩擦没有日美之间激烈，但是也没有诞生有世界影响力的互联网公司。

下面，我们来看看日美摩擦的几个主要领域的胜负。

1. 日美纺织品行业摩擦。摩擦之后日本的纺织业开始消退，80 年代

以后完全让步给中国。但是之后日本的化学纤维行业不断研发新的产品，在高端材料方面走到了全世界的前列。典型的例子就是日本的碳素纤维产品，20 世纪八九十年代占据了全世界市场的70%以上的份额。日本的化学纤维行业在全世界占到了领先水平。另外在政治上，日本政府通过纺织品行业的妥协，更快地收回了冲绳的行政管理权。从产业来讲，日美双输；算政治账的话，日美双赢。

2. 日本彩色电视机贸易摩擦。70 年代日美关于电视机的摩擦持续了10 年左右。80 年代，日本家电称霸全世界。之后由于成本和市场的关系，2000 年以后市场份额落后韩国和中国等国家。但是日本依然保留着强大的家电行业，技术水平领先全世界。美国的彩电行业在90 年代消失了。日本完胜。

3. 日美钢铁贸易摩擦。80 年代以后，日本的钢铁业在低端产品方面让位于韩国和中国等国家。日本的钢铁行业直到今天也是全世界技术水平最高的，新日本制铁住金是全世界第二大钢铁企业。美国钢铁业在贸易摩擦之后也没有任何的恢复和起色。日本胜。

4. 日美农产品贸易摩擦（主要是牛肉和柑橘类产品）。日本进口美国牛肉和柑橘类产品增多，日本消费者的选择增多。日本牛肉不断进化，和牛成了全世界最知名的牛肉品牌。另外需要说明的是，澳大利亚和日本没有摩擦，澳大利亚也没有能力给日本施加压力，但是日本进口澳大利亚牛肉比美国还多。关于柑橘类产品，1995 年之后进口量就没有再继续增加，从美国进口的柑橘类产品反而有所下降。市场和消费者会做出合适的选择。日美双赢。

5. 日美汽车贸易摩擦。90 年代以后，日本的汽车行业发展有所放缓，但是90 年代后期保持了持续发展的势头。美国通用汽车在次贷危机中申请破产保护。以丰田为代表的日本汽车行业技术上不断进化，一直保持着强大的竞争力。在新能源汽车方面，日本的技术积累也超过美国。日本完胜。

6. 日美半导体摩擦。日本的半导体行业在 90 年代以后慢慢衰弱。但笔者认为，截至 2017 年，日本仍然是仅次于美国的半导体强国。半导体行业是由三个分支行业构成的：半导体的设计和制造、半导体制造设备、半导体材料。90 年代以后日本主要在半导体产业设计和制造方面丧失了市场份额和发展的主导权。在半导体设备和半导体材料方面，依然具有和美国势均力敌的产业实力。从半导体的基础研究来看，每年在国际固态电路会议（International Solid-State Circuits Conference，ISSCC）发表论文数量的多少是一个国家半导体行业基础研究实力的重要体现。从 80 年代后期开始，日美两个国家在此研究上发展论文最多。2012 年，韩国第一次超过了日本。另外，2012 年日本退出了 DRAM（Dynamic Random-Access Memory）领域。2018 年 6 月，日本最大的半导体生产企业东芝公司把半导体部门卖给了美资基金。在半导体领域，日本输，美国赢。

7. 市场开放方面。从 80 年代到 90 年代的十多年，日美就日本市场的开放进行过多次的交涉。日本也逐步开放了一些市场领域，包括就非关税壁垒的下降做了不少的让步。但是从结果来看，基本上没有哪一个领域，美国企业能够在日本市场占比超过日本企业的情况。美国实现了撬开日本市场的目的，日本的消费者享受到了更多的选择机会。比如保险领域，外资保险公司在保险行业的总资产规模中占比不到 15%。日美双赢。

笔者认为，贸易摩擦方面没有对日本造成根本的打击。市场开放方面，也可以说是双赢的结果。背后有四个深层次的原因：一是日本的产业实力是非常强大的。贸易摩擦，包括后来的日元升值，只不过是减少了一些领域低端产品的竞争力。二是日本采取了种种措施去规避对自己的影响。比如汽车行业从 80 年代起就采取自主控制出口台数，但是并没有限制出口汽车的档次。日本汽车行业开放高端汽车，总的出口金额还是不断上升的。另外，采取了在当地生产的方法，总体公司盈利还是不断上升的。应该说当时情况下，日本采取主动限制自己出口是一个非常巧妙的策略。美国战后一直高举自由贸易的旗帜，是西方阵营的盟主。美国方面并不方便用加税的方式去减少从日本的进口。从日本方面讲，日本则很巧妙地给自己继续出口挣钱留了一个口，那就是限制了出口的数量，但是并没有限制出口的总金额。企业可以通过出口高附加价值产品的方式，在数量不增加的情况下，增加出口收入。三是日本企业不断的努力。比如日美两国在彩色胶卷方面也发生过摩擦，主要是美国柯达公司对日本富士彩卷。但是柯达公司破产了，日本富士彩卷不断进化，成为生产数码相机的公司，而且利用生产胶卷的微细加工技术，成功开发了一些化妆品，公司成功完成了转型。日本的钢铁行业在 1990 年的时候出口的产品 60% 都是普通钢材。2017 年日本钢铁产量 9000 万吨左右，出口 3000 万吨左右。出口钢材的60% 左右都是高性能钢材产品。四是日本特殊的产业结构和消费者习惯。日本国民有很强的危机感，对外国资本和外国产品内心一直是比较排斥的，存在许多非关税性的障碍。总的来说，1985 年的广场协议和之后的泡沫经济对日本整体的打击是比较大的。泡沫经济破灭之后日本长期的低迷，是和日本自身的经济结构和文化有密切关系的。

　　我们国人总是有一种日本被美国打压以致经济长期低迷的印象。其原因有许多，其中有一个原因是报道和宣传的偏差。日本的许多行业和企业在日美贸易摩擦和金融摩擦中受到许多负面的影响，但是也有许多企业在90 年代以后也长期保持了稳定的增长和盈利能力。经营情况不好的企业行业都提高声音在诉苦和推脱自己本身的经营责任，而通过自身努力经营一直很好的企业却不会广泛宣传自己也一直很赚钱。事实上，泡沫经济破灭之后，日本一些行业的整体实力也增强了，比如精细化工行业和医药行业。在长期和美国有摩擦的行业，同一个行业内的企业的经营情况也是完全不同的。

三、 站在历史的角度看日本战后贸易摩擦中的妥协

综观日本战后与美国的贸易摩擦和金融摩擦，客观地讲，一直是日本的妥协和让步，但是这并不意味着日本一直是吃亏的。从结果来看，日本的国民是受益的。让我们扩大视野，看看日本在第二次世界大战之前贸易摩擦的结果和第二次世界大战之后贸易摩擦的结果有什么不同。第一次世界大战中，日本和英国是同盟国，获得了德国在亚太地区的一些权益。日本在 1933 年，棉纺织品的出口就超过了英国，成为全世界第一。30 年代末，化学纤维的产量，日本也赶上了美国。东洋的一个小国，在明治维新之后短短几十年，出口量就超过了英国，当时的日本在欧美国家的眼中是一个异类。日本的抬头和海外扩张，在东亚和西太平洋地区造成与欧美国家的关系紧张。当时美国比起其他列强，在中国享有的权益比较少，期望在中国市场获得更大的影响力。围绕中国市场，美国和日本关系开始发生微妙变化。另外，美国在 1898 年的美西战争中击败西班牙，占领了关岛和菲律宾。

越南是法国的殖民地，印度尼西亚是荷兰的殖民地。1940 年日本占领法国殖民地越南的北部，1941 年占领了南部。1941 年的南部印度支那半岛战略成为美日关系转折点。中国国内和美国掀起了抵制日货的活动。1941 年 7 月，英国和荷兰对日本采取了冻结日本资产，废除通商航海条约的措施。1941 年 8 月 1 日，美国总统罗斯福发布了石油禁运令。事实上，美国对日本的经济制裁在 1939 年就开始了。1939 年 7 月，美国决定废除美日通商航海条约。1939 年 12 月，美国决定采取道义性禁止出口（morale-mbargo），停止对日本出口飞机燃油制造设备和相关技术。1941 年 6 月，

实施了石油出口许可制度。1941 年 7 月，美国冻结了日本在美国的资产。由于石油的短缺，日本军方做出的应对是占领荷兰殖民地的印度尼西亚，获得石油资源。1942 年日本占领印度尼西亚。日本为了在亚洲获得更多的政治和经济权益（销售日本产品的殖民地），采取了不断扩张的政策，其最后结局是战败。

有三个方面的原因决定了日本不可能取代美国或者和美国具有同样的国际影响力。第一是日本的人口规模只有 1 亿多，国土面积也只相当于美国的加州。第二是日本国内没有石油和稀土等战略性的资源。第三是日语是仅限于日本国内使用的语言。在这种情况下，对美国的妥协，意味着日本继续在美国为盟主的西方阵营中，最大程度享受作为一个搭便车者的好处。直到今天，也没有哪一个国家可以给日本提供更多的公共产品。在冷战结束之后，日本也可以选择放弃日美同盟，拉开日本和美国的距离，但是日本没有这样选择。

日本在"二战"后，吸取战前的经验教训。一边保持和美国的同盟关系，但是另一边保持和世界各个国家的相对友好的关系，这样保证了日本的原材料稳定和出口市场的稳定。日本虽然是美国的同盟国，但是基本上从来不参与美国的军事行动。表面上原因是日本和平宪法的限制。但是深层次的原因，笔者认为，在于日本在任何时间都保持一个比较好的通商环境，维护自己国家的利益。1973 年左右发生石油危机，阿拉伯国家对美国及其同盟国采取石油禁运措施。但是日本经过交涉，把自己从禁运国家名单中剔除出来。

日本是唯一一个成功赶上欧美的非白人国家。回顾日本过去的历史我们发现一个有趣的现象，那就是在日本和当时第一强国保持良好的关系的时候，往往是日本发展最快的时候，日本一直是一个很好的 free-rider。古代是学习中国；明治维新之前的 100 年是学习荷兰；明治维新之后是学习英国，1902 年和英国成为同盟国；1945 年到现在是学习美国。回顾"二战"后日本的经济发展，日本在自己所属的阵营中，根据外部环境的变化，不断调整和升级自己的产业，通过自身的进化，保持了国家的发展和人民生活水平的不断提高。第二次世界大战后，日本的发展可以分为四个不同的阶段。第一个阶段是 1945～1955 年，是日本战后经济恢复阶段。这个阶段的主要产业是纺织业。1955 年日本的 GDP 恢复到战前的最高水平。1955～1973 年是高速增长阶段。1955 年日本的造船业出口量超过了英国，1956 年日本的造船量超过英国，成为全世界第一。这个阶段拉动产业发展的主要是造船业和高铁行业。1971～1991 年是中速发展阶段。1971 年战后的布雷顿森林体系崩溃，1973 年发生石油危机，日本产业的成本从汇率和能源两个方面大幅度上升。日本产业界的对应措施是支持节能技术的开发和新技术新产品的开发。1985 年日本的石油消费量比 1975 年下降了 20% 左右。这个阶段的主要支柱产业是家电、半导体、汽车行业。50 年代和 60 年代日本的产业特点是"重厚长大"。70 年代和 80 年代的产业特点是"短小轻薄"。1991 年到现在是第三个阶段。1992 年冷战正式结束，日本在西方阵营中安全保障中的相对地位下降。90 年代应该说是日本重新摸索和挑战的一个新的阶段。90 年代以后，日本经济已经从"短小轻薄"进一步进化为"高精软远"。"高精软远"是笔者创造的词汇。高精是指日本的经济进一步向高科技化发展。软是指日本的软实力开始增强。2017 年，有 20 多万留学生在日本学习。泡沫经济高峰期的 1990 年这个数字是 5 万人左右。2017 年，有超过 2000 万的游客去日本旅游。远是指日本企业的国际化程度进一步提升。90 年代以前，日本企业大部分是进口原材料，进行加工后出口的摸索。90 年代以后，日本企业开始在全世界设立工厂或者分支机构。日本历史上最大的 10 个并购都是 2000 年以后发生的。日本企业在 90 年代以后国际化逐步加深。

　　比如，日本和中国的经济关系对泡沫经济之后的日本经济发展就起到了不可替代的重要作用。2010 年以后的一些年份，日本对中国的出口超过了对美国的出口。1992 年之后中国市场经济飞速发展，需要进口大量日本的高端设备和高端材料。这个需求帮助 1991 年泡沫经济破灭之后的日本企业起死回生。

第 11 章
日本半导体行业 70 年沉浮启示录

中兴通讯事件发生以后，大家对半导体行业的关注多了起来，也多了许多研究过去日美贸易摩擦的文章。半导体行业是一个事关国家战略安全和产业竞争力的关键产业。从 1947 年第一只晶体管在美国贝尔实验室诞生到现在已经过去了 70 年，从美国 1958 年发明 IC 芯片也过去了大约半个世纪的时光。我们的邻国日本从 50 年代开始追赶美国，80 年代称霸全球，成功发展出了半导体完整的产业链。1986 年日本的半导体市场份额超过美国。90 年代以后，在 DRAM 领域逐渐被美国和韩国超越。1992 年美国半导体市场份额和日本再次发生逆转。2000 年之后虽然日本在半导体设备和材料及一些半导体产品领域依然领先全世界，但是衰弱趋势明显。韩国和中国台湾地区在半导体行业的地位逐步上升。2010 年以后日本在光刻机领域也开始落后于荷兰 ASML。在 2012 年左右，日本企业完全退出了 DRAM 领域。本章将系统回顾日本半导体行业的发展，比较研究美国、韩国、中国台湾地区半导体行业的发展和特色，期望能够给中国今后的半导体行业发展提供一些有价值的启示。

一、 半导体行业的构成

半导体行业由四个部分组成：（1）半导体生产设备。从晶元到产品出厂，要上百道工序，需要几十种设备。这些设备质量的高低，直接决定了产品的水平高低。（2）半导体材料。材料是指提供半导体原材料和加工过程中需要使用的药剂和各种特殊气体。（3）半导体的设计软件。也就是 EDA（Electronic Design Autonmation）。（4）半导体的生产。90 年代以前，半导体的生产和设计一般都是一个企业在负责（一般称为 IDM，Integrated Device Manufacturer）。90 年代以后，出现了半导体行业的国际大分工。有专门从事半导体设计的 fabless 企业，也有专门从事半导体生产的 foundry 企业，还出现了介于 fabless 和 foundry 之间的 fablite 企业。建设半导体工厂的各种建筑公司，建设半导体工厂洁净室的企业，也可以算是半导体行业外围行业。

二、 半导体行业为什么难？

中兴通讯事件之后，经常能听到许多朴素的疑问：我们国家"两弹一星"都搞出来了，为什么就造不出来芯片？这些疑问的源头在于对产业特性和技术特性缺乏基本的了解。半导体行业有其自身的行业特点，可以简单总结为：（1）产品高性能化。简单想一下天天使用的智能手机有多么强大的功能，就可以想到支持这些功能的最核心零部件手机 MPU 需要多么强大的性能。（2）产品的高信赖性。现代社会要求各种电子产品必须在各种环境中稳定使用 5 ~ 10 年，甚至更长的时间。也就是说需要半导体产品也必须稳定工作 5 年以上。（3）对原材料纯度的高要求。电子级别的硅的纯度要求是 11N，也就是 99.999999999% 的纯度。这个要求是极其苛刻的，目前也只有日本、美国、德国的少数几家企业可以生产。（4）产品体积不断变小，加工微细化不断升级，对生产设备和工艺的要求不断提高。目前半导体的加工精度已经到达纳米级别，对设备和生产工艺的要求极高。（5）半导体是装置产业，设备投资金额巨大。半导体的生产需要几十种设备和几百道工序。其中的关键设备光刻机价格昂贵，高达数亿元人民币。（6）半导体产品更新速度快。半导体行业存在一个人人皆知的定理，那就是摩尔定律（Moore's law）。简单地说，半导体的性能和集成度每隔 18 个月就会提高 1 倍，成本会下降一半。这就意味着，半导体行业不断需要进行研发和设备的更新换代。（7）半导体产品需要严格控制成本，产品价格不断下降。半导体行业的技术要求高，资金需求大，但是又要求不断地降低销售价格。这个非常矛盾的要求，对企业的管理水平和成本控制都提出了极高的要求。

三、 日本半导体行业 80 年代战胜美国和 90 年代又被美国超越的原因

日本的半导体行业从 50 年代起步，80 年代后期超过美国，90 年代以后则被美国逆转，在 DRAM 领域被韩国超过，之后日本走上了缓慢衰落的道路。但是这里需要强调的是，日本的半导体行业是缓慢衰弱了，而不是已经衰败了。直到今天，日本的半导体行业综合实力在全球范围也是仅次于美国的。特别是在半导体设备和半导体材料方面，可以和美国平分秋色。笔者认为，日本半导体行业衰弱的最大原因，是没有能够很好地适应冷战结束之后半导体产业格局发生的根本性变化。

日本半导体行业的发展特点是紧紧跟随美国。70 年代末以前，其主要的技术都是源自美国。1949 年日本开始晶体管的研究。1952 年日立和东芝公司与美国的 RCA 公司签订了技术导入合同。1953 年索尼公司和美国 WE 公司签订了专利使用许可合同。1955 年索尼公司开始销售晶体管收音机，大受欢迎。1964 年夏普公司推出日本第一台电子计算器 CS-10A，使用了晶体管 530 个，真空管 2300 个，重量为 25 公斤，销售价格为 50 万日元，相当于普通公司职员年收入的 10 倍以上。1969 年，夏普购买了美国 Rock-well 公司的 LSI，第一次推出了使用 LSI 的电子计算器，其重量为 1.4 公斤，价格为 10 万日元。

日本的半导体装置起步是 1970 年左右的事情。之前日本的企业都是购买美国的设备，1990 年左右全面赶上美国。每年召开的 ISSCC（International Solid-State Circuits Conference）是全世界半导体行业发表最新研究成果的重要会议。在 ISSCC 发表论文的多少，是一个国家半导体研究水平和实力的重要标志。日本开始发表论文是在 1968 年左右，80 年代达到高峰。2000 年以后，韩国和中国台湾地区的论文发表逐步增多。2012 年韩国发表的论文开始超过日本，这也从一个侧面说明了韩国半导体行业的崛起。日本在 80 年代的主要胜因有以下几个方面。

1. 日本率先在民生电子领域应用半导体。第二次世界大战以后，美国对日本军事工业的发展采取抑制政策。美国的半导体产品首先是运用到军工领域和 NASA 的航天领域，可以理解为美国政府通过军事预算和航天方面的国家预算，支持了美国半导体行业的发展。美国半导体企业不太需要考虑成本。而日本从一开始就只能用在民用电子产品上，这就要求日本半导体企业从一开始就需要想方设法提高工艺水平，降低成本。其结果是 70 年代末，同样性能的 DRAM，日本更加便宜。

2. 日本综合电机公司的综合能力比较强。在日本，生产半导体的企业有以下几家：东芝、索尼、NEC、松下、日立、富士通、夏普、三菱电机、三洋等。这些企业在日本被称为综合电机公司。它们生产的范围非常广泛。这些企业生产半导体首先使用到自己公司的众多产品中。战后这些企业都顺利发展壮大，从技术、人才和资金方面支持了半导体的研发和生产。

3. 日本政府组织的超 LSI 工程（1976~1980 年）的波及效应。政府组织富士通、日立、三菱、NEC、东芝五家企业进行攻关。这次攻关应该说比较成功的。其重要原因是当时日本的技术水平不如美国，其攻关有明确的赶超对象，政府补助了大量的资金。

4. 日本企业更擅长品质管理。1955 年之前，日本出口创汇的主力是纺织业。1955 之后的 20 年，出口创汇的主力行业是造船业和钢铁业。之后家电行业开始成为主力。80 年代以后则是汽车行业。日本的产业从"重厚长大"到"短小轻薄"，日本制造业品质不断发展，发展出了 5S 和丰田生产方式等影响全世界的制造业理念。80 年代初期，美国企业也承认日本半导体产品的良品率好于美国。

四、 1990 年以后日本半导体行业衰弱的原因

日本半导体产业在 1990 年以后走向衰弱的主要原因有以下几个方面。

1. 拘泥于成功经验，对半导体主要市场动向的判读失败。市场从大型计算机（main frame）和家电用品转到了个人电脑，对半导体产品的需求也发生了重大的变化。日本企业没能很好应对这个变化。

2. 经营决策缓慢等大企业病。日本基本上没有专业半导体企业公司，都是大型的综合电机公司在生产，作为一个事业部来开展生产活动。这些综合电机企业在 90 年代规模已经非常庞大。一些企业（比如东芝）已经是百年历史的企业，机构庞大臃肿。其他的一些企业比如索尼公司，第一代创业人也都退出了经营一线。这些产业难以进行业务的选择和集中战略，错失了重新振兴半导体行业的机会。半导体虽然重要，但是不是终端产品，总的销售额比较小。这样造成的结果是日本的综合电机企业的社长基本上没有从半导体行业晋升上去的，他们对半导体没有充分的理解。

3. 不适应国际化大分工，日本出现加拉帕格斯群岛化。1992 年冷战结束，中国也正式提出建设社会主义市场经济。在这种大的时代背景之下，半导体行业也出现了国际化的大分工。这个分工的最大受益者就是美国和中国台湾。美国企业大部分是半导体专业企业，比较典型就是英特尔公司。该公司在 90 年代彻底放弃了 DRAM 的生产，专门从事 CPU 的开发和

生产。DRAM 是英特尔公司发明的产品，选择放弃是需要一定的勇气和经营判断的。80 年代和 90 年代，日本半导体企业的外部环境发生了根本性的变化。市场方面，80 年代主要是日本国内市场，90 年代以后是全世界的大市场竞争。商业模型方面，80 年代是垂直模型（一家企业从设计到生产到封装和测试，进行全部的工作），90 年代半导体行业的主流发展成了水平分工。从终端产品来讲，80 年代，半导体产品主要用作大型机（main frame）和家电方面。90 年代，半导体产品主要用在个人电脑和手机上。美国半导体企业是彻底分业的格局。目前半导体设计的辅助软件 EDA（Electronic Design Automation）最大的三家企业也都是美国企业，分别是 Synopsys，Cadence Design Systems，Mentor，由此也可以推测出美国的高度的分业水平。而日本的企业一直都拘泥于使用自己公司的设计软件。

4. 日美半导体协定的后遗症和泡沫经济破灭的影响。美国的半导体企业在 1977 年组成美国半导体协会（SIA，Semiconductor Industry Association），主要的半导体企业悉数加入。SIA 开始要求美国政府对日本半导体行业采取措施。当时日本在全球的市场份额远远不如美国。1986 年，日本半导体产量超过美国。也就是在同一年双方签订了日美半导体协定。据说双方在正式协定之外，还有一个密约（side-letter）：日本承诺在 5 年之后，美国半导体产品在日本国内的市场占有率要达到 20% 以上。这个密约束缚住了日本半导体企业的手脚，使其不敢进一步扩大投资和生产。另外，1992 年日本泡沫经济破灭之后的几年，日本一直处在不景气之中。日本企业在研发和设备投资方面也不能像以前一样大规模开展。

90 年代初期的日本半导体行业，面临着一个内外交困的局面，前有狼（美国强大的半导体行业），后有虎（韩国和中国台湾企业的追赶，它们有成本和市场的优势）。90 年代的前半期应该说是日本半导体的一个转折期。

90 年代以后中国台湾地区的半导体行业迅速发展有一个大的时代背

景：（1）"冷战"结束，全球范围的大规模分业体制成为可能。（2）IT革命风起云涌，IT产品成为普通大众的消费品，成本下降压力越来越大。90年代以后，半导体行业也有一个非常明显的变化，那就是跨国的分业不断深化，fabless企业和foundry企业不断涌现。Fab是fabrication的简称，Fabless是指从事半导体产品研发和设计的公司。Foundry是按照fabless企业的设计和要求，专门从事半导体产品生产的企业。中国台湾地区的半导体企业基本上都是foundry企业和fabless企业，还有一些专门的封装企业。中国台湾地区低成本的高素质劳动力和合适的产业政策是台湾半导体企业迅速崛起的重要原因。而日本在90年代以后的10多年，在跨国分工方面没有明显的举动。这是日本半导体企业在90年代以后发展滞后的一个重要的原因。（3）中国台湾企业背靠中国内地，充分享受到了中国内地发展带来的红利。

五、 日美贸易摩擦是造成日本半导体行业衰弱的一个契机，但不是根本原因

我们从日本和美国80年代以后发生主要贸易摩擦的两个领域汽车行业和半导体行业来谈一谈，为什么日美半导体摩擦是日本半导体行业衰弱的契机，但不是根本原因。日本的汽车行业在90年代日本长期经济低迷的情况下，竞争力反而是越来越强了，而半导体行业是明显下降了。

日本在第二次世界大战以后，形成了终身雇佣制度。第二次世界大战之后的工业产品（至少在80年代以前）绝大部分是欧美企业发明的。日本导入技术、模仿生产之后，往往能够生产出更加小巧、更加便宜、更加耐用的产品。这和日本的终身雇佣制度有密切的关系。日本战后形成了完美的工业生产体系，这个体系适合缓慢进化的工业产品，但是许多时候不适合崭新的创新和转型。汽车行业已经诞生100多年了，是一个缓慢但是

不断进化的行业。日本的工业生产体系适合汽车行业的发展。我们谈到技术的时候，往往想到的是专利。但是一个企业除专利之外还需要众多的工艺和"know how"。以日本的汽车产业为代表，企业内部积累大量的非专利性的技术和"know how"。日本学者称汽车为代表性的"擦り合わせ"行业，英文称之为 integration。我们可以简单理解为需要复杂整合和微妙调整的行业。一部轿车有 2 万多个零部件，其中需要大量的技术、工艺和"know how"的积累。在这些需要长期技术积累和需要高度整合技术领域，日本的汽车行业就有充分的竞争优势。

日本战后体系是一个完美的工业生产体系，但在互联网时代，这个体系就显露出一些弊端。半导体行业的进化和发展速度，远远高于汽车行业。笔者阅读了日本 80 年代以后出版的研究半导体行业的大部分著作，发现一个有趣的现象。一些经济学家在著作中还提及了日美半导体摩擦对日本半导体行业发展的影响。长期在日本半导体企业工作的技术人员，在分析日本半导体行业衰败原因的时候，甚至都没有提及日美贸易摩擦的问题。其代表人为汤之上隆。汤之上隆在日立公司长期从事半导体研发工作，之后在日本政府组织的跨企业半导体技术研究机构也工作过。他把日本半导体行业的失败更多的归因于日本企业经营战略的失误和技术路线的失败（过分追求高品质，在降低 DRAM 生产成本方面败给了美国和韩国）。在笔者看到的著作中，不论是技术出身的研究人员，还是从事经济和经营研究的人员，都没有单纯把日本半导体行业的衰落归咎于日美贸易摩擦。

日本半导体芯片的生产企业大部分都是所谓的"综合电机"企业，包括东芝、NEC、日立、富士通、索尼、松下等。这些企业经营范围非常宽泛。反观美国的半导体企业，往往是半导体专业公司。在 70 年代和 80 年代，日本企业有一些优势，那就是可以用其他领域（比如家电）的利润来支撑半导体事业部的研发费用或者赤字，而且本公司生产的半导体可以用到本公司生产的各种产品上。而美国半导体企业没有这个优势。日本企业的这个优势在 90 年代以后成了劣势。首先日本 90 年代以后不太景气，整体盈利变少，80 年代的模式不能够继续。在 DRAM 领域被韩国超过以后，日本的一些企业采取了剥离半导体部门，成立合资公司的方式来企图抗衡美国和韩国，但是最后以失败告终。其原因并不是技术不行，而是日本的社会和企业的文化。日本社会提倡以和为贵，极度避免裁员。这些合资公司往往是以 50：50 的股份比例成立，其内部办公室政治斗争和技术路线斗争非常厉害。日本企业生产长期稳定耐用优质产品的技术能力在 90 年代后期以后，并没有形成日本企业的竞争力和优势。因为电子类产品的更新换代速度非常快，手机和个人电脑等产品基本上 5 年左右都换新的了。

六、 关于今后中国芯片行业的发展

笔者认为，如果发展顺利，再有 10 年中国就可以在半导体的大部分领域，赶上主要半导体强国。但是要在半导体行业能够领先世界需要更长的时间。主要理由如下。

1. 中国具有后发者的一些优势。半导体行业的后发优势有以下几个原因。（1）生产的一些技术和"knowhow"可以被转移到半导体生产装置中。韩国的半导体的整体技术水平并不如日本，但是为什么在 90 年代 DRAM 领域就迅速超过了日本？其中一个重要原因就是后发者的优势。制造半导体离不开优质的半导体制造设备。随着半导体行业的整体发展，半导体设备的整体水平越来越高，行业中的一些 knowhow 可以被反映在制造装置中。日本的经营学者称之为"技术的装置化"。另外，90 年代韩国也高薪聘请了许多日本半导体企业的技术人员。通过聘用发达国家半导体企业的技术人员，购买装备，再加上合适的成本控制，可以生产出更加廉价的半导体产品。韩国企业在半导体行业和液晶面板行业都对日本实现了成功的

赶超，在其发展过程中都能看到类似的现象。(2) 专利的保护期限只有 20
年。后发国家是可以免费使用发达国家已经过保护期限的专利技术的。如
果中国企业加大研究力度，也申请一些专利，就可能实现和发达国家半导
体企业交换（cross-license）使用对方专利。(3) 产品的经济性问题。半导
体产品大部分用在民生产品上。民生产品要求质量稳定的同时，还要求价
格相对的低廉。现在民生产品的边界效用在逐渐降低，具有庞大市场的中
国在价格方面会具有一些优势。

2. 中国发展半导体行业也有日本不具有的一些优势。我们在观察美日
韩的发展过程时，可以发现半导体的需求是由一个下游产业牵引的。以日
本为例，70 年代计算器行业的半导体需求大，80 年代各种家电产品的需
求量大，90 年代手机和个人电脑的需求量大，21 世纪初期数码相机的需
求量大。中国有庞大和完整的军工产业，军工产业可以成为拉动半导体需
求和产品升级的一个重要因素。几乎所有的大众消费品领域，中国的生产
量和消费量都是全世界第一。中国已经成为世界工厂，各种各样的半导体
需求都很大，中国的半导体企业毫无疑问具有地利的优势。

七、 中国在半导体行业赶超发达国家需要做什么

回顾半导体强国的发展过程，发现有几个共同的特点。这几个特点也
是中国今后发展半导体行业所需要的。

1. 所有的半导体强国，政府都把半导体行业作为国家的战略行业，制
定相关的振兴法规或者政策；都组织过政府、研究机构和企业的产学研联
合研究机构；政府都直接或者间接资助过相关的研究项目。日本和韩国在
一些半导体企业出现经营困难的时候，通过政府的产业基金进行过救助。
日本在 70 年代（1976～1980）有超 LSI 工程，政府组织富士通、日立、三
菱、NEC、东芝五家企业进行攻关。美国 80 年代（1988～1993）有 SE-

MATEC（Semiconductor Manufacturing Technology）。欧洲 90 年代（1989～1996）有 JESSI（Joint European Semiconductor Silicon）。中国政府在政策和资金方面，也需要长期不间断地对半导体行业进行扶持。日本政府从 50 年代起，一直对美国半导体企业在日本设立工厂是非常警惕和排斥的态度。

2. 发展半导体行业必须重视市场，尊重科学家和企业家。在我们回顾半导体强国发展历史的时候，发现一个规律，那就是某个国家或者地区半导体发展速度快或者成功实现对发达国家赶超的时候，都是第一代创业家在半导体企业负责人的位置上，而且许多企业家同时也是科学家和发明家。美国的英特尔公司和 TI 公司就是一个典型。第二次世界大战之后日本有 10 家左右生产半导体的企业。截至 80 年代中期，许多公司都是第一代创始人在经营者的位置上，企业的骨干则大部分是从战后的废墟中成长起来的一代人，能吃苦敢打拼。90 年代以后中国台湾半导体企业的创始人大部分也都是从美国回来的技术专家。

3. 中国需要建立完整的半导体产业链和产业集群。无论从国家战略安全和产业竞争力的角度，还是从就业的角度，中国都需要建立起相对完善的半导体行业体系。中国的问题不是仅仅能够生产芯片就可以了，其上游的半导体设备产业和半导体材料产业也必须掌握在中国人自己的手里。没有半导体设备和材料，半导体产业的安全还是不能保证。产业集群是现代经济社会的重要特征。美国有硅谷，中国台湾地区有新竹高科技园区。日本生产半导体的有 10 家左右的企业，总公司大部分都聚集在东京和大阪两个城市，九州地区则聚集了比较多的半导体工厂。韩国的半导体行业则是聚集在了三星、现代、LG 三家财阀企业。

4. 中国要抓住新能源汽车这个百年一遇的大浪潮，发展半导体行业。半导体产品不是一个终端产品，必须用在某个产品中。这个终端产品的产业规模和技术要求，也往往直接决定了半导体行业的产业规模和技术水平的高低。回顾美日韩发展的过程，每一个时代都有牵引半导体行业发展的产业。美国在 50 年代到 70 年代主要是军工产业。日本在 50 年代是晶体管收音机，60 年代和 70 年代是电子计算器，80 年代是大型计算机和家电，90 年代是个人电脑，2000 年以后是数码相机和手机。韩国的三星在 2017 年半导体生产量超过了美国的英特尔，其背后的重要原因在于半导体终端产品的主力已经从个人笔记本电脑转到智能手机。而韩国三星则是手机生产非常强的企业，很好地抓住了这个时代的变化。新能源汽车正在全世界范围兴起。新能源汽车使用的半导体是传统汽车的 5 倍以上。笔者认为，中国如果不能在新能源汽车产业占据上风，半导体行业也很难占据世界的顶端。中国有比较完整的军事工业体系和航天工业体系，这是拉动半导体产业的基本力量，但军工产业和航天公司对半导体的需求量特点是要求高但是量少。

5. 中国需要在半导体的基础领域加大研究力度。如果中国期望在半导体领域领先世界，必须在基础研发领域加大投入。只有在基础研究领域有所突破，才可能在半导体领域获得主导权。

第 12 章
为什么日本拥有高技术但不能达成高经济增长

2019 年日本科学家吉野彰获得诺贝尔奖。2000 年以后，先后有 19 位日本人获奖。最近几年，媒体中介绍日本科技实力和工匠精神以及国民高素质的文章非常多。日本的科技水平赶上欧美发达国家是 80 年代中期左右的事情。1998 年以后，日本专利收支一直是收取的专利费高于支付给外国企业的专利费。但是 90 年代以后，日本经济长期低迷。人们不禁要问，为什么日本强大的科技实力并没有带来日本经济的高速增长？本文从以下三个视点来解释这个矛盾：（1）科学技术和产业本身的特性；（2）企业体制不适应和企业家精神的消退；（3）日本国内环境和国际环境的根本变化。

一、 科学技术本身的特性

（一） 并不是所有的高科技都能带来巨大的经济效益

历史上，科学技术的重大发现和突破给人类社会带来巨大变化，催生新的产业和富豪的例子比比皆是，但是并不是所有科学技术的突破都可以带来巨大的经济效益。在这里举两个例子。田中耕一是日本精密仪器制造公司岛根制作所的研发人员，由于 1985 年的研究成果，在 2002 年获得诺贝尔化学奖。其成果的原创性和影响力可见一斑，但是这个研究成果本身并没有给公司带来太多的经济效益。主要原因是该种仪器设备的市场需求太少，只有一些科研机构和大型企业的研发实验室需要。日本有一家全世界知名的光学设备公司叫滨松光学（Hamamatsu Photonics），该公司被称为催生了三个诺贝尔奖的高科技企业。2002 年获得物理学奖的小柴昌俊（1987 年的成果）和 2015 年获得物理学奖的梶田隆章，2013 年获得诺贝尔物理学奖的 Francois Englert 和 Peter Ware Higgs，三名诺贝尔奖获得者在开展研究时使用的实验设备和装置中都有该公司的产品，而且是关键设备。但是目前该公司的员工人数为 4000 多人，每年的营业额为 1000 多亿日元。在日本类似于滨松光学的企业还有不少。产品属于高科技，在一些领域不可或缺，但是由于总体的需求量少，虽然产品的利润率高，但是对经济和企业的贡献和拉动作用相对比较小。

应该说，日本有一些基础研究是有可能催生一个巨大的产业的。比如，山中伸弥在 2012 年获得诺贝尔医学奖，其获奖成果是 iPS 细胞。iPS细胞是具有成长为人体各种器官的细胞，目前日本各个领域都在继续研究，将来日本的再生医疗领域有可能成长为全世界领先的庞大产业。另外，日本在 LED 领域的产品一直领先世界，其背后有三位诺贝尔奖获得者的巨大贡献，分别是赤崎勇、天野浩和中村修二。

（二）真正对日本产业竞争实力造成削弱的原因在于技术的商品化和技术的装置化

1991 年之后的日本的经济低迷和周边国家（地区）的高速增长是不无关系的。这里周边国家（地区）主要是指韩国、中国台湾地区和中国内地，日本的一些传统优势行业比如家电、半导体、太阳能电池、液晶显示屏等节节败退。日本经济的低迷和美国信息革命的兴起，韩国、中国的产业进步是同步发生的，这里不无关系。

技术的装置化比起技术的商品化更容易理解。某一个产品在生产过程中需要大量的制造设备。随着产品和技术的升级换代，生产设备也不断地升级换代。发达国家的企业在生产过程中发现的问题不断反馈给设备制造公司，设备制造公司不断改良生产设备，也迅速把生产技术和 knowhow 不断地浓缩到了设备里面，制造商品的设备性能越来越稳定，价格越来越低。不发达国家可以通过购买日本、德国等发达国家的制造设备，相对比较快地制造出好的产品来。80 年代以后，采用计算机控制的设备越来越多，只需要操作键盘就可以正常操作生产。而且，由于发展中国家有成本的优势，产品的价格会很便宜，从价格优势上击败日本企业。但是，韩国、中国内地、中国台湾地区的制造业直到今天也需要大量从日本等发达国家进口设备和高端零部件。

(三) 技术的商品化

首先需要对技术和商品的商品化做一个定义。目前日本的研究人员做如下的定义：如果可以用市面上已经公开的技术制造出可以满足大部分客户的需求的产品，那么这个商品已经商品化。

一般来说，专利的有效期是 20 年。从专利生效到产品面世一般需要 3 ~ 10 年的时间。这是因为，一个高科技产品，需要解决的技术问题是非常多的，一个产品的面世背后往往有几百个甚至上千个专利。

如果使用专利保护期已经结束的专利能够制造的产品质量水平，等于市场大部分顾客需要的质量水平，这个时候，称之为高科技产品的商品化（普遍商品化）。日本的很多优势领域，迅速被周边国家地区赶超正是由于这个原因。日本企业的专利过期以后，其他国家的竞争对手就可以无偿使用这些专利技术，且不构成侵权。东亚其他国家的人工费、土地等成本远远低于日本企业，制造这些产品的装置和设备已经非常成熟，通过大批量引进日本的机器设备，不需要太多技术积累便可以生产出物美价廉的产品。这时即使日本企业可以生产出质量更高的产品，但是市场大部分的顾客是可以接受东亚其他国家更高性价比的产品，其结果就是日本企业在这些领域的市场份额不断下降。

如何预测高科技产品普通商品化的时间点是非常重要的，日本专家给出的答案是：一个产品的商品化的时间大约为：该商品相关的第一个专利出现的年份和该商品的专利申请最多的一个年份正中间的年份加上 20 年。

一个产品领域一般连续 10～20 年都有专利申请，这些专利每年的数量分布往往呈山字形，初期比较少，数年后到达顶峰，之后逐年下降。以日本数码相机领域为例，从 1983 年开始有第 1 件专利申请，一直增长到 2002 年申请最高峰的 1807 件专利，之后逐年减少。1983 年到 2002 年之间的年份是 1992 年，1992 年加上 20 年为 2022 年。也就是其他国家在 2022 年左右都可以使用已经过期的专利生产出物美价廉的数码相机产品。上述公式，在 DRAM、液晶面板、太阳能面板、锂电池、汽车导航仪、钕磁铁等领域证明是基本正确的。

技术的装置化和商品化让日本的高科技企业不能长期保持领先地位。90 年代以后，在许多领域迅速被其他国家所追赶，这是技术方面的原因。另外一个原因是下面要阐述的企业体制和市场战略的原因。

二、 日本企业体制的弊病和企业家精神的消退

拥有高科技的日本企业在 90 年代以后，在许多领域市场份额不断下降。除了上述的技术的装置化和商品化之外，还有一个重要原因，那就是日本的企业体制和企业家精神的消退。

1945 年以前的日本经济由大大小小的几十家财阀所把持，具有代表性的有三井财阀、三菱财阀、住友财阀、安田财阀等。战后美国对日本财阀进行了大规模的改造。战后日本的大企业形成了六大企业系列（或者说企业集团），分别为三井系列、三菱系列、住友系列、一劝系列、芙蓉系列、三和系列。战后大部分的日本传统大型企业都分别属于这六大企业系列。这些大型企业下面存在众多的子公司和为其提供配套服务的中小型公司。不同于英美的市场经济结构，战后的日本经济社会是一个有序竞争的半封

闭结构。政府和这些企业系列团结一致，追赶欧美发达国家，其效率是非常高的。哈佛大学教授迈克尔·波特曾经说过，日本企业没有竞争战略。其实在 90 年代以前，日本企业也不需要企业战略。日本企业赶超的目标就是欧美企业，同样的产品只需要想办法做得更好、更便宜就可以不断地占领全世界的市场。另外，日本在战后形成了终身雇佣制度。一个人高中毕业或者大学毕业之后，往往在一个公司工作一辈子。日本女性结婚以后往往辞掉工作，在家里相夫教子。一个家庭只有丈夫一个人的收入。在这种社会体制下，每一个人在公司（包括在政府或者学校）都是小心翼翼，不愿意去创业或者在单位做创新的工作。因为创业或者创新意味着会有较大的失败的可能性，意味着自己全家人可能要露宿街头。

经过战后 40 多年的发展，日本的企业规模逐步变大。80 年代后期，进入财富 500 强的日本企业高达 120 多家，仅次于美国。规模的增大不仅仅意味着公司的强大，大部分时候也意味着公司组织的官僚化和公司决策及运营的低效率。而且进入 90 年代，日本大部分企业的第一代创业人都去世或者退出了公司领导层，接班的大部分是战后在公司中一步一步升迁起来的大学毕业生，在企业家精神方面不如第一代创业者。日本 90 年代以后经济长期低迷，与日本公司的大企业病及企业家精神的消退有关。日本的制造业在 80 年代实现了赶超欧美的国家目标，但是战后诞生的大型制造企业只有索尼和本田两家企业，其他企业都是战前都存在的企业。第二代接班人把企业发展壮大为世界性企业的例子，只有任天堂和优衣库等几个为数不多的例子。

90 年代以后，日本有不少专家分析了日本制造业竞争力下降的原因。其中，一些专家认为日本制造业过分拘泥于工匠精神，给产品增加了许多不必要的功能，增加了无谓的成本。另外一个主要的观点是，日本企业市场战略不如韩国等成功。笔者认为这些原因是存在的，但是其根源是日本的大企业病和企业家精神的消退。90 年代以后，日本除了数码相机和游戏机（任天堂和索尼）之外，没有能够推出风靡全世界的工业产品。事实上，数码相机和游戏机也是最先在美国诞生的技术和概念。在国内外环境发生重大变化的情况下，大部分的日本企业依然拘泥于过去的成功经验。作为日本企业内部的员工，他们采取保守的工作方式对他们自身保住工作是非常正确的选择。作为整体的结果，就是员工看起来都很努力，但是却只能延续过去的老路。日本家电行业败落的主要原因就在这里。90 年代以后，有两个重大的变化影响了全世界的经济格局，促进了国际化大分工和产业的重新洗牌。一是冷战的结束，二是信息革命的兴起。日本 90 年代以后丧失竞争力的行业，主要是不能适应这个巨大的环境变化。

80 年代以后，日本最具有影响力的两个行业是汽车业和家电行业。日本汽车行业直到今天也保持着一个全球领先的影响力，但是家电行业的颓势却非常明显。应该说直到今天日本家电行业的整体技术水平也是全世界领先的，但是技术的领先并没有给日本企业带来竞争力。90 年代以后，日本的所谓综合电机公司依然延续了过去的道路。

苹果公司 iPhone 的兴起和日本手机行业的衰落就是很好的对比。日本的手机行业一直保持着全世界领先的制造能力，但是日本企业并没有诞生出 iPhone 手机。事实上，在中国这个全世界最大的手机市场，日本企业在 iPhone 诞生之前，就没有能够占领中国手机市场。其主要原因还是日本企业的决策慢，市场战略不适合中国市场等原因造成的。

三、 日本国内外环境和条件的根本性变化

90 年代以后，日本国际和国内环境发生了根本性的变化。1991 年左右，日本国内外的环境发生了翻天覆地的变化。1989～1991 年，东欧剧变苏联解体，冷战结束。1992 年，邓小平南方谈话发布，中国正式宣布建设

社会主义市场经济，改革开放不断加深。日本 1945 年战败以后集中发展经济，是冷战体制的最大受益者。进入 90 年代，信息革命在美国开始风起云涌。冷战的结束让全世界第一次有了真正意义上的全球市场，让更加广泛的全球分工成为可能，而信息革命开始慢慢渗透和改变所有的领域和人们的生活。美国的资本市场和信息革命相得益彰，加速了产业发展和国际分工的步伐。

日本国内也发生了战后最大的变化。日本的经济和科技实力赶上了欧美国家，有一些技术领域甚至超过了欧美国家。日本完成了从明治维新以来的"赶超欧美"这个国家目标。事实上，这是日本历史上第一次国家实力达到全世界先进水平。日本社会开始慢慢步入老龄化社会。大部分公司的创业者进入 90 年代后都去世或者退休了。支撑日本战后高速增长的所谓"团块世代"（是指 1945～1955 年出生的人）也都开始退休。日本的土地成本和员工工资成本赶上甚至超过了欧美国家。

国际和国内的环境改变，意味着日本战后的成功模式开始出现问题或者说不能像以前一样发挥巨大威力。日本战后到 90 年代初期的发展模式非常清晰，那就是：（1）学习和导入欧美的技术或商品。（2）通过不断地改善和提高管理水平，提升产品质量并且降低生产成本。（3）首先在日本国内市场出售，同时以成本优势大批量出口以美国为中心的欧美市场。（4）日本企业用盈利的钱继续进行发展，开发新的技术。同时企业员工收入也随企业的发展逐年上升。（5）日本企业员工的收入增加带来了更大的日本国内市场需求和对更高质量产品的需求。（6）日本企业回应市场的要求开发新的技术和产品，凭借产品质量占领日本国内和海外市场。

日本在战后产业实现了不断的进化和升级。日本在 1954 年 GDP 达到战前的最高水平（1937 年的水平）。战后初期的主要产业是纺织业和煤炭业。1955～1971 年高速增长期的主要产业是造船业、钢铁业、化学工业。

1971 ~ 1991 年中速增长期的主要产业是家电业、汽车业、机床行业、半导体行业、高端材料等。

战后，日本自民党长期执政（所谓的 55 年体制），通过财政的转移，追求了日本各个地区的均衡发展和国民的共同富裕。共同富裕的道路打造了优质的劳动者和巨大的市场。"一亿总中流"这个词形象地表现了战后日本的社会特征。勤劳的劳动者推动了日本产业的发展→产业的发展给劳动者带来了收入的提高→国民收入的普遍提高创造了日本国内的巨大市场→市场的需求促进了日本产业的发展和升级→日本产业的发展促进了国民素质的提高和社会的整体发展。总的来说，进入 90 年代，国际和国内环境的根本变化让上述日本发展的正循环条件几乎全部丧失了。

90 年代以后，客观地讲日本也有长期的景气恢复时期。日本有许多企业在 90 年代之后也保持了稳定的增长和很高的利润率，但是普通国民却没有了 90 年代以前经济景气时候的感觉。在 1990 年以前（日本开始把一部分劳动密集型产业转移到外国以前），日本的经济发展是可以让所有国民受益的。这里面有两个波及的途径。一个是产业方面的传导。日本的大企业（制造业和建筑业）把工作分包到各个中小企业，这个过程中银行业因为提供贷款服务会受益。大企业和小企业收入都提高。制造业和建筑业的收入提高促进了服务业的繁荣（金融业、旅游业、零售业、饮食餐饮行业、房地产行业等）。其结果是几乎所有的人都受益。另外一个传导途径是政府财政的途径。日本中央政府通过调整政策，照顾不发达地区和社会弱者。日本泡沫经济破灭之后，日本从 90 年代中期开始进行大规模的改革，其改革的方向是进一步学习美国的各种制度，进一步完善市场经济体制。市场化就意味着有胜利者和失败者，90 年代以后日本社会的差距开始拉大。另外由于老龄化的加深，普通国民对老后的生活更加担心，不敢消费。

四、 后记： 日本的高科技企业是如何应对技术的商品化

进入 2000 年以后，日本的研究领域和企业面对日本经济的低迷和周边国家的猛追，进行了不少关于如何保持日本企业的竞争力的研究。企业持有大量的专利，不能保证其能开拓新的市场，或在市场中占有优势，并非所有技术都去申请专利就是好的。其主要的一个原因是企业申请专利，相关的技术就意味着公开，每年许多没有通过申请的技术也会被公开，这些技术可供全世界任何一家企业或者个人无偿使用。针对这个问题，目前日本知识产权专家提出了"开放和封闭战略"（open and close 战略），主要有两种层面的建议。

第一种是产品层面的战略。把被竞争企业看到之后能够迅速模仿的技术申请专利（开放战略），而把重要的生产过程技术、生产设备内部设计、制造技术等作为企业秘密控制在企业内部（封闭战略）。比如，一个产品问世之后，竞争对手通过拆解、分析、化验等可以掌握的产品原理和技术，如果不申请专利进行保护，就不能保证企业自身的权益。而那些难以模仿和攻克的生产技术，作为商业秘密保留在企业内部，竞争对手或者其他国家的企业，即使想模仿也无能为力。目前日本许多保持竞争力的企业都持有大量的非专利性质的技术。

第二种是企业发展层面的战略。在商业实践中，一些大型企业会开放自己持有的大量专利给全世界的所有企业，其背后的逻辑是通过免费提供专利，促进某个领域技术的发展和市场的发展，让自己公开的技术成为事实上的行业标准（开放战略）。企业免费或者有偿提供一些专利，但是还保留一部分专利在自己手里，以确保自己在市场中的竞争地位（封闭战略）。比如日本的丰田汽车就提供一些关于燃料电池的专利让大家免费使用。这样做对丰田汽车的好处是加快燃料电池汽车的普及速度，扩大市

场。另外，可以让本企业的技术标准成为燃料电池汽车的实施上（de fac-to）的行业标准。

　　为了避免误解，需要说明的是，90 年代以后也不是所有的日本产业的竞争力都下降了。日本的汽车制造业、制药行业、精细化工业、半导体制造设备行业、工业机器人、机床、高端材料等领域都保持了很强的竞争力。目前日本许多企业，并不把所有技术都申请专利，而是黑箱化（black box）。特别是 90 年代以后，这种现象在日本相对竞争力上升的化工行业比较多。许多企业的生产设备也是由自己设计。在这些行业，东亚国家的竞争对手模仿和赶超就相对比较困难。

第 13 章
日本不断实现产业进化升级的秘密

　　不管是实现中国梦还是应对中美贸易摩擦，都需要加快提高中国各种产业的质量。今年是明治维新 150 周年，回顾日本从一个落后农业国家成功发展成为几乎所有产业都可以比肩欧美国家的过程，会给我们一些有益的启发。

　　笔者认为，明治维新之后不断的产业进化升级是下面三个因素共同作用的结果：政府，企业家精神的发扬，传统文化的传承。

一、 并非全部是 "通产省的奇迹"

　　提起日本战后产业和经济发展，人们往往想到通产省的奇迹。作者无意否认通商产业省在战后对日本经济发展起到的一些作用，但仅仅强调政府的产业政策是非常片面的，或者说是丢了西瓜捡了芝麻。通盘审视明治维新之后的 150 年，可能更容易回答政府应该在产业发展和产业升级中发挥什么作用的问题。

　　政府最重要的作用是对外维持一个相对良好的国际环境，对内提供一个相对公平的竞争环境。许多人认为这是理所当然的事情，但是过去的150 年，日本政府也并不是什么时候都做到了这一点。笔者认为，日本政府在明治维新之后发挥的根本作用可以总结为：和西方列强保持良好关系，保证良好的国际环境；在国内，保持一个公平稳定竞争的环境，自始至终让民间企业发挥经济发展的主导作用；自始至终保护本国产业发展，对外国开放市场非常缓慢。

1. 和强国保持良好关系，保证良好的外部环境。回顾日本的发展过程，其产业发展也不是一帆风顺的。1937 年日本的 GDP 达到历史最高峰，1945 年日本战败。1954 年日本的 GDP 才恢复到 1937 年的水平。战争给日本带来的是灾难，有 300 多万国民丧失了宝贵的生命，战后初期也发生过饿死人的现象。

回顾日本历史，我们发现一个有趣的现象，那就是日本和当时第一强国保持良好的关系的时候，往往是日本发展最快的时候，日本一直是一个很好的 free-rider。古代是学习中国；明治维新之前的 100 年是学习荷兰；明治维新之后是学习英国，1902 年和英国成为同盟国；1945 年到现在是学习美国。一个落后的国家和全世界第一强国保持良好的关系，这意味着：享受到 Pax Americana 或者 Pax Britannica 带来的国际环境；可以非常方便地学习全世界最先进的政治制度、法制制度、产业制度、科学技术和先进文化；可以保证有稳定的原材料进口来源和出口市场。日本在 1992 年和英国结为同盟国，在 1945 年以后和美国为同盟国，这三个方面表现非常明显。

2. 创造一个民间企业公平竞争的环境，发挥民间企业的作用。日本政府从明治维新初期到现在，一直贯彻了以民营经济为主导的方针。从明治维新初期开始，基本上所有的产业都对民间资本开放，包括矿业资源、电力、铁路、武器等对国计民生有重大影响的行业。明治初年由于民间资本实力不够，政府主导设立了一些国有企业。这些企业也陆续卖给民间，实现了民营化。1937 年全面侵华战争爆发，日本出台了一系列的控制经济的法规，实施战时经济统制，一部分企业国有化，一直到 1945 年战败。

在过去的 150 年中，国进民退的时代是日本经济历史上最黑暗的时代。日本战时经济时期，政府对各种企业进行了直接的管控，许多军代表入驻企业。但是现在的研究资料表明，即使是在当时所谓忠君报国思想非常浓厚的环境下，政府进行大规模管控之后，企业的经营效率明显降低。这一点连当时的政府都认识到了。进入 80 年代，日本先后对 NTT（日本电话电报公司）、国铁、烟草专卖和食盐专卖进行了民营化改革。2000 年以后，对邮政事业也进行了民营化，之后日本所剩的国有企业就只有几家从事政策性金融任务的金融机构。良好的法制环境和新闻自由也是企业家精神能够发扬光大的基本保证。日本的物流系统是全世界最高效、服务质量最好的物流系统。70 年代中期，大和运输（宅急送）的小仓昌男社长率先参与到被邮政系统垄断小件包裹市场，受到政府的各种刁难和阻挠。80 年代，公司是通过行政诉讼的方式，状告日本运输省。如果没有法律保证民间企业家的权益，所谓企业家精神是没有发挥的地方的。提供这样一个良好的法制环境，是政府的基本责任。明治维新之后，日本模仿西欧发达国家，建立了完整的法制体系。战后的经济发展环境是法制体系和新闻自由的环境。"二战"后的政府虽然具有强大的资源分配能力，但是总体上是政府和产业界协商的关系。因为产业界可以通过政治献金和投票等方式对政府实施影响力。我们在研究日本发展的时候，往往乐于强调政府发挥的作用。但是 60 年代以后，政府和产业界稳定的协调关系，恐怕是政府发挥正面作用的根本原因。

3. 保护本国产业发展，缓慢开放市场。日本政府从明治时期开始，对外国企业到日本投资办厂都是非常排斥和警惕的。从资金和政策上对本国幼稚产业进行不遗余力的扶植。日本在战后，在市场开放方面也是非常谨慎的。而且在法规上放开之后，在现实方面也存在许多潜规则性质的障碍。日本全面开放市场，基本上是 80 年代后期的事情。

4. 要正确认识通产省发挥的作用。关于战后日本经济的发展，笔者查阅了非常多的资料。总体来说，外国的研究人员对通产省发挥的作用评价比较高。日本国内的学者，有不少学者对通产省发挥了多大的正面作用是持有怀疑态度的。也有学者认为战后初期发挥作用大，但是60年代以后发挥的作用很小。日本的高级官僚一直是精英的代名词。但是回顾日本战后的发展史，我们并没有发现某一个政治家或者日本的高级官僚，能够预测到日本战后经济发展的辉煌。60年代是日本经济的高度成长期，但是之前也只有一个大藏省的官僚提出了日本可以实现高速增长的观点。经济学家和日本的大部分官僚对实现9%的高速增长都是持怀疑态度的。战后初期，掌握资金分配大权的日本央行总裁对日本川崎制铁建造现代化高炉和汽车行业的发展都持否定的态度。但是之后的发展，证明了其观点的错误。

战后初期（1945～1964），资金缺乏（外汇和日本国内资金都缺乏），各种物资也十分缺乏。日本政府不得已去分配各种资源，之后日本政府对产业的直接干涉是逐步下降的。既有研究成果中，对通商产业省对钢铁、汽车、电子产业政策分析比较多。但是日本有许多产业，比如动漫行业、电子游戏产业等也走到了全世界前两名的水平。截至目前笔者并没有查到通商产业省采取了什么积极推动产业发展政策的资料。从日本战后的发展来看，至少有一点是非常清楚的，政府和精英官僚在产业发展方面并不是万能的。

5. 政府在义务教育和共同富裕方面发挥了积极的作用。明治末年，日本的适龄儿童入学率达到了98%以上。明治8年的日本小学的数量和目前日本的小学的数量差不多。这个对之后的国家发展起到了深远积极的影响。战后，日本政府通过国土均衡发展、财政转移、保护农业等方法让日本国民保持了相对平等的收入。"一亿总中流"这个词很好地表达了战后日本社会的特征。日本人均收入最高的东京和最低的冲绳县的差距只有3倍左右。教育和收入的平等，保证了给产业提供优质的劳动力和消费市场，提供了良好的治安环境，很好地促进了产业的发展和升级。反过来，

产业的发展和升级，给日本国民提供了更好的收入、商品及服务，形成了
一个很好的正循环。回顾明治维新之后的 150 年，总体来说，战前日本政
府在产业发展中的影响是非常明显的。政府的口号是殖产兴业富国强兵。
日本政府的军备发展和对外扩张极大地促进了日本造船行业、钢铁、铁路
和飞机行业的发展。战前日本政府发挥作用大的另外一个原因，是当时民
间企业还都比较弱小，没有资金进行大规模的产业投资。国家必须要集中
资源进行投资。笔者认为，日本政府在战后到 60 年代末也发挥了很大的作
用。日本政府的产业政策发挥的作用，是政府和产业界互动的结果。其本
质是对本国产业和市场的保护，还有对产业资金面的支持，给日本企业发
展争取了时间。日本最大限度地利用了冷战格局下的国际环境，提供一个
法制公正的国内环境，最大程度地发挥了企业家的自主作用，让国民能更
多地享受到接受优质教育和分配经济发展带来的成果的权利。如果说产业
政策，这才是日本政府作用最大的产业政策。

二、 企业家精神和产业自身的进化发挥了最重要的作用

日本战后的发展阶段可以分为四个不同的阶段。第一个阶段 1945 ~
1955 年是日本战后经济恢复阶段。这个阶段的主要产业是三白（纺织业，
制糖业，化肥）。1955 年日本的 GDP 恢复到战前的最高水平。第二个阶段
1955 ~ 1973 年是高速增长阶段。1955 年日本的造船业出口量超过了英国，
1956 年日本的造船量超过英国，成为全世界第一。这个阶段拉动产业发展
的主要是造船业和钢铁行业。第三个阶段 1973 ~ 1991 年是中速发展阶段。
1971 年后布雷顿森林体制崩溃，1973 年发生石油危机，日本产业的成本从
汇率和能源两个方面大幅度上升。日本产业界的对应措施是加快节省能源
技术和新技术新产品的开发。1985 年日本的石油消费量比 1975 年下降了
20% 左右。这个阶段的主要支柱产业是家电、半导体、汽车行业。50 年代

和 60 年代,日本的产业特点是"重厚长大",70 年代和 80 年代的产业特点是"短小轻薄"。1991 ~ 2005 年是第四个阶段。1992 年,冷战体制正式结束,日本在西方阵营中安全保障的相对地位下降。这个阶段是日本重新摸索和挑战的一个新阶段。

2005 年以后,日本经济已经从"短小轻薄"进一步进化为"高精软远"。"高精软远"是笔者创造的词汇。高精是指日本的经济进一步向高科技化发展。软是指日本的软实力开始增强。2017 年,有 20 多万留学生在日本学习,泡沫经济高峰期的 1990 年这个数字是 5 万人左右。2017 年,有超过 2000 万的游客去日本旅游。远是指日本企业的国际化程度进一步提升。90 年代以前,日本企业大部分是进口原材料,进行加工后出口的探索。90 年代以后,日本企业开始在全世界设立工厂或者分支机构。2000 年以后,日本的对外大规模并购不断发生,国际化程度加深和国际化方式多样化。

如上所述,日本在战后顺利实现了产业的升级换代。笔者认为有两个因素发挥了最重要的作用:一是在相对公平公开的环境下的企业家精神的发扬;二是在竞争和外部环境压力下的产业自我进化、产业的共进化。关于企业家精神的重要意义,许多著作和文章都有详细的论述,在此不再赘述。本文主要介绍后一个因素。

1. 日本产业发展和升级换代的本质。日本发展到 90 年代,几乎大部分行业的规模或者技术水平都曾经达到过世界的前 5 名的水平,发展出了体系完整而且水平很高的产业体系,原因是很多的。笔者认为,竞争和外部环境压力下日本产业的自我发展、产业的自我转化、产业的共进化和产业的自我衍生,是日本发展出高质量的完美产业体系的原因。

纵观明治维新之后的日本,一直是走的是:学习和模仿欧美→消化吸收→进行改善或者技术创新→超过欧美企业的道路。第二次世界大战前,日本走到国际前沿的产业是纺织业、造船业和飞机制造行业。日本的纺织业在 1933 年出口量达到全世界第一。造船和飞机主要是日本对外侵略扩张发展需要催生的。1964 年开通全世界第一条高速铁路——东海道新干线。1979 年左右钢铁产量成为全世界第一。1980 年汽车产量成为全世界第一。1982 年机床行业产业成为全世界第一。80 年代初期，日本家电行业开始称霸全球。1986 年半导体产业成为全世界第一。日本在电子零部件、建筑和土木工程、模具、高端材料、精密化工、医疗器械、医药、保险、银行、证券、租赁、半导体设备、半导体材料、工程机械、精密仪器、电池、动漫、轨道交通、餐饮、广告、电影、环保、核电、印刷机械、纺织机械、电子游戏、照相机、复印机等领域也都走到世界的前列。

产业的自我进化。企业的本质是牟利的。企业要想战胜竞争对手，就需要不断地开发新的技术和产品，降低成本。这些可以从技术创新、管理的改善、企业战略的策定、良好企业文化的建立等多个方面实现。这一点不再赘述。

产业的自我转化。这一点在战后初期特别明显。战败以后有大量军队中的技术人员到民间企业工作。"二战"时日本开发的零式战斗机是当时最先进的战斗机，日本当时也是仅次于美国的第二大航母持有国。日本新干线的研发人员主力是军队退下来的技术人员，把大量的军工技术转用到新干线。日本的造船业在 1955 年成为全世界第一，在 60 年代在全世界率先成功制造出了 LNG 船。这些和日本战前雄厚的航母战舰造船技术的积累是分不开的。

产业的共进化（co-evolution）。产业的共进化是一个常见的现象。但是在研究日本的时候往往被忽视了。一个产业往往是需要有许多相关产业支持的。这一点在许多产业都能看到，比较典型是汽车行业。汽车产业链几乎涉及所有的行业。一辆高档汽车有 2 万多个零部件。汽车的发达意味着钢铁、特殊材料、电子材料、精密加工、模具、橡胶、玻璃、液压、润滑油、轴承、微型马达、铸造、半导体、电镀、炼油、工业设计等行业必须要同步跟上。汽车工厂里需要大量的工业机器人和检测设备，汽车的销售需要服务业和广告业同步发展，汽车的出口需要专门船舶，汽车的车载导航需要 GPS 的支持。

又比如，贸易的发展推动了造船行业的发展，造船行业的发展对钢铁行业提出了更高的要求。贸易的发展也意味着对海上保险需求的增多，促进了保险行业的发展。反过来，钢铁行业和造船行业的发展，又会促进对外出口的发展。

日本纺织业的发展，对纺织机械和纺织材料提出了很高的要求。日本纺织业的不断发展，也意味着日本的纺织机械行业需要不断开发新的产品。80 年代以后，日本的低端纺织品行业被中国等国家所取代。但是直到今天，日本仍是仅次于德国的第二大纺织机械出口国。

产业的自我衍生。一个产业发展了，往往会自动地催生出一个新的行业或者新的市场。比如，日本的动漫行业首先发展起来了，之后自动催生了一些相关的新行业发展，如动漫人物的商品化、与动漫相关的主体公园等。日本东京的筑地市场本身就是一个海产品交易市场。市场的管理者和从业者原来都没有想过筑地市场会成为一个观光地。但是随着到日本旅游人数的增加，筑地市场自然成了一个有人气的观光景点。铁路行业的发展，自动催生了沿线的住宅和商业设施的开发。

2. 促进日本产业不断进化和升级的内部和外部压力。每个人都是有惰性的，日本的企业家和员工也不例外。日本的企业之所以能够不断实现自我进化和升级，是因为时刻面临着来自日本和外部不断的压力。战后，日本企业的压力主要来自同行业的竞争。战后日本代表性的行业都是 3~10 家左右的企业在长期竞争。综合电机行业有 NEC、东芝、索尼、日历、松下、夏普、富士通、三菱电机、富士电机等企业。汽车行业有丰田、日产、本田、富士重工、铃木、马自达、三菱汽车等企业。当然，日本的企业也时刻面临着欧美同行的竞争，80 年代以后还要面临韩国等新兴国家企业的竞争。

70 年代以后，日本企业外部的压力主要来自日元的不断升值、能源及原材料成本的上升。这两种因素在 1971 年之后就长期存在。1971 年布雷顿森林体制崩溃，日元开始了长达 30 年的缓慢升值。从 1971 年的 1 美元 ＝360 日元，到 90 年代初期的 1 美元 ＝90 日元。1973 年爆发第一次石油危机，石油价格大幅度上升。1979 年爆发第二次石油危机，日本进口石油的价格短短 6 年间上升了 8 倍以上。能源和原材料价格高升，日元不断升值，对日本企业的出口产生了重大的打击，逼迫日本开发更好的技术和更好的产品，同时通过技术创新和管理降低生产成本，提高能源的利用效率。战后，日本形成了"一个产业发展促进另外一个或者多个产业的发展"，"一个产业的投资促进另一个产业或者投资"的良好循环。

3. 传统文化的传承对日本近代的发展起到了不可替代的作用。

在既有的研究中，文化对日本产业发展和升级起到重要作用往往被忽视了。日本制造业的技术水平和产品质量在 80 年代中期，全面赶上欧美国家。这不仅仅是因为开发了新的技术，更因为日本形成了一套优于美国的生产体系。支撑日本制造业的工匠精神和 5S 等，都来源于日本传统文化。日本制造业的强大，离不开日本传统文化的影响。20 世纪初期，美国形成了大量生产大量消费的现代经济社会。战后的日本在资源和能源等外部约束条件下，日本企业形成了优于美国的生产体系。这个体系的特点是"少量多种及时"的生产方式。这个生产方式的形成，是由外部环境和竞争压力及日本文化的共同作用形成的。

（1）日本的传统文化是日本匠人精神的来源。文化的长期保存直接带来了手工业的保存和发展，促进了匠人文化的发展和培育。日本的许多神社都有"式年迁宫"的活动，也就是每隔一段时间重新建设或者翻修神殿。最著名的有伊势神宫和出云大社。位于三重县的伊势神宫从公元 690年起，每 20 年进行一次迁宫活动，位于岛根县的出云大社每 60～70 年进行一次。定期的翻修保证了日本各种手艺人的代代传承。比如，伊势神宫进行一次迁宫活动需要 8 年左右的时间，耗费庞大的物力和人力。其神殿的样式和 1300 年前一模一样，而且神殿内的上百种、1600 多件物品都是按照原来的样子重新打造和制作。神殿的建造和 1600 多件物品的打造都是需要工匠来完成的。每 20 年进行一次迁宫活动，就保证了手艺的不间断地传承。

明治维新之后，日本皇室下面的王公大臣和各个地方的大名（地方的诸侯）和平转化为华族，相当于欧洲的贵族。给神社打造各种用品，给皇室成员和贵族成员提供用品当然需要非常用心用力，这是认真专一的日本工匠精神的起源之所在。进入明治维新之后的工业化时代，其培养的工匠精神转化到大规模生产中，对产品质量的提高和改善起了非常大的作用。

（2）5S 是工匠精神的明文化和通俗化。日本战后初期的工业产品质量和欧美不能相提并论，质量赶上欧美企业是 20 世纪 80 年代左右的事情。战后以制造业为中心，日本企业普及推广了 5S。5S 是五个日语词汇的首字母，分别是：整理（せいり，Seiri。整理分类，丢掉不需要的东西）；整顿（せいとん，Seiton。把需要的各种东西放在规定的位置，方便取用）；清扫（せいそう，Seisou。保持职场的干净）；清洁（せいけつ，Seiketsu。保持员工自身的干净和职场的干净整洁）；躾（しつけ，Shitsuke。有礼貌守规矩）。

日本传统的工匠都是采取家族传承或者师徒传承的方式。笔者认为，日本战后的 5S 是日本传统工匠精神在大工业生产时代的明文化和简单化。

大型企业员工众多，不可能采取师徒传承的方式，必须列出一个简单易懂可持续的标准，5S 就是在这个背景下诞生的。日本战后形成了终身雇佣制度，这就形成了一个人可以在某一个领域钻研一辈子的环境。日本的传统工匠精神在新时代，在终身雇佣制度和 5S 的普及下，得到发扬光大。去日本旅游的中国人都对日本的干净赞赏有加。日本的干净也是慢慢形成的，5S 发挥了重要的作用。现在干净成了日本吸引外国观光客人的重要软实力。干净整洁对一个社会的重要价值不仅仅在于吸引了观光客人。工厂以及服务业的干净整洁，能够提高工作的效率和舒适度，能够减少疾病的传播，降低了社会的总体运转成本。

（3）日本丰田生产方式的诞生也离不开日本的文化背景。日本在第二次世界大战之后，形成了几乎完美的工业生产体系。战后日本工业体系的顶峰是丰田汽车和其背后的丰田生产方式。1980 年日本的汽车生产量超过美国成为全世界第一大汽车生产国。丰田生产方式成形于 20 世纪 60 年代后期，其特点是"自働化"和"just in time"，其精髓是彻底排除无效和浪费（日语的むだ，むり，むら）。80 年代以后，全世界的汽车行业都不同程度地研究和导入了丰田的生产方式，但是都没有能够达到丰田汽车的水平，其背后的根本原因还是在于文化的不同。日本的寿司屋可以说就是一个餐饮行业的丰田生产方式。料理人根据客人的需要，在客人需要的时间，提供需要的量，没有任何的浪费。日本人从小就习惯了这种文化，这种影响是潜移默化的。

（4）文化因素在产业升级中发挥了重要的作用。80 年代日本的产品在质量上全面赶上欧美，但是在企业的品牌和产品的外观设计等方面还是落后于欧美国家的。进入 21 世纪日本软实力有明显的提升。日本料理风靡全世界，赴日本旅游人数连年增多。现代社会物质极大丰富，消费者在购买商品的时候，在注重质量和价格的同时，也非常注重外观的美感和操作的舒适性。如果日本不能在产品的感受性方面继续不断进化，日本的产业就不可能继续升级。

茶道、花道、和服等都是代表性的日本文化。茶道和花道在长期的发展过程中，形成了不同的流派。在不断的进化中，衍生出了丰富多彩的副产品。比如，知名的"怀石料理"和"和果子"就和茶道有密不可分的关系。在发展的过程中，对茶舍、用具、仪礼等进行了无微不至的追求，这极大地丰富了日本人的感性。而感性是支撑艺术创作和产品设计最重要的因素。而且各种茶道用品的长期需求，也培养了工匠精神。所以说传统文化的传承和发展对日本现代产业的发展也起到了不可或缺的重要作用。战后日本在 50 年代和 60 年代飞速发展，在 70 年代中期基本完成了工业化和城镇化。1973 年以后，在石油价格不断攀升和日元不断升值的外在压力下，日本产业进一步升级，80 年代中期，几乎在 80% 左右的产业领域取得了比肩欧美国家的傲人成绩。日本最大程度地利用了冷战这个战略机遇期，政府和产业界协调一致，走出了一条共同发展和共同富裕的道路。

当然，日本战后的经济体系也是具有一定的局限性的。比如日本并没有诞生新的产业，90 年代以后日本经济的长期经济低迷，也和日本的产业结构有关系。关于这个问题，笔者会在其他文章中阐明。

4. 日本的"连绵的群山和精耕细作的梯田式的经营模式"。笔者曾经思考过很多年，如何来形容日本经营的特色。最后想到的词汇就是"连绵的群山和深耕细作的梯田"，日本企业的发展就像是连绵的群山和深耕细作的梯田。

过去两百年，日本发展最成功的应该说是三井、三菱、住友三大财阀。现在的传统行业，几乎都有日本财阀企业的存在。现在三菱财阀的企业，共有 70 多万人在工作，就像一个绵延几百里的山系。在这里，笔者想介绍一个不为国人所知的企业集团——森村集团。说起森村市左卫门，中国人可能没有人听说过。但是如果说 TOTO 株式会社、株式会社则武、日本碍子株式会社、日本特殊陶业、森村商事株式会社、株式会社大仓陶园，陶瓷行业或者汽车行业的人知道的很多。在行业内，这些企业都是世界级的知名企业。这些企业的根源都是森村左卫门。

森村集团的发展就是日本近代陶瓷行业的历史，很好地体现了日本产业发展的路径和特色。1876 年森村市左卫门和森村丰兄弟二人创建了被称为日本贸易行业开拓者的森村组（现在的森村商事株式会社）。森村丰常驻美国，当时森村市左卫门在日本国内筹集货物，其中就有陶瓷餐具。后来，森村兄弟开始自己着手制造陶瓷餐具。1904 年 1 月森村组的创业者们设立日本陶器合名会社（后来的日本陶器株式会社，现在的株式会社则武）。之后，1917 年 5 月卫生洁具部门从公司分立出来，成立了东洋陶器株式会，平成 19 年（2007 年）更名为 TOTO 株式会社。1919 年 5 月绝缘电瓷部门也从公司分立出来，成立了日本碍子株式会社。同年 5 月成立了大仓陶园，大仓陶园专门从事高端餐具的制造。1924 年 2 月成立了伊奈制陶（株）（后来的 INAX，2001 年 10 月与通世泰统合）。伊奈制陶主要是生产建筑用陶瓷用品的。1936 年 10 月成立了日本特殊陶业株式会社（从日本碍子分立独立）。在美国，1920 年之后，则武（Noritake）的餐具品牌就很有名了。1905 年（明治 38 年），当时的芝浦制作所（后来的东芝公司）拿着两片美国制造的绝缘瓷瓶碎片找到日本陶器公司，问类似的产品能不能制造。当时日本没有制造高压绝缘电瓷瓶的技术。日本陶器公司经过努力，在明治 40 年研制成功了 15 千伏的高压绝缘瓷瓶。这两片陶瓷今天依然展示在日本碍子公司的展览大厅中。1976 年，日本碍子公司开始生产用于汽车尾气无害化的催化剂"HONEYCERAM"。手掌大小的 HONEYCERAM 上镀附的催化剂面积相当于两个足球场大。1989 年，开始生产柴油汽车尾气微粒子陶瓷滤清器。凭借特有的陶瓷技术，日本碍子公司研发了 NAS（纳硫）电池，2003 年开始生产。NAS 电池具有容量大、能源密度高、寿命长的特点，可以广泛用在发电量不稳定的风力发电和太阳能电池发电领域。日本碍子公司的子公司日本特殊陶业的主要产品是汽车火花，目前占据全世界份额的一半以上。2019 年日本碍子公司成立 100 周年，现在网点分布在全世界 21 个国家和地区，有 57 家子公司，员工人数 2 万人左右。这一切都是从 1905 年芝浦制作所拿过来的两片瓷片开始的。现在森村集团的各个企业和产品全世界闻名。但是在 100 年前，日本陶瓷工业的水平距离英国、德国和美国的企业差距非常大。120 年前，日本连满足美国市场要求的纯白色餐具都生产不了。森村集团是去德国学习之后才慢慢掌握。从开始研究制造，到出口美国的 1914 年，花费了将近 20 年时间。现在 TOTO 公司马桶和马桶盖世界闻名，但是 100 年前，TOTO 公司开始模仿欧洲的产品生产坐便马桶的时候，尝试烧制了 28000 多个才勉强成功。当时日本技术与欧美相比差距之大，可见一斑。森村集团各个不同的企业，就像是不同的大山，每一座山上都有不同的领域。日本企业就像梯田耕种一样，一层层地耕种，一边耕种好现在的梯田，一边在山坡上建造新的梯田。梯田式经营的好处式是很明显的。日本并没有美国的风险投资基金，日本大部分新技术和新产品的研发都是既有的企业研发的。比如，森村集团的例子就很明显。传统的瓷器餐具能够稳定赚钱，用赚到的一部分利润研发高压绝缘瓷瓶。高压绝缘瓷瓶成为日本市场第一之后，开始研发汽车火花塞，再用利润的一部分研发汽车尾气处理设备。即使研发失败，公司也不至于陷入困境。日本特殊陶业生产火花塞可以稳定赚钱，但是日本特殊陶业并没有停止前进的步伐，早已开拓了半导体等领域的陶瓷制品。

　　在这里再举一个日本企业的例子，1916 年创业的日本化药。公司创立时候的名字叫日本火药制造株式会社，是制造炸药的企业。这个公司神奇的是，每隔 10~20 年，开拓一个新的业务领域，从火药→染料→医药→农药→触媒→树脂→液晶用薄膜→汽车安全气囊用的 Inflator。更神奇的是，这些领域现在公司都还在经营。火药早就是衰退行业，但是由于保持了行业领先的位置，也能够享受到很好的利润。1945 年，公司更名为日本化药株式会社。

中国是陶瓷的故乡，火药也是中国的发明。中国生产的陶瓷，在过去一千多年的历史中，属于高科技产品。但是近代以来，我们的陶瓷行业明显落后了。这个需要我们深刻的反思和反省。

本文介绍的几个企业的例子，在日本绝不是特殊的存在，很多百年长寿企业都有类似的发展经历和特点。最近几年，中国对日本长寿企业的介绍越来越多，其本质是对长寿企业背后精神的呼唤。长寿企业代表的是真诚守信的品德，代表的是对高品质孜孜不倦的追求，代表的是对职业的敬虔精神，代表的是对顾客认真负责的态度，代表的是企业、顾客、社会三者的和谐关系，代表的是文化的传承和发展，代表的是不断创新。长寿企业，不仅仅是财富的创造者，也是文化的传承和创造者。这些长寿企业不断在发展、开拓新的业务领域，日本的产业水平自然而然也不断升级。

第 14 章
学习日本的工匠精神和 "现场力"

伴随着国际和国内环境的变化，中国经济今后的发展会面临更多的挑战，企业面临的各种艰苦条件也会越来越多。消费者对产品质量和服务质量的要求在不断提高，劳动者对劳动环境和作为劳动者尊严的要求也在不断提高，这也对中国企业的运营提出了新的要求。面对诸多外部的要求，中国企业应该如何应对？或许日本可以给我们一些有价值的启发。

大家知道，日本超过 100 年历史的企业有 2 万多家，超过 200 年历史的企业也有上千家。过去 100 年，日本的国内外环境发生了天翻地覆的变化。特别是 1945 年之后，日本企业面对的环境变化就有许多。比如 60 年代末和 70 年代，所有日本企业都面临着避免产生公害和提高环境保护水平的压力。1973 年和 1979 年的两次石油危机，使得日本的石油价格在短短 6 年时间上升了 8 倍以上，日本企业的能源成本压力可想而知。1985 年广场协议，日元兑美元的汇率在 2 年时间上升了一倍。这个汇率上升速度在全世界范围看，也是很少见的。90 年代，日本企业面临着泡沫经济破灭之后的诸多问题和 IT 革命的风起云涌。整个平成时代（1989 ~ 2019 年）日本面临着老龄化和少子化的压力。从 1945 年到 1990 年，日本所有企业都面临着连年土地价格上升和工资上涨的压力。从 1971 年到 1995 年，整体来讲日元一直是处在升值的状态，对日本出口型企业的压力可想而知。80 年代以后，日本社会步入发达国家行列，消费者对企业的道德和社会责任要求更多，日本所有企业都面临着更多的合规成本和社会贡献的无形压力。

从 1970 年到 1995 年左右，日本和美国在许多领域都存在贸易摩擦，包括纺织品、钢铁、电视机、汽车、半导体、保险等领域。80 年代末，美国还对日本经济结构改革提出了诸多的要求，日本企业从 70 年代起一直处在美国的打压之下。

但是，在各种复杂的环境下，日本依然存活下来的百年企业就有 2 万多家，连续 50 年以上健康稳定发展的企业就更多了。平成时代的 30 年，日本的平均 GDP 增速只有 1% 左右，但是在这样的环境中，保持稳定增长和高利润率的企业也有很多。那么，我们可以从这些存活下来，而且活得很好的日本企业中获得什么经验？

笔者认为，日本企业有三点值得我们认真学习。第一是工匠精神，第二是企业长期稳定发展的文化，第三是强大的"现场力"。学习这三点，可以让中国企业同时达成提高质量和降低成本，提高中国企业的微创新能力，让企业长期稳定发展，让企业的员工能够长期稳定发展，让社区和社会更加谐和稳定。

一、 工匠精神

最近几年介绍日本工匠精神的著作和文章也多了起来。这里笔者想通过一个实际的小例子来介绍一下什么是日本的工匠精神。这家企业位于东京都吉祥寺车站附近的商店街，店名叫"小笹"（发音为 Ozasa，笹这个字在日语里是小竹子的意思）。这家企业销售羊羹（红豆做的一种点心）和"最中"（外面是米饼，中间是红豆沙的一种点心），店面只有 1 坪，也就是只有 3.3 平方米左右。但是这家店在过去 40 年，每一天都是开店之前 2 个小时就有人在排队，节假日从早晨 4 点就开始排队了。整整 40 年，队伍从来没有间断过。我们可以从这家企业的轨迹看看什么是日本的工匠精神。

　　关键词之一："专注"。这家店成立于 1951 年，开始的时候连个店面都没有，只有一个摊位，1954 年才转到现在吉祥寺的位置，店面也只有 3.3 平方米左右。从 1954 年起，这家店只销售两种产品，那就是"羊羹"和"最中"，而且每天的羊羹的数量只有 150 个，一直就是这么多。其实经过 20 多年的努力，到 70 年代中期，这家店的口碑已经很好了。从那个时候开始每天早上开店之前，就已经有顾客排队了。90 年代以后队伍更长了，而且多次被书籍和媒体介绍。但是这家店没有因为每天都有顾客排队，而增加品种、增加店铺。没有这样做的原因就是产量增加了，品质就更加不好控制。这家店是现在社长稻垣笃子女士的父亲创立的，刚开始是父亲亲自做，女儿负责柜台销售。从 80 年代初开始，女儿开始接着做。羊羹的数量只有 150 个，是因为一个人能够做好的限度就是这么多。

　　关键词之二："执着"。这一点在许多小地方都能看到。在这里举几个例子来说明。从创立以来，稻垣笃子女士的父亲每天都要亲口品尝自己制作的羊羹。女儿在 70 年代接班之后，父亲和女儿每天都要品尝自己制作的羊羹，父亲会提出各种意见。父亲是 1992 年 1 月 1 日 90 岁高龄去世的。直到去世之前的一天，父亲和女儿还是和往常一样在品尝自己的羊羹。如果感觉味道稍微达不到理想，就会把产品全部丢掉。稻垣女士一直到 80 多岁，每天还都工作在一线，亲自制作"羊羹"和"最中"的原材料。

　　父女两个人的执着是一贯的。1951 年创业的时候，当时连店面都租不到，只有一个露天 3 平方米的摊位。每天做好之后，女儿用自行车带到摊位去卖。当时父亲对女儿有两个要求，其中一个是每天即使东西都卖完了，也要到 5 点才能收摊子回家。父亲这样做的思考是我们是要做一个店，只是现在暂时没有找到合适的店面而已。如果卖完东西就收摊子，那就是临时的小商贩。第二个是即使没有客人，也不能干站着。因为干站着会让店里的气氛沉淀下来，让人觉得店里没有生机。没有客人的时候，要整理一下商品，或者打扫卫生。有时候明明放东西的柜子玻璃不脏也要反复擦。

50 年代初期的时候，日本刚刚从战后的灾难中走出来。当时稻垣一家人连自行车都买不起，去摆摊子的自行车是用分期付款的方式才买的。就是在这样一个经济非常困难、所有人都不讲究的时代，稻垣的父亲就在一些事情上非常地坚持。

关键词之三："独特的产品定位"。小笹这家店的羊羹是有独特味道的。日本有多种羊羹，有红薯羊羹，有普通的红豆羊羹，有锦玉羹，有水羊羹。小笹这家店的羊羹味道是上述四种羊羹味道的交叉点，也就是同时具有上面四种羊羹好的地方，但是味道又不同于某种羊羹。

关键词之四："常年经验积累以及'和产品对话的能力'"。羊羹的基本原材料是红豆加上白砂糖加琼脂。红豆要先煮好，去掉外皮，之后要进行反复地搅拌和糅合。加上琼脂之后，放上一天一夜，自然凝固成为羊羹。在这个过程中，煮红豆、糅合红豆沙是需要长期经验积累的。首先是原材料的讲究，该店一直采用北海道产的红小豆。即使是北海道产的红小豆，农家和年份不一样，品质也不一样。日本一年四季分明，温度和湿度都不一样。每天煮红豆和搅拌糅合红豆沙需要的时间都不一样。什么时间刚好，需要有丰富的经验才能判断。尤其需要经验和技巧的是搅拌和糅合红豆沙的时候。按照稻垣女士的说法，每天都是在和红豆沙进行对话，用五官去仔细地感知红豆沙发出的各种微妙的信号。听搅拌红豆沙时候的声音不同，去观察颜色的变化，感受搅拌糅合的时候手上的受力。稻垣女士说红豆沙会在某一瞬间颜色变为紫色，这个时候就说明已经搅拌糅合好了。搅拌时候的力度和角度也是需要多年努力才能准确地掌握。而且还要留一张纸一半的厚度在锅底。因为不留这个，红豆沙直接接触锅底，往往会有烧焦的味道，影响口感。

　　关键词之五："对客人的尊重"。 日本社会整体对客人都是非常客气和尊重的。在这里举一个小例子，来说明一下小笹这家店是如何做的。70 年代以后，每天都有客人排队在买羊羹。稻垣家族当然也有亲戚朋友，许多时候也想送自己亲戚朋友一些羊羹尝尝。稻垣父女看到每天都有许多客人在排队，觉得自己直接从店里拿东西对不起这些排队的客人。稻垣女士目前是公司的社长，其丈夫想送一些羊羹给亲戚朋友也要在店门口排队去买。社长本人都是这个样子，可以想象其他员工也都是一样的。

　　这样一家天天有客人排队的店，并没有因为有人气而提高商品的价格。现在一个羊羹 580 日元，一个"最中"54 日元，多年不变。虽然过去几十年也涨过几次价格，但都是根据原材料和人工费上涨的实际情况小幅度调整，从来没有因为天天门口有客人排队而涨价。

　　上面也曾谈到，稻垣家族对品质从来没有妥协过，每天就是只煮三锅红豆，只能做 150 个羊羹，多一个也不做。有一次稻垣父亲对"最中"的味道不满意，就直接把 2000 个，也就是价值 10 万日元左右的商品全部扔掉了。

　　关键词之六："爱心和社会贡献"。 小笹这家店目前有 30 名员工。从 80 年代末开始尝试雇佣智力方面残障的孩子，90 年代以后开始长期雇佣。在日本雇佣残障人士超过 3 年，政府是会给企业补助金的。但是稻垣女士没有刻意去申请过这些补助金。她的基本想法是让这些孩子通过自己的劳动去获得一份薪水，让她们也感受到自食其力劳动者的尊严。这些残障员工的工资都是小笹公司负担的，通过这种方式来回馈社会和顾客。

　　在这里需要特别说明的是，在日本全国各地这样的小店还有许多。小笹位于东京吉祥寺，距离这个店一站路的地方，有一家专门做咖喱饭的小店，由小美浓清夫妇在打理。2019 年 4 月初，日本 NHK 的节目"プロフェッショナル　仕事の流儀"（专业人士工作的流仪礼，中国的视频网站多数翻译为匠人本色）介绍了这家店。这家店每天中午都排着长队。每天店还没有开门时，就要请排在队伍后面的一部分客人离开。因为每天做的咖喱都是定量的，不能满足全部客人的需求。

看过介绍日本工匠精神书籍的人，可能会注意到一个细节。那就是每个工匠都会说，任何一种东西都是有生命的。上面介绍的稻垣女士说要倾听红豆沙的声音；加工钢铁的工匠会说，钢铁也是有生命的，在每个匠人的眼中，面前的东西是有生命的。需要用心去沟通。这种沟通能力，只有在这个行业默默耕耘几十年的工匠才会拥有。

许多人，包括一些经济学家，对日本的这些小店很不屑。他们的基本认识是这样的：小店才能创造几个 GDP？但是我要在这里强调的是，这些小店不仅能创造巨大的 GDP，而且能够创造 GDP 以外的许多价值。第一，这些店确实很小。小笹一年的销售额是 3 亿多日元，也就是 2000 多万元人民币。但是不要小看了这些店的作用。这些店是日本行业的标杆和大家学习的模范。餐饮行业有许多这样的小店，这些店的存在提升了整个日本餐饮行业的水平。曾经有去日本旅游的朋友和我说，他对东京并不熟悉，并不知道什么知名饭店，但是感觉吃过的每一家饭店都挺好吃的。我们都知道被称为寿司之神的小野二郎。20 年前关于二郎寿司的第一本书问世，其中有寿司之神如何处理鱼虾、如何握寿司的内容，在日本热卖。许多寿司料理人买了学习参考，起到了提高日本寿司行业整体水平的作用。现在东京米其林餐厅的数量超过了纽约和巴黎，是全世界最多的城市。日本料理成了日本软实力的重要组成部分。2018 年到日本旅游的外国游客超过了3000 万人，日本的美食也是吸引外国客人的重要因素。

第二，这些小店在 GDP 之外发挥的作用也是无法估量的。小笹从1951 年到现在，始终如一做好产品 60 多年，对品质从没有过任何妥协，也获得了顾客的高度信赖。因为有这样的店存在，那一些对品质有妥协或者对顾客服务不好的企业，慢慢都会被淘汰。对于增加社区的凝聚力，增加社会的信赖起到了非常大的作用。可以想一想，吉祥寺附近居住的几十万人可能都吃过这家店的东西，这是社区居民共同的记忆。日本 2 万多家的百年老店和无数的小笹这样的小店，打造了日本高品质和高信赖的国家品牌。

二、 长期稳定发展的文化

日本之所以有 2 万多家长寿企业，原因是很多的。其中重要的一点是这些企业都坚持了"不易流行"和"先义后利"，也就是坚持了对品质的追求，坚持了高的企业伦理。随着时代的变化企业自身也不断发展变化，整个日本社会都有重视长期稳定发展的文化。在这里举两个日本企业的例子，来看看日本企业是如何做的。

（一） 伊那食品工业

2006 年以后，日本有一个叫伊那食品工业的、位于长野县的小企业开始受到全日本的瞩目。这家企业员工人数不到 500 名，每年的营业额在 180 亿日元左右，它是生产"寒天"的中型企业。所谓的"寒天"就是用叫石花菜的海藻加工成的琼脂。日本全国上下有1000 多家企业去伊那食品工业参观学习，其中有许多世界知名企业。几乎日本所有的电视台和经济类媒体都报道过这家企业。那么，这家企业到底厉害在什么地方？这家企业 1958 年成立以后，连续 48 年实现了增收增益，也就是销售收入和净利润都增加了。从 1958 年到 2005 年，日本国际和国内环境发生了天翻地覆的变化，但是这家企业一直保持了稳定的增长。

2009 年该公司的社长塚越宽先生出版了一本书，题目叫《从来不裁员的年轮经营》，书中介绍了该公司的经营理念。该公司之所以能够做到连续 48 年增收增益，主要是该公司社长坚持了"年轮经营"的理念。塚越宽的主要观点如下：

所谓的"年轮经营"，就是公司的成长应该像树木一样，每年都要增长一点。树木不会因为某一个年份雨水不足就完全不生长。公司也是这个样子，不能因为某一个年份外部环境恶化了，公司就停止发展或者就死掉了。公司应该像树木一样，长期稳定增长。这样做可以让公司的员工有一个相对稳定的收入和生活。一个社会中，能够有所创造和大成的人才是少数，99%的普通国民也应该通过自己踏实的劳动，可以获得一份养家糊口的薪水。让这些普通的国民能通过自己的辛勤劳动获得幸福的生活，就需要让公司长期稳定发展。该公司社长的理念中，人工费不应该是公司的费用，而是公司的目的本身。公司的存在就是通过员工的辛勤工作，给顾客提供好的产品，让员工有一个好的收入。

公司的发展目标不应该只是成为盈利的公司，而应该是成为好公司。如果公司的盈利是站在牺牲顾客或者牺牲员工的基础之上的，这样的利润是恶。一个公司的目标应该是成为一家好公司，所谓的好公司不仅仅是有盈利，更重要的是能够给顾客、员工、社区带来好处。经营公司应该首先着眼在把公司打造成一个健康的有机体。所谓的公司盈利好像就是一个屁或者粑粑，一个健康的人不去追求，也会自然放屁拉屎。一个公司如果是一个健康运转的公司，也应该会自然产生利润。

公司的发展过程中，应该警惕某个时期的过快增长或者不要被某一个短期的流行所左右。该公司生产的产品是"寒天"，但是该公司不断进行产品开发，竟然开发出了1000多种相关产品。有的时候新产品开发出来了，也申请了专利，公司竟然特意推迟这些产品投放市场的时间，主要是为了保证每年都有稳定的增长。日本曾经有全国连锁的超市主动联系伊那食品工业，期望销售该公司的产品。但是塚越宽社长却拒绝了该超市的请求。主要是考虑到为了满足全国性超市的需求，可能会需要大规模的投资。将来如果产品的人气过去之后，会成为公司的一个很大的包袱。公司社长对现在上市公司要求每个季度公布财报的要求是非常反感的。他认为，公司的决算 3 年做一次就可以，在过短时间内去算收益，容易造成公司的短视行为。

（二）富士胶片

富士胶片在 2010 年以后成为一家全世界瞩目的公司。该公司在 2000 年以后成功地完成自我进化和蜕变，其发展变化成为比经营学教科书都精彩的故事。富士胶片公司是 1934 年成立的，其成立的目的就是模仿和学习美国的柯达公司，实现照片胶卷的国产化。在胶卷领域，富士胶片在 2001 年超过了自己的老师——美国柯达公司。但是 2000 年以后，伴随着数码相机的发达和普及、手机的智能化，传统的照片胶卷销售量直线下降，2011 年市场规模下降到高峰时期的 1/20。高峰时期占到集团销售收入 20% 左右的胶卷业务，到 2011 年下降到占集团营业收入的 1% 左右，外部环境变化巨大。但是富士胶片公司在困难的外部环境下从来没有放弃过，从来没有减少公司的研发费用。该公司在外部环境的巨大变化下，重新定义了公司的核心竞争力。照片胶卷的厚度只有一毫米的 1/50，胶片中使用了大量的胶原蛋白，而胶原蛋白是保持人类皮肤弹性的重要物质。富士胶片公司把公司的核心能力定义为"在超薄薄膜上进行高品质精细加工的能力"。公司把过去积累的技术应用在了开发新的化妆品和医疗产品上。2007 年富士胶片公司取得了创业以来的最好业绩。在这里需要说明的是，因为富士胶片公司利用了过去公司积累的技术，过去的技术人员依然可以在公司发挥作用，而不是被简单裁员。虽然富士胶片公司在 2002 年和 2008 年先后进行了两次的裁员，但是每次规模都在 5000 人左右。公司存活了下来，集团在全世界的 7 万多名员工保住了工作岗位。2012 年，美国柯达公司申请了破产保护。而富士胶片公司在 2007 年以后，仍在稳健发展。

同时，在这里需要强调的是，富士胶片公司不是进入平成时代以后才开始进行业务转型的。公司从 60 年代开始就不断地播撒新的种子。早在 60 年代，就开始生产液晶显示屏中使用的偏光板保护膜。目前富士胶片公司在该领域占有全世界 80% 左右的市场份额。富士胶片公司在 1988 年左右就生产出来了数码相机。

应该说，富士胶片公司是最近 20 年成功进行转型发展公司的典型。在过去 100 年日本的发展历史上，类似富士胶片的公司还有成千上万。在面临国际和国内环境巨大变化的时候，有许许多多的日本企业，都通过艰苦的研究开发和经营发展的转化，把外部环境的压力改变为企业升级发展的动力。这些日本企业往往是收获一个领域，培养一个领域，开始耕作一个领域，不断地开拓新的业务或者新的市场，其结果是企业的长期稳定和发展。

三、 日本企业的 "现场力"

读过研究日本经营专业书籍的中国读者可能都接触过"现场力"这个词。"现场"在日本是一个抽象的词汇，在日本经营学著作当中，总公司总部决策功能以外的地方，都可以称之为是"现场"。所谓的"现场力"就是各个现场发挥最大作用，给顾客提供最优质产品和最优质服务的能力。日本所有企业都比较重视"现场力"的构筑。凡是日本的优质企业，无一例外都有强大的现场力。对于中国读者来讲，我讲两个具有比较好现场力的中国企业的例子可能大家更容易理解。一个是海底捞火锅，另一个是河南许昌的胖东来超市。在这里，我举两个在平成时代受到日本全国和全世界关注的日本企业的例子。

（一）TESSEI——铁道整备株式会社

铁道整备株式会社，简称铁整（TESSEI），是 1952 年作为日本国铁子公司成立的，后来成为 JR 东日本公司的子公司，是专门负责新干线车辆清扫的公司。目前有 800 多名员工，平均年龄 52 岁。该公司在 2010 年之后成为日本全国知名的公司，几乎所有的电视台和经济类媒体都报道过这家公司。德国和美国的电视台曾经为这家公司做过专题节目，斯坦福大学 MBA 的学生也曾经到这家公司参观学习。这家公司的员工在日本被称为"新干线清扫天使"。这家公司的故事甚至被改编成音乐剧。

清扫公司在任何一个国家和社会，都不是一个高大上的存在。工作往往又脏又累，而且工资也不高。大部分情况下，清扫公司的员工都是或多或少受到其他人歧视的。但是日本的 TRSSEI 却受到了日本全国人民一致的赞扬和尊重，甚至得到了美国和德国这样发达国家的关注，这是为什么？

在 2010 年之前，TESSEI 只是一家普通的清扫公司。公司开始改变是从 2005 年 7 月一个叫矢部辉夫的人转到 TESSEI 工作开始的。以矢部为中心，公司经过 6 年左右不间断的努力，把 TEESEI 从一个普通的清扫公司变成了日本车站最亮丽的一道风景。

原来的 TESSEI 只是一个按部就班完成基本清扫任务的普通清扫公司，但是经过多年的努力，转变为车站的一个多方面服务公司。公司的口号和目标是"清爽、安心、温暖"，也就是让新干线车内和车站变成一个清爽、安心、温暖的地方。公司也开始承接一部分站内问询引导的业务，员工积极帮助有困难的乘客（比如带小孩的乘客）。

充分发挥所有员工的主观能动性，让每个员工的每一个小小善举和进步都得到鼓励和赞扬。公司的清扫业务团队基本上是一个车辆 22 个人。完成一辆新干线车辆的清扫只要 7 分钟时间，一个车厢基本就是一个人。短短 7 分钟时间，要完成所有的座椅的清扫、垃圾的收集、厕所的清扫，这就要求每个人的动作要非常准确快速。东京车站每天有 300 万人以上的客流，可能会发生各种各样的事情，可能会碰到各种各样的客人，这就要求每个员工能够随机应变地做好服务。

2010 年，公司开始了 angel report 制度。每个员工都可以把自己工作的心得体会和工作收获写成文章。公司每个月会选出优秀的报告进行表彰，并奖励 1000 日元。每年年末还会进行一年的总评，给 5000 日元的奖励。公司还鼓励员工提交各种改善工作的合理化建议。当然公司不是只要求员工进行努力，公司也积极改善员工工作环境，给员工的等候室安装了空调。通过种种的努力，让 TESSEI 由一个员工按部就班完成基本任务的公司，转变为一个员工自发努力做更好工作的公司。

以礼开始，以礼结束。TESSEI 之所以能成为东京站一道亮丽的风景，是和这一点分不开的。新干线列车进站之前的 3 分钟前，清扫团队列队在站台等候，列车进站的时候，鞠躬致礼。乘客下车 2 分钟时间，清扫是 7 分钟时间，乘客上车是 3 分钟时间。这两个礼，有着非常重要的意义。迎接新干线进站的一礼，其实也包含着提醒所有乘客，新干线车辆要进站了。不要太靠近月台边，以免发生事故。清扫结束时候的一礼，是对乘客配合的感谢，是对要出发的乘客一路平安的祝福。

经过多年的努力，在 TESSEI 工作的员工都对自己的工作充满了自豪。公司的员工都不是高学历的精英人士，但是在平凡的工作岗位上收获了一份来自全社会的尊重。

(二) 旭山动物园

在这里介绍另外一个非常有名的实例。旭山动物园是位于北海道中部地区的普通动物园。目前，旭山市是人口只有 20 万人左右的小城市，过去的高峰时期人口也只有不到 50 万人。旭山动物园是日本最北端的动物园，是隶属于市政府的机构，员工只有 20 人左右。

60 年代到 80 年代，每年的平均入园人数为 50 万人左右，能够维持基本的收支。进入 90 年代，入园人数不断减少，1995 年下降到低于 30 万人。地方城市财政压力巨大，从 80 年代末起就不断有人提出是不是把动物园给关掉，减少财政补贴。这样一个动物园竟然在 2006 年，实现了来园人数超过 300 万人的奇迹。300 万人是一个什么概念呢？位于东京的上野动物园每年的入园人数在 300 万人左右。上野动物园拥有在日本很有人气的熊猫，而旭山动物园没有所谓的明星动物。而 2005 年之后，日本出版的关于旭山动物园的书籍就有十多本，新闻媒体对它的报道和节目数不胜数。

那么旭山动物园成功的秘诀是什么？该动物园园长坂东的一句话也许最能说明问题：我们没有考虑过让多少人来我们动物园，我们只是考虑动物的事情，其结果是来了这么多人。其成功的因素就是动物园员工对动物的爱，对动物园的热爱。

坂东是 2009 年成为动物园园长的，前任园长为小菅正夫。小菅为旭山动物园的复苏发挥了巨大的作用。1990 年左右，日本泡沫经济破灭，旭山动物园的日子也一年比一年难过。动物园的员工聚集在一起，多次讨论动物园的发展，员工描绘了 20 张左右的理想场馆图。1994 年旭山市诞生了新的市长。当时的动物园园长拿着员工们画的图，不断去找市长，最终说服市长在困难的预算中拿出一部分资金支持动物园进行新设施的建造。

那么旭山动物园的动物展示到底和过去动物园的动物展示有什么不同？那就是旭山动物园在场馆营造上的视角是展示动物本身的"力量、美丽、尊贵"。比如，企鹅在陆地上走是非常笨拙的，但是企鹅在水里游泳的能力和鱼类一样好。通过在池塘下面设置透明的塑料观察室，可以让观众清楚地看到企鹅游泳的样子。又比如，北极熊扑到水中游泳捕鱼是非常有威力的。通过转化视角，让观众感受到其威力。

旭山动物园的每个饲养员都在认真地观察自己饲养动物的特性。通过观察把握这些动物的特性，去给观众做介绍，而不是像其他动物园一样只有一个简单的解说纸板。

旭山动物园的例子是日本社会中从下到上（bottom up）改革的典型。旭山市政府的市长即使想把动物园改造好一点，不让其成为市政府的财政包袱，也不知道如何去做。动物园里工作的职工，除了一个兽医，没有什么高学历员工。但是正是这些平凡的员工，牺牲自己休息的时间，反复思考反复讨论，在工作中认真观察动物，描绘出了理想的动物园蓝图。

四、学习日本的工匠精神和 "现场力" 从培养人和 5S 开始

那么，中国企业应该如何学习日本的工匠精神和"现场力"，答案是从基本做起。这个基本就是从人的培养和5S开始。在这里，也举两个具体的例子来说明。

（一）秋山木工

2010年之后，秋山木工开始扬名全日本。几乎所有的电视台和经济类媒体都对这个企业进行了报道。最近几年，包括中国在内的许多国家的人都去参观学习。秋山木工之所以受到大家的关注，是因为秋山木工采取了日本传统的培养工匠的方法。这个方法在1945年之后基本看不到了。1945年之前的日本，采取的是传统严格的师徒传承方式。到秋山木工学习的年轻人不论男女都要剃光头，不许用手机，不许谈恋爱，过严格的集体生活。秋山木工总结了30条"职人心得"，职人在日语里就是工匠手艺人的意思。秋山木工要求的30条，其实也是大部分日本企业都对年轻人所要求的。我们来看看秋山木工30条都在要求什么。

会和人热情主动打招呼问候。有事情懂得及时汇报，和相关人士联系沟通。性格开朗活泼。不让周围的人感到不舒服和焦躁。能够正确理解别人讲话的意思。态度和蔼可亲。对工作负责任。事事必有回答回复。有同

情心。看到其他人存在问题也能够及时提醒帮助。什么工作都百折不挠。善于规划使用时间。能够把使用的工具保持良好状态。能够进行清扫和收拾。能够明白自己的立场。能够持有积极心态。怀有感恩之心。注意自己的仪表仪容。能够帮助他人。能够用好各种工具。能够很好进行自我介绍。能有引以为自豪的一技之长。有事情能够说出自己的意见。不偷懒能够经常写信写明信片。能够认真打扫好洗手间。善于打电话沟通。吃饭不拖拖拉拉。把每一日元前都用在刀刃上。能够进行各种计算。能够写各种报告书。

上面所列举的其实不是什么特殊的要求。当然，行业不一样，日本每一家公司要求的内容也不一样。秋山木工是用一个传统方法培养木匠的地方，上面列举的有一定的参考价值。

（二）枚冈合金工具株式会社

5S 是 50 年代以后几乎日本公司都不同程度导入的基本方法。去过日本的人，都会对日本的干净和整洁赞赏有加。日本的干净整洁也不是一天形成的，5S 发挥了巨大的作用。所谓的 5S 是指下面五个日语单词：整理（Seiri）、整顿（Seiton）、清扫（Seisou）、清洁（Seiketsu）、躾（Shitsuke）。

80 年代以后，中国的许多企业也开始学习日本的 5S，但是都不是很彻底。即使在日本，企业之间实施的水平也是有很大差异的。大部分人可能会有疑问——5S 对中国企业有什么用处吗？事实上，在日本实施 5S 彻底的企业，在降低成本、减少事故、增加收入、促进员工身心健康方面都有非常明显的效果。在这里，我想通过一个现实的企业例子来说明。

枚冈合金工具是位于东大阪市的一家生产模的小企业，只有 12 名员工。就是这样只有 10 多人的小企业，2005 年之后在日本全国变得很有名气。有多家电视台对其进行了报道，前后有 1000 多家企业去参观学习，其中包括著名的松下电器。这家企业之所以受到关注，是因为 2000 年左右其开始认真彻底实施了 3S，也就是整理、整顿、清扫。坚持数年之后，在各方面获得了明显的效果，而且公司因此扭亏为盈。没有实施 5S 的理由，是因为它是小公司，做好了 3S，很自然其他的两个 S 也会做好。

如果说 5S 会对企业的效益带来明显的提高，许多人都会不认可。但是日本的经验，只要认真实施 3 年以上，任何一家企业都会有明显的改变和业绩的提高。无论任何一个行业的企业，也无论企业规模大小，屡试不爽。

枚冈公司是现任社长古芝保治的父亲在 1949 年创立的公司，古芝保治在 1996 年接班。此类小公司在日本属于 3K 的范畴，所谓 3K 就是脏、累、危险的意思。举一个例子大家就知道此类企业在日本社会的位置。这家企业从创业到 2000 年，50 年时间竟然没有招聘到过一个应届高中毕业生，就不要说应届大学毕业生了。泡沫经济破灭之后，经营越来越难，在 1997 年公司陷入赤字。古芝保治在苦难中摸索的道路就是彻底实施 3S。社长高举"零垃圾运动"的旗帜，实施 3S。刚刚开始的 2 年，10 多名员工也是有抵触的，因为老板说了要做，不得已勉强执行而已，没有发自内心地热爱这个活动。

首先公司实施的是整理活动，也就是区分经常使用的东西和不常使用的东西。把东西分为"生、休、半死、死"，4 个小时内会用到一次的东西为"生"，意思是活着的东西；5 天以内用到一次的东西为"休"；半年内用到一次的东西为"半死"；半年以上用到一次的东西为"死"。凡是半年以上都没有用过一次的东西，一律处理掉。其中包括了花费 1000 万日元购买的计算机，还有几百万日元购置的车床。之后是进行整顿。整顿往往是与可视化结合在一起的。整顿分为五个步骤，第一步为定位置，所有物品，包括一支圆珠笔都要有明确固定的位置；第二步是定量，也就是让东西的有无和多少一目了然；第三步是定方向，也就是东西摆放的朝向要有明确的规定；第四步是所有的物品都要有明确的名字；第五步是所有的工具都要有固定的存放位置。

清扫就是公司所有地方都不留死角，进行彻底的打扫，连天花板上的灰尘也不能放过。该公司的彻底程度从一个小例子就可以看出来。日本有各种各样厕所用的芳香剂，可以放在厕所。但是枚冈公司坚决不用此类产品，一定要清扫到厕所没有任何异味。长期坚持彻底的清扫，对于改变员工的心态也有很大作用。那就是员工对任何工作都会有一个精益求精、追求完美的态度。

实施 3S 三年之后，枚冈公司扭亏为盈。彻底实施 3S 之后有明显的减少成本和无效劳动的作用。整理整顿之后公司发现，散乱在公司各个地方的各种文具用品竟然十年都用不完。在实施 3S 之前，每个员工每天花在寻找各种工具和材料的时间是 30 分钟；实施 3S 之后，这个时间缩短到 3 分钟以下。也就是每个员工每天可以多出 30 分钟时间来生产各种产品，劳动效率大大提高。每天进行认真清扫的结果，各种机器设备维护良好。彻底实施 3S 之后，公司的产品不良率降低到了原来的一半以下，机械的故障率也明显下降了。

枚冈这样的公司在日本是属于 3K 类型的公司，公司的员工对自己的工作基本没有自豪感。实施 3S 之后，工厂变得干净漂亮了，员工的心情都好了，员工之间的交流也多了，公司内部的气氛比以前融洽了。特别是有外部企业来参观之后，员工的工作激情和自豪感明显上升。其结果是工作效率的提高和产品品质的提升。整理整顿不仅仅局限在公司内部的具体物件上，公司还对各种业务进行了分类整理和甄别，拒绝了利润率极低的订单。

5S 为什么可以减少工厂里的各种事故？道理也很简单。职场里东西乱扔乱放，容易形成磕碰等事故。另外，容易发生火灾。而且，5S 的彻底实施，可以让一些事故隐患提前暴露出来，事先解决。比如，每天都认真擦拭设备，设备上螺丝的松动，一些零部件的磨损会被及时发现。

80 年代以后，日本产品的质量受到了全世界的认可。在日本，凡是优质的企业，无一例外都是 5S 做得非常到位的企业。不是说有了 5S 就什么都有了，但 5S 是基础。公司的战略蓝图无论多好，没有基础的强大，蓝图都是空的。

结束语：本文中笔者所列举的例子，都是 2000 年以后开始在日本全国甚至全世界范围有名的企业的例子，都经历了 90 年代日本经济最困难的十年。日本企业的工匠精神和"现场力"是经受了金融危机考验的，证明是有效果的。经济发展的主体是企业，企业不断发展壮大经济才能够好起来。

笔者认为，贯穿上述企业的例子有一条主线，那就是尊重人，发挥人的主观能动性。坚持不懈的努力，最终能够获得顾客的支持和信赖。我们学习日本的工匠精神和长寿企业的经验，最不能忘记的就是这一点。

第 15 章
日本战后经济领域的转折点

　　本章选取了 1945 年以后，在经济领域发生的对日本经济走向和日本国民生活发生重大影响的 80 多个事件。需要说明的是，这些事件主要是集中在经济领域，政治、文化、科技、社会治安、自然灾害等领域发生的重大事件没有收录。之所以从 1945 年开始，是考虑到让读者可以对战后日本发展有一个更加清楚的认识。另外，由于本书其他章节对日美贸易摩擦涉及比较多，关于日美贸易和金融摩擦的内容本章基本没有再列出。

　　1. 财阀解体（1945 年）

　　1945 年之前的日本经济，可以说是被大大小小的十多家财阀所控制的。最大的三家（按照综合影响力顺序来排列）为三井、三菱和住友。战前的日本传统行业中，除了存在国有铁路和日本制铁（日本最大的钢铁公司），传统的一些酿造企业（日本酒和酱油等），大型企业基本上都是财阀企业。美国占领日本之后，作为削弱日本经济和军事实力的最重要举措，决定对财阀进行解体。实质上没收了财阀家族持有的股票，把财阀的家族成员彻底赶出了企业。对日本的大企业进行了拆解。比如三菱重工业分成了三家，东日本重工业、中日本重工业、西日本重工业。三井财阀的三井物产被拆分了 100 多家企业。日本最大的钢铁企业日本制铁被拆分成了富士制铁和八幡制铁两家企业。大日本啤酒被拆分成朝日啤酒和札幌啤酒。

　　财阀是明治维新之后支持日本经济发展的最重要力量。笔者认为，财阀解体是 1868 年明治维新之后，日本经济领域产生深远影响的事件之一。

对财阀的家族来讲，财阀解体是坏事情。但是从现在的角度看，财阀解体对战后日本经济的发展可能正面的作用大一些。财阀企业被解体之后，在60年代形成了6大企业系列，但是和战前家族完全控制的财阀是有本质不同的。笔者认为有以下几个方面起到了良好的作用：一是相对消除了市场的寡占。1945年前的日本市场，基本上都是财阀企业的寡占状态。二是打压了财阀之后，让日本的一些小型企业得到了生存和发展的空间，增进了日本国民的福祉。三是财阀家族和一些高管被赶走之后，原来企业的中层干部得到重用，日本企业高管层大幅度年轻化和高学历化，这在客观上支撑了60年代日本高速的经济增长。

2. 索尼公司的诞生（1946年）

1945年10月，井深大设立了东京通信研究所，当时只有7个人。1946年5月改组为株式会社（也就是股份制公司），更名为东京通信工业。索尼公司和本田公司是日本战后设立的公司中最为成功的两家公司，很好地代表了日本战后的经济发展。

1979年，索尼公司推出了随身听（Walkman），风靡全世界。索尼公司也是在日本家电企业中最早走国际化路线的企业，是第一个在美国证券交易所上市的日本企业。泡沫经济的浪潮中，索尼公司收购了美国的哥伦比亚电影公司，也成为日本泡沫经济和日本企业国际化的一个重要的标志。

2000年以后，索尼公司出现了很多问题。日本电子行业整体下滑，索尼公司也不能幸免。索尼公司在2000年以后，也步入到银行和保险领域。从单纯的电子行业转变为制造业＋金融业的企业。

本田公司诞生（1946年）

1946年，本田宗一郎开始在家乡静冈县滨松创业。1948年正式成立本田技研工业株式会社。之后，本田公司一路高歌猛进，在日本工业发展历史上，留下了无数里程碑式的贡献。

1945 年以后创业的公司，本田、索尼、京瓷这三家是规模最大的三家制造业企业，伊藤洋华堂和永旺是最大的零售业企业。

3. 日本经济团体联合会诞生（1946 年）

1945 年之前日本存在很多行业组织。1945 年之后，这些组织进行了合并和改编，在 1946 年 8 月 16 日成立了日本经济团体联合会，简称经团联。经团联的主要成员都是日本代表性的大型制造企业，经团联对日本的政治和产业政策一直产生重大的影响。经团联的会长也有"经济界的总理"的别称。经团联的会长都是日本传统制造业企业的董事长（日语称之为会长）或者总经理（日语称之为社长）来担任。过去担任经团联会长的主要公司是：日产化学、东芝、新日本制铁、东京电力、丰田汽车、佳能、住友化学等。

进入平成时代以后，经团联的地位明显下降。主要是因为日本经济高度发达和成熟，日本传统的制造业地位也相对下降，新型的一些物流企业、IT 企业等存在感日益增强。

朝鲜战争特需（1950 年）

1950 年，朝鲜战争爆发。美军把大量军需物资订单交给日本企业。朝鲜战争带来的特需，彻底改变了战后日本经济的状况，成了日本战后经济恢复的起爆剂。

4. 棉纺织品出口成为全世界第一（1951 年）

1951 年，日本的棉纺织品出口成为全世界第一。需要注意的是，这不是日本第一次成为棉纺织品出口第一。明治维新之后，日本发展的速度是非常快的，起步的第一个产业就是纺织业，之后是钢铁和造船业。1909 年，日本的生丝出口量就超过中国，成为全世界第一。1933 年，棉布出口超过英国成为全世界第一。1937 年，人造丝产量成为全世界第一。

1945 年到 1955 年的战后恢复期，率先恢复发展的就是纺织业和煤炭行业。1946 年之后的十多年，纺织行业一直是雇佣人数最多（除掉农业），出口创汇最多的产业。

90 年代后期，中国的 1 美元衬衣曾经成为美国和中国贸易交涉的话题。而在 50 年代的时候，美国到处都是"Made in Japan"的 1 美元衬衣。国家的发展阶段和过程，其实有很多的类似。

5. 日本加盟 IMF 和世界银行（1952 年）

日本在 1952 年 8 月，加盟了国际货币基金组织（IMF）和世界银行。这也是日本战后经济恢复和高速增长重要的外部条件之一。50 年代和 60 年代，日本的发电站建设（中部电力、九州电力、关西电力）、汽车制造（丰田）、造船（三菱造船）、钢铁行业（住友金属、富士制铁）、高速公路、新干线（东京到大阪之间的东海道新干线）等都使用了世界银行的贷款。80 年代以前，日本都处在严重资金不足的状态。特别是在 50 年代和 60 年代，世界银行的贷款对日本战后经济的发展，起到了巨大的作用。80 年代以后，日本不再使用世界银行贷款，其最后一笔世界银行贷款偿还是在 2000 年左右。

日本第一台国产黑白电视机诞生（1953 年）

1953 年，夏普公司推出了日本第一台国产黑白电视机 TV3-14T。1953 年 2 月 1 日，日本 NHK 开始电视播放。日本第一家民营电视台在 1953 年 8 月开始播放。

50 年代拉动日本经济发展的是所谓的"三种神器"，也就是黑白电视机、电冰箱、洗衣机。

日本的国产家用空调是 1952 年推出的，国产的洗衣机和冰箱是 1930 年推出的。

6. 铅笔火箭的发射（1955 年）

现在的日本是次于美国、俄罗斯、中国等的第五大航天大国。但是日本航天产业的起步，是从 1955 年 4 月 12 日的铅笔火箭发射开始的。之所以被称为铅笔火箭，是因为火箭的长度只有 23cm，直径只有 1.8cm，而且不是朝向天空，是水平发射的。项目的领头人是东京大学生产技术研究所的丝川英夫教授。后来，丝川被尊称为日本宇宙开发之父。1945 年之前，丝川在中岛飞行机公司（战后的富士重工业）从事战斗机的设计。中岛飞行机和三菱重工并列，是当时日本最大的飞机制造企业。

1970 年，日本成功发射了第一颗人造卫星；1994 年，日本发射了纯正国产火箭 H2。

第一台国产晶体管收音机诞生（1955 年）

1955 年 9 月，东京通信工业株式会社（后来更名为 SONY），推出了第一台晶体管收音机 TR-55。之前的收音机都是使用真空管的台式收音机，不能随身携带。晶体管收音机体积变小，而且不容易坏。晶体管收音机的诞生，拉开了日本走向电子强国的第一幕。

第一台国产自动电饭锅诞生（1955 年）

家电产品基本都是美国发明的，日本企业都是追随者。电饭锅为唯一一个日本企业一直占据主导权的领域。这是因为日本是以大米为主食，和欧美的生活习惯有本质不同。

1955 年，东芝公司发售了第一台自动电饭锅。从那时起，日本的电饭锅一直在进化和发展。

7. 水俣病的发生（1956 年）

日本在高速经济增长期，环境破坏非常严重，发生了"四大公害病"。水俣病是影响最大的一种公害病，而且一直到平成时代结束，对受害者的赔偿问题也没有完全解决。事件的发生地是日本熊本县水俣市。该市有日本窒素肥料的工厂，窒素在日语中是氮的意思。工厂排出的甲基汞污染了周围海域的生物；食用了海产品的居民大量受害。1956 年 5 月 1 日，第一次有医生正式向政府相关部门汇报，但是确认原因却花了3年左右的时间。主要是当时政府的环保意识差，企业刻意隐瞒了一些事实。

1968年，日本政府正式认定水俣病为公害病。1973年，日本窒素公司开始向受害者进行赔偿。但是由于受害者众多，企业没有足够的偿付能力，这个问题一直拖到现在也没有完全解决。

8. "已经不是战后了"（1956年）

战后日本成立了"经济安定本部"，用于收拾战后日本经济的残局。之后改组为"经济企划厅"，相当于中国的副部级机构。该机构每年都出版"经济白皮书"。1956年出版的白皮书中有一句话当时很流行，直到今天日本全国上下也都知道，那就是"已经不是战后了"。之所以出现这句话，是因为1955年日本的经济水平经过战后10年的发展，第一次恢复到了战前最高水平（1937年左右）。

战后的日本，经济十分困难，又从海外回去了300多万人（军人和海外侨民），日本国内生产设备大部分都被破坏。1945年到1946年，日本甚至饿死了很多人。经过10年的努力，特别是朝鲜战争的爆发，让日本经济终于恢复。这让日本国民压抑已久的心情第一次感觉到了喜悦。这也是这句话流行的重要时代背景。

9. "越光"大米的诞生（1956年）

最近几年，日本大米在中国也开始出名。日本最有名的大米品种是"越光"，日文为"こしひかり"（Koshihikari）。这个品种在1956年就诞生了。2012年，日本全国的"越光"品种的栽培面积大约为61.5万公顷，约占全国水稻种植面积的37.5%。

从1979年开始，"越光"大米的种植面积一直排在日本全国第一。这个品种的培育从1944年就开始了。当时是日本新潟县长冈试验所以农林22号为母本，以农林1号为父本开始杂交培育。之后转移到农林省福井改良农事改良所继续进行选育。1952 年，第 7 代命名为越光 17 号，开始正式在全国推广。1956 年，它被命名为"越光"。大米都是讲究产地的，日本也不例外。目前日本大米最好的产地是新泻县鱼沼（Uonuma），其价格也最贵。

1945 年之后的几年，日本处在严重的粮食不足中，当时饿死了很多战争孤儿。在开发"越光"的时候，也有人主张要优先产量。但是当时的研发人员认为迟早人们需要高品质的大米。从这个小事情也可以看出来，日本对品质的追求很早就开始了。长达上百年的积累，才造就了 80 年代以后"Made in Japan"的传奇。

"机械工业振兴临时措施法"开始实施（1956 年）

1956 年，通商产业省推动出台了"机械工业振兴临时措施法"，对日本汽车行业和机床行业的发展起到了重要作用。

10. "大荣"超市的诞生（1957 年）

从事零售业和商业地产的专业人士都知道，日本的实体商业水平是全世界最高的。但是罗马不是一天建成的。"大荣"超市的诞生，就是日本商业流通史上一个里程碑意义的事件。

日本近代商业的起源是从 1904 年三越吴服店的诞生开始的。三越的前身就是三井财阀的越后吴服店，也就是出售传统和服的。三越开始模仿欧美，让自己进化为现代化的百货店。在日语中，百货店是综合化商业机构的意思，我们可以想象北京的燕莎和赛特购物中心。之后，三越一直是日本零售行业的冠军和制高点。

1957 年，中内功在京阪本线（连接大阪和京都）的千林车站前，开设了一家只有 97 平方米的小店，名字叫"家庭主妇的商店 大荣药局"。之后，大荣不断发展，成为日本成长最快的超市连锁。1972 年左右，大荣的营业额超过三越，成为全日本第一大零售企业。

大荣的过快扩张，也埋下了祸根。1990 年，日本泡沫经济破灭，快速扩张给大荣带来了沉重的负担。伊藤洋华堂集团和永旺集团稳定发展，也挤压了大荣的一部分市场。2004 年，大荣集团被日本政府的产业再生机构收购，之后永旺集团收编了大荣集团。2005 年 9 月 19 日，创业人中内功去世。

11. 方便面的诞生（1958 年）

发明方便面的是日清食品的创始人安藤百福。安藤其实是台湾出生的中国人，之后定居日本。1958 年，在日本大阪市池田市不到 10 平方米的小屋里，安藤研制成功了方便面，当年安藤 48 岁。1971 年，日清公司推出了带有杯子的方便面。

方便面的成功，可以说是时代造就了英雄。方便面发展的时代，刚好是日本生活节奏开始变快，收入不断提高的时代。也可以说是英雄造就了时代。安藤的厉害之处在于公开了一些自己持有的专利，让其他方便面企业也可以免费使用。这样确保方便面市场整体水平的迅速提高和培育。

平成时代，日本的方便面依然不断进步。日本的 24 小时方便商店每天都有各种各样的方便面出售。其中一些是畅销几十年的产品，也有一些是新推出的。24 小时方便店对新产品方便面的原则是，上架 2 周，如果销售业绩不理想，就立刻下架。日本的方便面企业面临着产品两周时间就可能再不能见天日的巨大压力，每天都在不断进行着研发和改良。

京瓷公司的设立（1959 年）

今天稻盛和夫在中国也非常有名气。稻盛和夫创立京瓷是在 1959 年 4 月 1 日，公司的名字叫"京都陶瓷株式会社"。1972 年 9 月在东京证券交易所 2 部上市；1972 年 2 月，转为东京证券交易所 1 部上市，也就是主板上市。

12. 国民所得倍增计划（20 世纪 60 年代）

对日本有所了解的人都知道日本政府在 60 年代推出的"国民所得倍增计划"。1960 年，池田勇人成为日本首相，推出了"国民所得倍增计划"。

这个计划正式决定是在 1960 年 12 月 27 日的阁僚会议。关于这个收入倍增计划，一般中国人也许不知道下面的相关信息。第一，推出这个计划的智囊是一个叫下村治的人，计划原型是一桥大学校长中山伊知郎提出的。1959 年 1 月 3 日，中山教授在日本的主要报纸之一《读卖新闻》发表文章，提出了工资上升一倍的主张。下村治 1934 年东京大学经济学部毕业之后，进入大藏省工作。池田勇人曾经做过大藏大臣，两人的交集是从这个地方开始的。第二，当时推出这个计划的时候，日本几乎没有人相信可以实现。当时计划的目标是年平均经济增长率 7.8%，10 年后刚好收入倍增。但是事实上，达成 10.8% 的成长率，在 1968 年左右就实现收入翻番了。当时的执政党内部、经济官员、经济学家和普通老百姓，大部分人都不信。这也从一个侧面说明人们对未来的预测很多时候是很不靠谱的。第三，池田勇人在担任大藏大臣时的两个秘书，大平正芳和宫泽喜一后来都成为日本的首相。

13. 医用内窥镜的发明（1960 年）

日本的奥林巴斯光学工业公司（2003 年更名为奥林巴斯）成立于 1919 年 10 月，已经有 100 年历史了。1945 年之前的主要业务是显微镜的制造。成功模仿制作了日本第一台光学显微镜。1960 年，奥林巴斯和东大医院的医生密切合作，开发了第一台内窥镜，之后不断更新换代，直到今天也占有全世界大约 70% 的份额。

摩托车产量成为全世界第一（1960 年）

1960 年，日本摩托车的产量成为全世界第一。战后高峰时期，日本生产摩托车的厂家高达 30 家。经过激烈的竞争，存活到现在的有 4 家，也就是本田（Honda）、雅马哈（YAMAHA）、铃木（SUZUKI）、川崎（KA-WASAKI）。

第一台国产彩色电视机诞生（1960 年）

日本从 1960 年 9 月开始彩色电视的播放。东芝公司在 1960 年 7 月 1 日，发售了日本第一款国产彩色电视机 21 型 D-21WE。

14. 日本农业基本法的出台（1961 年）

1945 年之前的日本，农村的土地大部分被大地主所持有。美国占领日本之后，在解体财阀的同时，也实施了农地改革。实质上剥夺了大地主的土地，分配给了没有土地的农民。日本地少人多，没有办法进行美国模式的规模化经营。1961 年出台的农业基本法的其中一个目的，就是推进机械化大农业的发展，但是这个目的并没有达成。

在日本，农业是一个非常特殊的存在。"二战"以后，日本花了 50 年时间，逐步对外资放开了各个产业领域，但是农业一直被称为"圣域"，一直采取保护的姿态。即使美国在 80 年代以后不断的施加压力，日本也只是缓慢地开放了农产品市场。

日本在 60 年代中期完全达到了大米的自给自足。1970 年开始实施"减反"政策。在日语中，减反是减少种植面积的意思。在 1995 年，日本废除了"粮食管理法"，实施了"粮食法"。1999 年，日本废除了 1961 年颁布的"农业基本法"，实施了"食料农业农村基本法"。2004 年，日本完全放开了大米的自由流通。

15. "日之丸原油"开始进口到日本（1961 年）

石油的国际市场长期被欧美国家的少数几个大型石油公司所把持。很不幸的是，日本本国并没有石油资源。石油资源也是日本对美国英国宣战的重要原因之一。战后，日本人也不断尝试在海外开采油田，掌握主动权，确保日本的能源安全。山下太郎 1957 年到沙特阿拉伯进行多方交涉。之后，在 1958 年日本 40 多家公司合资成立阿拉伯石油公司。山下太郎获得了横跨沙特阿拉伯和科威特的 Khaji 油田的开发权。1961 年 4 月 17 日，Khafji 油田的第一船原油到达日本的水岛炼油厂（冈山县仓敷市）。

16. 大阪千里新区的诞生（1962 年）

从 1945 年到现在，日本农村和农业人口一直都是减少的。反过来说，日本城镇化一直在进行。日本农村人口开始有规模的流入城市是从 50 年代开始的。伴随着日本工业的发展，农村人口不断流入城市，住宅问题越来越严重。日本政府 1950 年成立住宅金融公库，1955 年成立日本住宅公团，开始从政府层面和金融层面对房屋建设进行支持。

1962 年开始使用的大阪市郊区的千里新区是日本新区建设的一个开端。十年之后，千里新区的居住人口达到了 10 万人。

17. "YS-11" 首飞（1962 年）

"二战" 期间，日本总体工业水平虽然距离欧美还有一定差距，但是由于集中进行军工生产，战斗机领域差距已经很小了。1945 年以后，美国对日本的航空业采取了彻底的压制措施。朝鲜战争之后，对日本的控制有所松动，1952 年解禁。1959 年，日本战前的几家飞机制造公司共同出资设立了日本航空机制造公司。三菱重工业负责前部中部机身，川崎重工负责主翼，富士重工业（战前的中岛飞行机）负责尾翼，研制开发了乘坐 64 人，全长 26 米，宽 32 米的 "YS-11" 型客机。YS 是日语中 "输送机设计研究会" 的简称。1962 年 8 月 30 日，"YS-11" 首飞，1965 年进入实际运营。

日本航空机制造公司在 1982 年解散。"YS-11" 失败的原因有三个。一是技术和欧美企业的差距。1945～1952 年，日本有 7 年时间不能开展飞机的研究制造。这段时间正是战后喷气式飞机飞速发展的时期，技术上有了很大的一个断档。二是日本文化的问题。公司是日本各家公司的联合体，很多事情同床异梦。三是日本国内市场相对比较小，市场需求小，生产成本很难下降。

但是日本一直没有放弃对飞机制造的追求。本田公司在80年代开始研究小型个人飞机。经过30年的努力，已经成功获得美国的适航证。三菱重工业最近10年一直在加强"MRJ"的研发。MRJ是Mitsubishi Regional Jet的简称，为可以乘坐78~92人的中型客机。

18. "富士"苹果的诞生（1962年）

现在全世界种植面积最大的苹果品种是"富士"。富士苹果是位于日本青森县藤崎町的农林省园艺试验场东北支场的新津宏、村元政雄、定盛昌助、吉田义雄、土屋七郎等人培育的品种，1962年命名为"富士"。当时苹果颜色不是太好看，斋藤昌美等农家，通过尝试摸索出了一套适合的栽培方法。之后，开始在日本全国普及。2012年，"富士"苹果在日本国内产量约为38.5万吨，占到全国苹果产量的54.3%。现在全世界范围内，"富士"苹果的产量占到苹果总产量的20%左右。

19. "铁臂阿童木"开始电视播映（1963年）

80年代以后，日本成长为仅次于美国的动漫大国和强国。日本动漫走向成熟的重要标志是1963年手重治虫制作的"铁臂阿童木"在电视台的播放。该漫画在1952年开始连载，搬上电视荧屏是1963年。当时达到了40%的收视率，之后也多次重播。"铁臂阿童木"的成功是日本脱离模仿外国动漫，走向体现自己特色的标志。

20. 东京奥运会（1964年）

1964年10月份举办的东京奥运会对日本的发展影响非常大。有93个国家、超过5000名运动员参加。为了迎接奥运会，日本建设了很多的基础设施。最著名的就是连接东京和大阪的新干线，当时是全世界第一条运营时速达到 200 公里的铁路。东京市内建设了首都高速公路和通往羽田机场的轻轨。酒店方面，建设了新大谷饭店。之后帝国饭店、大仓酒店、新大谷酒店三家西式酒店成为日本"御三家"，也就是最知名、最有影响力的三家酒店。

东京奥运会对日本产业的发展也起到了重要的作用。最明显的是对日本钟表行业的推动作用。东京奥运会各种项目计时器采用的都是日本精工的产品，对日本精工技术和品牌的提升起到了很大作用。另外，对改变日本的卫生环境也起到了很大的作用。现在去日本旅游的人都对日本的干净赞赏有加，但是 1964 年之前的东京，河里污水横流，街道垃圾成堆。东京奥运会成了日本整治环境卫生的一个良好契机。

21. 东海道新干线开通（1964 年）

1964 年 10 月 1 日，当时的日本国铁开通了新干线。日本人对新干线是怀有很特别感情的。新干线是全世界第一条高速铁路。当时连接东京大阪之间的新干线最高时速为 210 公里/小时。现在看来，这算不上什么高速。但 1964 年的中国还都是处于蒸汽机车的时代。1964 年的时候，日本制造的汽车最高时速也只有 100 公里左右。当时的材料科学、电子工程学、精密加工水平、计算机的计算能力等和现在根本不可相提并论。

当时的新干线是日本既有技术的集大成，加上新技术的开发。日本新干线的速度之后不断提高，一直到 80 年代被法国的 TGV 超过。

日本新干线的一个厉害之处是，从 1964 年到现在，一直保持了安全运行，没有出现过乘客死伤事件。（列车上发生过治安事件，但是没有出现过因为技术或者运营的失误造成的重大事故。）

全世界第一台晶体管计算器诞生（1964 年）

1964 年，早川电机工业（后来的 SHARP）发售了全世界第一台晶体管计算器 CS-10A。重量为 25 公斤，当时的价格为 53.5 万日元，和当时一辆家庭轿车差不多。之后，早川电机和卡西欧公司主导了计算器的发展和进化。70 年代，计算器也是日本出口的重要商品之一。

22. 山一证券特别融资（1965 年）

山一证券在战后的 60 年代，和野村证券、大和证券、日兴证券并称为四大证券。1964 年 10 月，日本成功举办东京奥运会。1965 年，日本从奥运会之前的狂热陷入到严重的经济衰退。这与 2008 年北京奥运会之前的股市泡沫有点类似。四大证券之一的山一证券陷入困境。1965 年 5 月 28 日晚上，当时的大藏大臣田中角荣召集日本大藏省官员、日本央行官员、日本主要大银行领导召开对策会议。日本大藏省是日本中央政府中权力最大的部门，相当于"中国的财政部 + 国家税务总局 + 海关总署 + 银保监会 + 证监会 + 国资委"。田中角荣主导决定由日本央行进行特别融资，挽救了山一证券。这件事情，在几乎所有田中角荣的传记中都有记载。山一证券在 1997 年 11 月 25 日平成时代的金融危机中最终破产。

23. 第一次发行赤字国债（1965 年）

现在日本的国债余额（本金加上利息）对日本 GDP 之比超过 220%。但是日本第一次发行赤字国债是 1965 年。1965 年 6 月 3 日，当时的首相佐藤荣作进行了内阁改造，起用福田赳夫为大藏大臣，也就是福田康夫的父亲。奥运会之后，日本陷入经济衰退期。为了振兴经济，1965 年 7 月 27 日，政府和执政党的自民党协商决定发行赤字国债。第二天各大报纸头条报道，日本股市转入上升。1965 年共发行了 2590 亿日元的特例国债（也就是赤字国债）。但是，日本开始长期发行赤字国债是从 1974 年。1973 年发生石油危机，日本经济严重下滑。1974 年，当时的大藏大臣大平正芳决定发行赤字国债。

24. 日本第一个核发电站开始运营（1966 年）

很多中国人不知道的是，日本也是全世界领先的核能发电大国之一，从核电站总发电量的比例来讲，仅次于法国和美国，位于世界第三。现在日本 30% 以上的电力都是核电站供应的，而且日本的核电站建设水平在 1990 年之后，基本上赶上了法国和美国。日本的三菱、日立和东芝公司都有建设核电站的能力。

日本第一个核电站位于茨城县东海村，1966 年开始运营。当时是从英国导入的技术，是 Calder-Hall 型原子反应堆。之后，日本都是从美国导入核电技术，采用使用浓缩铀的轻水反应堆。2011 年 3 月 11 日大地震中出问题的福岛核电站，是东京电力公司让美国 GE 建设的交钥匙工程。

25. 丰田花冠车开始发售（1966 年）

1966 年，日产汽车发售了 Sunny 轿车。之后丰田汽车公司推出了 Corona（花冠）轿车，成为之后几十年一直是日本最畅销的车型。Sunny 的排气量为 1000cc，Corona 的排气量为 1100cc。开发的负责人是战前研制 B29 截击机的川谷川龙雄。1986 年，花冠开始在美国生产。2004 年，花冠开始在中国生产。事实上，1966 年也是日本步入家庭轿车时代的开始。

26. 日本总人口达到 1 亿人（1967 年）

最近几年，中国议论比较多的是日本的老龄化和少子化。其实这是 1990 年之后发生的事情。日本总人口开始下降是在 2008 年左右，日本生产人口开始下降是在 1998 年左右。

1967 年，日本总人口历史上第一次达到 1 亿人口，之后也保持了稳定的增长。人口的高峰为 1.28 亿人左右。1967 年刚好是日本明治维新之后 99 年。100 年时间，日本人口增长了 3 倍左右，当时为全世界排名第 7 的人口大国。人口的不断增长，也带来了所谓的人口红利。

27. 日本历史上第一个高层建筑物霞关大厦建成（1968 年）

日本历史上第一座高层建筑是位于东京都千代田区的霞关大厦，1968 年建成。霞关是日本中央政府部门所在地。霞关大厦是日本著名地产开发商三井不动产开发的。比起欧美国家，日本开始建设高层建筑比较晚。主要原因是日本为地震多发国家，日本相关法律禁止了高层建筑的建设。伴随着日本抗震技术和耐震技术的发展，1968 年之后，日本建筑物的高度不断被刷新。

1993 年位于横滨港口的 Landmark Tower 开业，它是三菱地所开发的，地上有 69 层，成为当时日本最高的大厦，一直到 2014 年才被阿倍野 HA-RUKAS 超过。三菱地所和三井不动产是日本最大的两家房地产开发公司。目前日本最高的人工建筑物为东京 Sky Tree。

伴随着大楼高度的不断增加，日本的工程技术也不断增长。日本的抗震和耐震技术是最高水平的。其实还有一项大家没有注意的技术，日本也达到了全世界最高水准，那就是电梯技术。1979 年，安装在东京都池袋车站附近的 Sunshine City 大厦的三菱电梯，创造了当时全世界最高速度。之后这一纪录在 Landmark 大厦落成的时候被更新。现在日本电梯公司制造的最快纪录是广州周大福中心的日立电梯，上升的分速高达 1260 米，折合每秒 21 米。

日本成为资本主义第二大经济大国（1968 年）

1968 年，日本 GPNP 超过当时的西德，成为资本主义阵营第二大经济大国，经济规模仅次于美国和苏联。2010 年，中国 GDP 超过日本，成为第二大经济大国。

28. 开始进口 LNG（1969 年）

日本是全世界第一个通过 LNG 船从外国进口 LNG 的国家。第一艘 LNG 船是 1969 年 11 月 4 日到达日本横滨东京燃气的根岸工厂的，从美国的阿拉斯加运输 3 万吨 LNG 到日本。美国的石油公司在 1957 年左右就开始和日本的燃气公司接触。当时日本城市的燃气公司是通过煤炭制气或者石油制气的方式提供燃气。东京燃气接触东京电力公司，邀请东京电力公司参加 LNG 的进口。后来，东京电力决定进口 LNG，用作发电。

日本公司在 60 年代末开始进口 LNG 是有时代背景的。那就是 60 年代高速增长的同时，日本环境破坏非常严重，空气污染严重，日本企业需要做出具体的对应行动。东京电力决定使用 LNG 的时候，公司内部许多高管是反对的，因为成本高于石油发电。2011 年，日本进口的 LNG 为 8318 万吨。目前，日本进口的 LNG 主要来自马来西亚、卡塔尔、澳大利亚、印度尼西亚、俄罗斯、文莱等国家。

全世界第一个石英手表诞生（1969 年）

1969 年 12 月 25 日，日本精工公司发售了全世界第一款石英手表 Seiko Quartz Astron35SQ。当时的价格为 45 万日元，和一台普通家庭轿车的价格差不多。当时的机械手表每天的误差在 10 秒左右。石英表的误差为 0.2 秒，它是划时代的产品。2004 年，美国 IEEE（美国电气电子协会）授予日本精工公司"Milestone"奖。

石英表的基本原理是美国 在 1927 年发现的。战后美国和瑞士都研制成功了石英表，但是作为手表获得商业成功的是日本企业。

世界第一款罐装咖啡发售（1969 年）

1969 年 4 月，UCC 上岛咖啡株式会社发售了全世界第一款罐装咖啡。之后，其他厂家陆续进入这个市场，品种和质量也不断提高。80 年代以后，日本的自动售货机普及程度达到全世界第一，可乐、茶饮料、罐装咖啡是主要的销售产品。

29. 新日本制铁诞生（1970 年）

1950 年，日本制铁公司被分割成为两家公司：八幡制铁和富士制铁公司。1967 年粗钢产量全世界第一为美国的 US Steel，八幡和富士分别为第 4 和第 5 位。合并之后，就日本制铁公司成为全世界第一大钢铁企业。1970 年当时员工人数为 8.2 万人，粗钢生产能力位 4160 万吨。2012 年，新日本制铁公司和住友金属合并，成为仅次于米塔尔集团的全世界第二大钢铁企业。

30. 水稻种植"减反"政策开始（1970 年）

"减反"在日语中是减少种植面积的意思。日本是以大米为主食的国家。1970 年是大米政策的一个转折点。60 年代中期，日本的大米供应就实现了完全的自给自足。伴随着日本经济的发展，国民的生活日益西方化和多样化，人均大米消费量逐年降低。1961 年日本每年人均大米消费量为 116 公斤，1970 年人均消费量为 93 公斤，到 2011 年，人均消费量下降到 56 公斤。"减反"政策的主要目的是调节市场供给，保护农民的利益。

31. 农业机械的导入和兼职农民的增加（1970 年）

1970 年，当时收割机技术成熟，也很普及，但是稻田插秧一直没有能够实现机械化。日本长野县农事研究厂的松田顺利解决了这个问题。松田经过努力结束了明治维新以来很多人尝试都没能解决的插秧机械化的问题。其方法为使用比较小的秧苗。1969 年，日本的久保田铁工（也就是后来的 KUBOTA）开始生产自动插秧机。

农业机械化的普及让很多农民可以成为兼职农民，也就是农忙时候种田，其余时间从事其他工作。1960 年，日本的农业人口为 1400 万人，到 1980 年降低到 700 万人。农业人口的流出，有力地支持了日本工业化和服务业的发展。

32. Family Restaurant 的诞生和日本现代餐饮行业的起步（1970 年）

1970 年被日本餐饮行业的研究人员称为"外食元年"。在日语中"外食"的意思就是在外面餐馆吃饭的意思。1970 年，横川端兄弟 4 人，在东京都国立市高速路出口的地方设立了第一家 Family Restaurant。当时的主要风格是一家四口人，3000 ~ 4000 日元，可以吃到汉堡、牛排等西洋料理。

1970 年，美国的 KFC 在日本开设了第一家店。1971 年，麦当劳在日本开设了第一家店。1992 年，Subway 在日本开设了第一家店。1996 年，星巴克在日本开了第一家店。1970 年，日本外食行业的产业规模为 2.38 万亿日元，1997 年成长为 30 万亿日元的规模。

大阪万国博览会（1970 年）

在战后的日本经济高速发展期，1964 年的东京奥运会和 1970 年的大阪万国博览会是两个重要的大型活动。大阪万博举办时间为 1970 年 3 月 15 日~9 月 13 日，共有 77 个国家和 4 个国际机构参加，总入场人数达到 6422 万人，是当时万国博览会的最高纪录。

大阪万博也成为罐装咖啡、法式面包、酸奶等食品在日本全国普及的契机。

"机械工业振兴临时措施法" 开始实施（1971 年）

1971 年，通商产业省推动出台了 "机械工业振兴临时措施法" 出台，对日本电子行业的发展起到了重要的推动作用。

1976 年，通商产业省推动设立了 "超 LSI 技术研究组合"，组织日本主要半导体生产厂家对 DRAM 的基础技术开展攻关，带来了 80 年代日本半导体行业的繁荣。

33. 日本列岛改造论（1972 年）

如果采取问卷调查的方式，询问日本人 1945 年后，哪一个首相对日本影响最大？恐怕票数最多的会是田中角荣。田中角荣在以下几个方面给日本人留下了深刻的印象，或者对日本政治经济产生了很大的影响：（1）田中角荣生于新泻县农村，而且只是个小学毕业生。1945 年之后的日本首相大部分是东京大学等名校出身或者政治世家出身。这在日本战后政治史上，是空前绝后的。（2）在 70 年代初冷战的时代访问中国，恢复了日本和中国的外交关系。其政治魄力在日本政治家中罕见。（3）出任首相前后，大规模推动日本全国的铁路和道路建设。田中角荣被人戏称为 "带有计算机的推土机"。(4) 卸任首相后，因为卷入"洛克希德"相关贿赂风波遭到逮捕，是日本战后唯一受到逮捕的首相。

1972 年出版的"日本列岛改造论"实质上是田中角荣竞选自民党总裁的宣言。在那个时代成为自民党总裁，也就意味着成为日本的首相。这本书在日本大卖 80 万部。

但是田中角荣的运气不是很好。1971 年 8 月，美国总统尼克松宣布美元和黄金脱钩，之后日元开始升值。日本政府为了减少日元升值带给出口企业的压力，采取了金融宽松的政策。1973 年，第 4 次中东石油危机爆发。田中角荣推出"日本列岛改造论"之后，日本国民对房地产开发的前景预期明显提升。这几个因素重合在一起，全国各地土地价格和物价快速上升，出现家庭主妇到超市抢购厕所手纸等乱象。当时的大藏大臣爱知揆一突然去世，田中角荣不得启用了自己的政治对手福田赳夫。福田赳夫提出的条件，就是终止日本列岛改造政策，田中角荣接受了这个要求。田中角荣的政治手法之后一直被日本政府所模仿，一直持续到现在。

34. 发那科（Fanuk）公司的诞生（1972 年）

普通的中国人，对发那科这个名字应该是不熟悉的。但是在全世界范围制造行业的人，特别是机器人和机床行业的人，没有一个人不知道日本发那科公司。日本的机床行业在 1981 年左右产量成为全世界第一，80 年代末质量上和德国并列成为全世界第一。发那科公司从 70 年代起，一直是日本数控（NC）机床的龙头企业。

发那科公司的源头是富士通公司 NC 部门。富士通公司是日本知名的计算机企业。经过十年的培育，1974 年 4 月 14 日，作为富士通公司的子公司，富士通发那科公司诞生。1982 年 7 月 1 日，更名为发那科公司。全世界的工业机器人巨头有四家，分别是瑞士的 ABB、德国的西门子、日本的发那科和安川电机。

平成时代，日本在工业机器人和机床行业一直保持了强大的竞争力。

笔者之所以把发那科公司的诞生单独列出，有两个原因。一是发那科公司是日本产业实力的杰出代表。二是在于发那科公司的历史。发那科公司的祖先可以追溯到明治时代古河市兵卫（1832～1903）设立的古河矿业（1881 年）。从古河矿业诞生了古河电气工业（1896 年），当时主要是生产铜线。1923 年，古河电气和德国西门子合资成立了富士电机。1935 年其作为子公司，诞生了富士通公司。古河财阀在 1945 年之前成为排名前 15 的日本大型财阀之一。

古河矿业（矿山开采）→古河电气（电线生产）→富士电机（电动机械）→富士通（通信和计算机）→发那科（数控机床和机器人）。明治维新以后，类似古河矿业这样的企业非常多，都伴随着时代发展与时俱进。

从经营学的角度去思考日本企业的发展和公司治理也非常有意思。那就是大公司如何高效地发展不同的业务。可以采用事业部制度，也可以采用独立子公司的方式。母公司控制到什么程度，保持什么样的距离，是一门艺术。日本的财阀的发展历史，带给我们日益壮大的中国企业很好的启发。

日美达成纺织品协议（1972 年）

纺织品（日本一般称之为纤维产业）是日美之间出现的第一个贸易争端。详细内容见本书其他章节。

35. 黄金进口自由化（1973 年）

1973 年 4 月，日本政府放弃了之前黄金价格的管制，允许自由进口黄金。这个政策的出台有以下几个时代背景：（1）1971 年，美国放弃了美元和黄金的挂钩。（2）日本从 1964 年左右开始保持经常性的贸易黑字，有压低贸易黑字的需求。（3）日本经济迅速发展，工业生产和个人生活开始大量需要黄金。1978 年，日本政府对黄金出口也采取了自由化政策。

1985 年日本进口了 300 吨的黄金，主要是为了铸造纪念昭和天皇在位 60 周年纪念金币；1986 年进口了 600 吨左右的黄金；之后进口黄金量开始下降。2001 年，日本成为黄金净出口国。现在黄金的进口大国是中国和印度。黄金的流向，也从一个侧面反映了日本经济和社会的变化。

36. 第一次石油危机（1973 年）

1973 年的石油危机是日本战后经济的一个重要转折点。原油价格短时间内上涨了 4 倍左右。1974 年，日本战后第一次出现 GDP 负增长。1973 年之前，日本的平均经济增长率为 9% 左右。1973～1990 年，日本的平均经济增长率为 4% 左右。石油危机是日本从高速经济增长转变为中速经济增长的转折点。

但是需要注意的是这个转折的原因。石油危机是主要的因素，还有一个次要的因素，那就是 1971 年 8 月份的 "Nixon Shock"，也就是美元和黄金的脱钩，主要货币对美元的升值。日元的升值也是造成日本经济下滑的一个原因。

1973 年，日本每天的石油消费量是 526 万桶。日本的原油进口量从 1980 年左右开始下降，2011 年的进口量是 1973 年的一半左右。

37. 日本社会福利元年（1973 年）

日本是一个后发国家，从社会福利的角度，也是明显落后欧洲国家的。日本中央政府明确提出提高社会福利水平是在 1973 年的田中角荣内阁。有两个时代背景，第一个是日本经过高速经济增长，经济实力有所增强。第二个是在这之前，已经有一些地方政府提出了提高福利的具体措施。因为日本地方政府也是通过选举产生的，一个参选人提出了福利政策，其他的人也都会追随。田中内阁推出了一系列的社会福利政策。比如，70 岁以上老人去医院看病负担为零日元；医疗保险证持证人的家属看病负担比例从 50% 下调到 30%。

回顾日本的社会福利政策，从 1973 年到 2008 年左右，一直都是缓慢提高的，但是财政的压力连年上升。2008 年，日本开始实施"后期高龄者医疗制度"。75 岁以下老人负担比例提高为 20%，75 岁以上老人提高到 10%。

38. 24 小时方便商店的诞生（1974 年）

日本第一家"7/11"商店是 1974 年 5 月份，在东京都江东区丰州诞生的，是日本伊藤洋华堂集团和美国 South Land 集团签订授权合同，导入了美国的"7/11"业态。当时的具体负责人是铃木敏文，后来成为日本伊藤洋华堂集团的 CEO。铃木很快发现从美国导入的运营手册和日本的商业现实完全不符合，干脆踢开美国的一套，自己摸索。大荣集团也紧紧跟随，创立了"LAWSON"。

之后，日本的方便商店行业快速发展。日本百货店行业在平成时代是下降收缩的趋势，超市行业基本上是持平，既不上升也没有下降，平成时代一直保持高速发展的就是方便商店行业。2011 年，方便店行业的总体销售额为 9 万亿日元左右，百货店行业为 6 万亿日元左右，超市行业为 12 万亿日元左右。

2017 年，"7/11"的店铺数量为 19422 家，销售额为 4.5 万亿日元左右。该行业第二位的 Family Mart 的店铺数量为 18125 家，销售额为 3.9 万亿日元。行业第三位的 LAWSON 的店铺数量为 12288 家，销售额为 2.4 万亿日元。

日本的 24 小时方便商店和中国的方便商店看似是同一行业，但内容大不相同。1990 年以后，几乎所有的公共费用（电话费、电费、水费、寿险保费等）都可以在方便店支付，几乎所有的演出门票也都可以在方便店购入，还可以很方便在方便店复印、发传真。2000 年以后，大部分的 24 小时方便商店都设置了 ATM。24 小时方便商店在日本已经成为社会基础设施的一部分。

39. 新宿车站前照相机销售大战（1975 年）

平成时代，日本有一个飞速发展的领域，那就是电器量贩店。代表性的企业有三家，分别是山田电器、Bic Camera、淀桥 Camera。

1975 年秋天，以九州为地盘的照相机专营店"照相机的土井"，在新宿车站西口开了一家大型店。之后，淀桥 Camera 也在附近开了一家大型店。双方展开了激烈的价格战。1976 年，淀桥 Camera 在新宿车站东口又开了一家店。新宿车站东口原本有一家叫"樱屋 Camera"的照相机店。三家公司在新宿展开了你死我活的厮杀。

在这里需要说明一下，战后日本生产厂家和零售行业的关系是很复杂的。一般是通过中间批发商进行销售，生产厂家有价格的制定权。这个习惯一直持续到 80 年代末。进入平成时代，伴随着零售行业的强大，这种交易习惯彻底被打破。

土井在 2003 年破产，樱屋也在 2010 年左右关闭了所有的门店，只有淀桥 Camera 存活了下来。目前日本电器量贩店的前三甲为山田电器、Bic Camera、淀桥 Camera。2017 年，山田电器的销售额为 1.5 万亿日元、Bic Camera 的销售额为 7790 亿日元、淀桥 Camera 的销售额为 6580 亿日元。

40. 宅急便的诞生（1976 年）

日本快递物流的速度和服务水平全世界范围都是很高的。日本第一家开始从事宅急便业务的企业是大和运输。大和运输是从事传统卡车运输服务的企业，当时的社长小仓昌男是第二代传承人。那时日本邮寄小包裹都是通过日本的邮局。小仓昌男当时提出从事个人业务的时候，公司高管都是反对的。公司开始提供个人业务服务是在 1976 年 1 月 23 日。第一年的业绩为 170 万个包裹。之后，业绩一路上涨。宅急便业务也是日本在平成时代一直保持稳定增长的行业之一。

日本宅急便行业的发展，有两个经验教训。第一个是企业家精神的问题。小仓昌男在开始这个业务的时候，公司内部的人都是反对的。因为公司是家族企业，小仓昌男才可以做出开拓个人市场的决断。第二个是政府和企业的关系。当时日本的运输行业中，在中央政府存在运输省这样的政府机构，运输企业的路线也是受政府管制的。当时的政府对于大和运输开拓新的地方路线是很消极的，小仓甚至拿出了和政府打官司的架势。从后来的结果看，政府放松管制，让市场更加自由的竞争，带来了行业的繁荣和整体国民福祉的提高。

2016 年，日本全国的包裹快递量为 39 亿个。行业第一大企业为大和运输，一年的快递量为 18.6 亿个；第二位为佐川急便，快递量为 12 亿个；第三位为日本邮政，快递量为 6 亿个。

41. 录像机规格之争（1976 年）

录像机并不是日本的发明，它是美国企业的发明。但是日本企业不断提高技术水平，实质上掌握了录像机的标准和几乎全部的市场。70 年代末发生的录像机规格之争是日本电子工业历史上的一个里程碑事件。诞生的日本录像机标准 VHS，也成为事实上的世界标准。这是日本企业历史上第一次掌握了某个领域的实质世界标准。

当时录像机的市场分为两个阵营，一个是以索尼为首的 Beta 阵营，包括东芝、三洋、NEC。另外一个是以日本 Victor 为首的 VHS 阵营，包括松下电器、日立制作所、夏普、三菱电机。VHS 是 Video Home System 的简称。日本 Victor 开始销售 VHS 录像机是在 1976 年 10 月，松下是在 1977 年 6 月。之后松下开始为美国的 RCA 贴牌生产录像机。

1986 年，索尼公司决定放弃自己的技术标准，开始生产 VHS 标准的录像机。到此，围绕技术标准的缠斗落下帷幕。

1976 年 10 月份，日本 Victor 发售的家用录像机价格为 25 万日元左右，相当于普通员工的 1~2 个月的工资。

42. 200 海里元年（1977 年）

1977 年，美国、苏联和加拿大等国家在 1977 年导入了 200 海里排他性渔业水域标准。1977 年之后，日本远洋渔业开始走向衰退。

1974 年，全世界 138 个国家的代表在委内瑞拉的加拉加斯召开第 3 次联合国海洋法会议。这次会议上，大部分国家基本上都赞成 200 海里原则，反对的只有日本一个国家。

日本远洋渔业的高峰是 1974 年，一年的捕捞量为 399 万吨。其中在美国 200 海里范围内捕捞的为 150 万吨，在苏联 200 海里范围内捕捞的为 120 万吨。到 2010 年，日本的远洋捕捞量只有 48 万吨。

日本对美国电视机出口开始自主限制（1977 年）

70 年代以后，日本主要电子产品的出口量都达到了全世界第一的水平。日本与美国以及欧洲都发生了贸易摩擦。日本电视机的主要出口对象是美国。在美国的抗议下，日本开始采取电视机出口自主限制的措施，减少来自美国的压力。

43. 成田空港开始运营（1978 年）

1978 年 5 月 20 日，成田空港开始投入运营。成田空港的建设始于 1966 年 7 月 4 日。

在日本征用土地非常麻烦，国家不能侵犯个人的财产权。日本政府决定在千叶县富利村建设空港的一个理由是当地有大量的国有土地。但是 70% 的建设用地还是需要从当地农民征收，这个问题一直到今天也没有完全解决。

1986 年，日本政府打算开始建设二期工程，开通第二条跑道，但是土地的征用依然非常困难。1999 年年末，第二条跑道的建设才开始。2009 年

第二条跑道建成，但是只有 2500 米。

1991 年成田空港的旅客人数在全世界排第五位，货物吞吐量是全世界第一。但现在都跌出了前十名。

44. 邓小平参观松下电器（1978 年）

1978 年，邓小平访问日本。松下幸之助在听说邓小平要访问日本的时候，多方努力，请日本政府安排邓小平参观松下的工厂。当时邓小平提出，请松下帮助中国经济建设。1989 年，松下投资的北京显像管厂开始投入使用。当时的投资额为 100 亿日元，是少有的外资大规模投资。松下幸之助在 1989 年 4 月 27 日去世，享年 94 岁。

45. 马桶电化元年（1980 年）

2013 年前后，中国游客从日本买马桶盖子带回中国的报道屡见不鲜。日本开始生产制造 Washlet 是在 1980 年。生产厂家是位于北九州市小仓的 TOTO 公司。在此之前，TOTO 公司从美国进口相关的产品。美国的产品质量并不是很好，但是每个月也有 1000 台左右的销售量。TOTO 看到了其中的商机，1978 年，TOTO 公司决定开发自己的产品。

1986 年 6 月，TOTO 公司推出了自己的产品。之后，销售量一直保持稳定上升。TOTO 的产品也是平成时代日本少数一直保持稳定上升的产品之一。2012 年，Washlet 在日本的普及率为 73.5%。2010 年，TOTO 的 Washlet 的累计销售量达到 3000 万台。

日本汽车产量成为全世界第一（1980 年）

1980 年，日本汽车生产量成为全世界第一。日美之间汽车贸易摩擦成为一个很大的问题。1981 年，日本开始对美国汽车出口自主限制，限制对美国出口的汽车台数。

全世界第一款罐装乌龙茶饮料开始发售（1981 年）

1981 年（昭和 56 年）3 月，日本公司伊藤园发售了全世界第一款罐装乌龙茶饮料。这在日本饮料行业的历史上也是一个里程碑式的事件。当时的饮料主要是带有甜味的碳酸饮料或者果汁。1981～2011 年的 30 年，伊藤园一共销售了 40 亿罐（瓶）乌龙茶。加上其他公司的乌龙茶产品，日本估计共销售了 200 亿瓶以上的乌龙茶饮料。

46. IBM 产业间谍事件（1982 年）

从 70 年代开始，日本和美国就开始有各种产业的贸易摩擦和谈判。1982 年的 IBM 产业间谍事件是日美两个国家在高科技领域摩擦的开始，也是美国开始有意识地在高科技领域遏制日本的起点。

1982 年 6 月 22 日，美国电视台的新闻节目报道 FBI 逮捕了日立和三菱电机 6 名员工的新闻。当时 FBI 的人伪装成转卖 IBM 技术资料的人，与日立和三菱的人交涉。他们也找到了日本另外一家计算机行业的大型公司富士通公司，但是富士通公司没有上钩。

80 年代以前，IBM 是全球计算机行业的领导者，日本企业紧紧跟随。美国不断向日本政府施加压力，要求开放计算机市场。1971 年，当时的通商产业大臣田中角荣决定从 1974 年开始开放计算机市场。日本的通产省为了对抗美国，从 1972 年开始给日本企业 680 亿日元的政府补贴，而且，让日本厂家分成了三个联合体，避免内耗，分别是富士通—日立、NEC—东芝、三菱电机—冲电气。其中的富士通—日立公司负责制造可以和 IBM 大型泛用机互换的机型。也就是 IBM 计算机可以使用的软件，在富士通—日立公司的计算机上也可以使用。

80 年代以前，IBM 一直遥遥领先。而且，IBM 也乐意看到其他公司加入到自己的技术阵营。所以一直没有太在意这些问题。但是之后软件的重要性越来越大，而且 IBM 和日本公司的技术差距在不断缩小。

1983 年，富士通与日立公司与 IBM 签订秘密合同，达成和解。富士通和日立公司分别分 8 年时间，向 IBM 公司支付 1000 亿日元左右的费用。

1984 年，IBM 指责富士通公司违反了协定。双方到美国仲裁协会（AAA）进行了仲裁。1988 年 10 月双方达成和解，金额为 2.37 亿美元。

47. 北海道夕张煤矿封闭（1982 年）

提到日本，我们的印象就是"没有资源"。其实这个印象也不是很准确。日本没有石油和铁矿石等重要自然资源，但日本是存在丰富的煤炭资源的。明治维新之后，日本的煤炭资源支持了日本的产业发展。日本国内煤炭生产的高峰是 1961 年，年产量为 5541 万吨，之后开始一路下滑。2011 年，日本国内的煤炭产量为 115 万吨。80 年代以后，日本的煤矿和铜矿等矿山开始陆续封山。

2007 年 3 月，夕张市成为日本历史上第一个破产的地方政府。夕张市是日本资源型城市落败的一个缩影。

48. 钕磁铁的发明（1982 年）

钕磁铁（Nd-Fe-B）是由钕（Neodymium）、铁、硼（Boron）三种元素制造的永久磁铁。比起之前所用的钐（Samarium）– 钴（Cobalt）磁铁，它具有 2 倍的磁力，被称之为世界最强的磁铁。

钕磁铁是 1982 年日本的佐川真人和美国通用汽车的 John Croat 各自独立发明的。1983 年，日本的住友特殊金属开始生产。美国的 Magequench 从 1986 年开始生产。钕磁铁的世界生产量在 2000 年达到 1 万吨，2013 年达到 3 万吨的水平。现在钕磁铁被广泛应用在各种马达上。佐川真人也是有可能获得诺贝尔奖的人。

49. 变频空调的诞生（1982 年）

现在中国家用空调大部分都是变频（Inverter）空调，但是大家有所不知的是，全世界第一台变频空调是日本发明的。1982 年，东芝芝浦电气（后来的东芝公司）公司发售了第一台变频空调 RAS-225PKHV。

1973 年和 1979 年的两次石油危机，让所有日本企业都面临着能源节约技术的升级。在家用空调之前，东芝公司已经成功开发了工业用大型变频空调。之后，东芝公司又开发了多种新技术，实现了变频空调的小型化和低成本化。

2016 年，全世界空调市场的 60% 都是变频空调。80 年代以后，日本企业也开始在洗衣机等产品应用变频技术。

50. 东京迪斯尼开园（1983 年）

1983 年 4 月 15 日上午，东京迪斯尼正式开园。这是日本第一个大规模的主题公园。一直到今天，东京迪斯尼乐园都是日本最成功的主题公园。关于东京迪斯尼乐园有两个有意思的事情。第一个事情是，东京迪斯尼的运营公司是"Oriental Land"公司，但是这个公司并没有美国迪斯尼公司的股权。东京迪斯尼的股份完全是日资的，只是向美国迪斯尼缴纳知识产权相关的费用。这也是迪斯尼成功的原因之一，也就是美国的创意加上日本人细致任职的服务。2001 年 9 月，日本开发的 Disney Sea 开业，相当于增加了一个新的园区。

第二个事情是，迪斯尼运营公司的主要股东是京成电铁公司，也就是连接东京和千叶县的主要铁路线路的公司。日本的铁路公司非常善于这样的沿线经营。其鼻祖是一位叫小林一三（1873～1957）的企业家。小林一三是阪急电铁的创始人。为了克服经营的困难，小林在沿线开发住宅，在车站建设了百货店。为了吸引城里的人乘坐电车去郊区的游乐场游玩，小林一三还创立宝塚少女合唱团，后来发展成为宝塚歌舞团。

51. 任天堂家用游戏机（FamiCon/Family Computer）诞生（1983 年）

1983 年 7 月，任天堂公司发售了第一款家用游戏机。之后，任天堂公司和索尼公司创造了日本游戏机称霸全球 30 年的辉煌历史。

在日本，任天堂也是一个传奇的公司。任天堂公司在开发电子游戏机之前，是一个从事纸牌制造销售的普通公司，没有任何技术含量。山内博成为第三代社长之后谋求发展，短短三十年时间，让任天堂成长为全世界知名企业。山内博也多次成为排名日本第一的富豪。FamiCon 在全世界的累积销售量达到 6191 万台。

1994 年，Sony Computer Entertainment 推出了 "Play Station"，第一次实现了 3D 画面。

52. 优衣库 1 号店开店（1984 年）

平成时代的 30 年间，在服装领域最能代表日本变化和发展的恐怕就是优衣库。优衣库的创业人柳井正也多次登上日本富豪榜的首位。柳井的家乡是山口县一个普通的小城市。父亲经营着一家小型服装店。柳井接班以后，谋求变革，进行各种尝试。1984 年，在广岛市繁华商业街，柳井开了第一家店，店名字为 "Unique Clothing Warehouse"。

1994 年 7 月 14 日，优衣库在广岛证券交易所上市，优衣库发展步入了快车道。2018 年，优衣库的销售额达到了 1.8 万亿日元。而上市前的 1993 年，优衣库的销售额只有 250 亿日元。

平成时代的 30 年，日本人花费在服装上的费用降低了一半。但是这并不意味着日本人穿的衣服少了或者质量下降了。日本服装的科技含量和设计水平有明显的上升。日本的服装行业和中国有非常密切的关系。90 年代以后，日本的普通服装有一半左右都是在中国生产的。日本企业负责设计、高技术含量面料地提供、品质管理、日本国内的销售等业务，中国企业负责生产。

53. 日本电话电报公司民营化（1985 年）

1985 年 4 月，日本电话电报公司实现民营化，改名为 NTT。1982 年，中曾根康弘成为日本首相，1987 年卸任。当时美国总统是里根（任期 1981~1989 年），英国首相是撒切尔夫人（任期 1979~1990 年）。美英两国政府领导人都提出了小政府的纲领。日本有很多改革举措都是受到美国的压力而实施的，但是关于 NTT 和国铁的民营化问题，笔者还没有看到受到美国压力的资料。应该是中曾根根据当时情况主导的。

之后，NTT 根据业务发展需要，多次进行分割。1988 年，成立 NTT Data 公司，负责数据通信业务。1992 年，将汽车电话（也就是后来的手机业务）剥离出来，成为 NTT Docomo。1999 年，NTT 本体进一步分割为 NTT 东日本公司、NTT 西日本公司和 NTT Communications（负责互联网通信业务）。

54. JT（Japan Tobaco）诞生（1985 年）

发展中国家基本上采取的都是烟草专卖制度。1898 年，日本开始实施烟草专卖法。1949 年，日本专卖公司诞生。80 年代，中曾根内阁也实施了对烟草专卖制度的改革。1984 年，日本烟草产业株式会社法在国会通过。1985 年 4 月，日本烟草产业株式会社诞生，也就是从原来国有政府性质的机构，转变成为股份制公司。1987 年，进口到日本的香烟关税降低到零。

日本国内的吸烟人口从 80 年代初就开始下降了。日本国内的烟草市场一直是萎缩的。但是 1985 年诞生的 JT 确在不断的发展，其秘诀就是国内跨行业并购，海外大量并购烟草公司。1992 年收购了英国的曼彻斯特烟草公司。1999 年收购了美国 RJR 纳比斯科公司美国以外的烟草业务。2007 年收购了 Gallaher 烟草公司。2013 年收购了埃及的水烟公司。2014 年收购了英国的电子香烟公司。

在日本国内，2008 年，JT 收购了大型食品公司加布吉公司。烟草行业是传统行业，但是 JT 在平成时代，一路高歌猛进，不断发展，其起点就是 1985 年的民营化改革。如果没有这个改革，就不可能有后来的发展。

广场协议（1985 年）

请参见本书其他章节。

日美半导体协议（1986 年）

请参见本书其他章节。

55. Resort 法实施（1987 年）

1987 年，日本实施了"综合保养地域整备法"，简称"Resort 法"。这项法律出台的背景有以下两个：一个是扩大内需，另外一个是解决农村山村渔村等人口过少的问题。

这项法律的出台本身没有任何问题，符合当时日本经济和国民生活的需求。但是不好的是，其推出的时间刚好是泡沫经济发生的阶段，客观上起到了增大房地产泡沫的作用。

全国几十个地方同时开始建设各种各样的游乐场等娱乐设施。1990 年之后，日本消费开始低迷。

56. 日本国铁分割民营化（1987 年）

日本的铁路系统一直存在两种势力，一个是国有铁路，称之为国铁，另外一个是民间资本建设的铁路，称之为私铁。1987 年，日本的国有铁路被分割为 7 家公司，分别是 JR 东日本（以东京为中心的地区）、JR 西日本（以大阪为中心的地区）、JR 东海（连接东京和大阪的新干线）、JR 九州、JR 四国、JR 北海道、JR 货物。

日本国铁分割民营化有两个重要的背景。一是日本国铁长期赤字运营和累计的债务，以及服务水平低下。1964 年以后，日本国有铁路每年都是赤字，依靠贷款和政府补贴过日子。到 1987 年，累计债务达到 25 万亿日元。其背后的原因是国有铁路系统的官僚体制和长期不断的员工罢工斗争。

二是当时的政治潮流。当时美国和英国的领导人都是主张小政府的人。从 1987 年民营化到现在，已经过去 30 多年了。如何来评价日本国有铁路的民营化？应该说基本成功了。JR 东日本在 1993 年实现上市，JR 西日本在 1996 年实现上市，JR 东海在 1997 年上市，JR 九州也在 2016 年 10 月 25 日上市。

铁路系统的整体服务水平明显提高，各家铁路公司也都在尝试多样化经营。比如 JR 九州精心打造了 7 星级的观光列车，环九州岛一圈，车上有九州的各种美食可以品尝。JR 九州还在东京和上海开设了有九州地方特色的料理店。

57. 青函隧道开通（1988 年）

青函隧道是连接日本本州岛青森和北海道函馆的海底隧道。全长 53.85 公里，海面下的长度为 23.3 公里。截至目前，是全世界最长的海底隧道。1988 年（昭和 63 年）作为津轻海峡线开通电车。2016 年（平成 28 年）北海道新干线开通，也通过了青函隧道。

昭和 29 年（1954 年），来往青森和函馆的轮渡洞爷丸受到台风影响沉没，几百人丧生。日本政府决定建设海底隧道。工程持续了 20 多年，终于在 1988 年投入使用。

日美达成牛肉和柑橘自由化协议（1988 年）

在日本，主管农业的是农林水产省。在日本虽然农业人口连年下降，但是日本的农业一直被称之为"圣域"，受严格保护。农业是日本所有产业中，最后一个放开的产业。牛肉和柑橘是美国相对有优势地位的产品。在美国的不断要求下，日本在 1988 年开放了牛肉和柑橘市场。但是这个事件的结果是日美双赢。1988 年以后，日本进口牛肉大幅度增加，但是日本本土生产的牛肉总量并没有下降。日本和牛成为了全世界的品牌，日本消费者有了更多的选择。日本柑橘产量在 70 年代就开始下降，90 年代以后继续下降，进口柑橘类产品不断增加。

从结果来看，日本牛肉比柑橘类市场好一些。同样的开放，产业不同，需要的技术不同，对本国产业的影响也是不同的。另外，还有一个有意思的事情，那就是日本开放了牛肉市场，但是从澳大利亚进口的牛肉数量大部分时间超过美国进口的数量。

58. 日经平均股价达到历史最高纪录（1989 年）

1989 年 12 月 29 日，也就是东京证券交易所 1989 年最后一个交易日，日经平均股价创造了历史新高，达到 38915 日元。1989 年，日本很多经济杂志让知名企业家和经济学家，预测 1990 年的股价，没有一个人预测股价会下滑。乐观的人甚至提出了 4 万日元的预测。但是之后的日本，日经平均股价再没有回到过去的辉煌。

日本导入消费税（1989 年）

1989 年 4 月，竹下登内阁导入消费税，税率为 3%。简单地说，如果去超市购物，标价 100 日元的商品，消费者要支付 103 日元。消费税导入的背景是日本财政的不断恶化，但是在老百姓有选票的国家，政治家导入新的税种、增加财政收入是很难的事情，往往会在选举中败北，而且导入的时机会影响经济走向。1997 年，消费税税率提高到 5%，2014 年提高到 8%。

59. 索尼收购美国哥伦比亚电影公司（1989 年）

1989 年 9 月，索尼公司宣布收购美国好莱坞的电影公司 Columbia Pictures。同年 10 月，三菱地所宣布收购洛克菲勒中心。索尼公司花费 34 亿美元从大股东可口可乐公司收购了哥伦比亚电影公司的股权。这是 1945 年之后，日本海外收购的历史最高金额。

1990 年春天，松下电气宣布收购美国 MCA 公司。在日本，松下电器和索尼一直是竞争对手。1991 年 1 月，MCA 公司成为松下的全资子公司，松下的收购金额为 61 亿美元。1995 年 4 月，松下电器将 80% 的股权转让给施格兰公司（Seagram）。1995 年，三菱地所出手了 14 栋写字楼中的 12 栋。

从结果上来讲，索尼的收购成功了，松下电器失败了。哥伦比亚电影公司后来对索尼公司的业绩贡献很大。笔者认为，这是因为企业历史和文化的不同。索尼公司是战后成立的公司，从一开始走的就是国际化路线。松下是1918年就成立的公司，走的是本土化路线，50年代以后才开始海外业务。两者对美国市场和文化的理解不一样，国际化人才的储备也完全不一样。索尼的坚持和最后的并购成功，从某种意义说是必然的。

2010年以后，中国企业也频频在海外出手，也出现了很多的问题。日本80年代泡沫经济时期的海外并购案例也往往被我们作为失败教训来谈。从结果来讲，其实80年代后期到90年代初期的日本海外并购，一半是失败的，一半可能是成功的。

中国有句话，"打铁还要自身硬"，这句话对于海外并购也是非常适合的。90年代日本金融和房地产行业出现严重问题，银行和房地产企业开始采取收缩战略。银行开始关闭海外一些小国家的网点，房地产企业开始甩卖海外收购的房地产。站在现在的角度看，如果三菱地所收购后一直持有到现在，也是赚钱的。项目本身并不是不好的项目。

80年代泡沫经济期间，日本安田火灾保险公司购买了梵高的名画"向日葵"，一直持有到现在。现在普遍的评价是，一直持有到现在还是不错的，画作本身升值了，也给安田火灾带来了巨大广告效应。

60. 三井银行和太阳神户银行的合并（1990年）

平成2年，也就是1990年，三井银行和太阳神户银行合并，合并后的新银行名称为樱花银行。90年代，三菱银行、樱花银行、住友银行、富士银行、第一劝业银行、三和银行是日本最大的六家"都市银行"。2003年以后，这六家银行的名字全部消失了。

61. 锂电池的实用化（1991年）

今天，以智能手机、笔记本电脑和电动汽车为首，锂电池成为不可或缺的存在。全世界第一款锂电池是索尼公司 1991 年推出的。之后的 20 多年，日本企业一直占据着锂电池发展的主导权。2019 年度诺贝尔化学奖授予美国得州大学奥斯汀分校 John B Goodenough 教授、纽约州立大学宾汉姆顿分校 M. stanley Whittlingham 教授和日本化学家吉野彰，以表彰其在锂离子电池方面作出的贡献。吉野彰是日本化学公司旭化成的研究人员，在 80 年代成功地开发了新型的锂电池负极材料。

日本粗钢产量成为全世界第一（1992 年）

1992 年，日本粗钢产品成为全世界第一。第一的位置保持到 1996 年，被中国超过。

蓝色发光二极管的发明（1993 年）

2014 年，3 位日本科学家（赤崎勇、天野浩、中村修二）获得诺贝尔物理学奖，获奖理由是蓝色发光二极管的发明。我们现在用的 LED 都离不开这个技术。中村修二当时所在的公司是位于日本四国岛德岛县的一个小型化学公司——日亚化学，之后该公司获得了飞速发展。日本 90 年代以后的 20 年，一直在 LED 领域占据着主动权。

62. 二维码的发明（1994 年）

二维码在日本叫 "QR Code "，是日本最大的汽车零部件公司电装公司在 1994 年发明的。QR 是 Quick Response 的简称，于 1992 年开始开发，当时的主要目的是作为零部件管理的工具。电装公司为了尽快普及 QR Code，公开声明所有公司都可以免费使用 QR Code 的专利。90 年代，使用二维码的公司迅速增加。2000 年以后，伴随着手机技术的发展，个人领域使用二维码的产品也越来越多。

2014 年，欧洲专利局授予电装和丰田中央研究所"欧洲发明家奖"。

63. 东京三菱银行的诞生（1996 年）

1996 年，三菱银行和东京银行合并，诞生了当时资产规模全世界第一大银行东京三菱银行。三菱银行是三菱财阀的银行，而东京银行是日本战后的外汇专业行，其前身是战前的横滨正金银行。三菱银行和东京银行的合并，奠定了三菱财阀在之后日本金融重组中的主导权。东京三菱银行中，三菱银行出身的人占据了人事的主导权。

有趣的是，日语中的银行名字是东京三菱银行，但是英文名字是 Mitsubishi-Tokyo Bank，也就是三菱东京银行。这是日本式合并的特色，合并的双方要讲究平衡。东京三菱银行诞生之后，行长一直是三菱银行出身的人，负责国际业务的副行长是东京银行出身的人。这个传统一直持续到现在。

64. 日本企业发售 DVD 播放器（1996 年）

日本索尼公司和荷兰的飞利浦公司掌握了 CD 技术的主动权。但 DVD 的开发，日本众多大型企业都参与了，日本企业一直占据着技术的领先地位。1996 年 11 月，东芝公司和松下公司率先推出了 DVD Player。1999 年，Pioneer 推出了可以刻录的 DVD 机。

65. "日产生命"保险公司破产（1997 年）

1997 年 4 月，日产生命保险破产。在日语中，"生命"是寿险保险公司的意思。"海上""火灾"是财产保险公司，也就是海上保险或者火灾保险，但是经营的都是各种财产保险产品。

1999 年 6 月东邦生命破产。2000 年 5 月，第百生命破产，2000 年 8 月，大正生命破产。2000 年 10 月，千代田生命破产，2000 年 10 月，协荣生命破产。2001 年 3 月，东京生命破产。

这些破产的寿险公司有两个方面是类似的。一是都是中小型寿险公司。二是都因为逆差损造成的破产。泡沫经济时期，日本很多寿险公司发售了很多高利率的产品。90 年代以后，日本利率不断下滑，投资收益率也不断降低，保险公司的逆差损现象非常严重。

66. 北海道拓殖银行破产（1997 年）

1997 年 11 月 17 日，日本大型银行之一的北海道拓殖银行破产。这次破产事件是日本"二战"后经济金融史上的一次分水岭性质的事件。

1945 年之后，日本的金融体制是大藏省领导下的"护送船团"方式。

67. 山一证券破产（1997 年）

1997 年 11 月 24 日，日本四大证券之一的山一证券公司宣布"自主废业"，也就是破产了。不到一周时间，日本的大型银行和证券公司相继破产，给日本国民的强烈印象：日本的金融体系出问题了，事态很严重。国民意识的改变，也让政府有了对日本银行投入政府资金的可能性。

食盐专卖制度废止（1997 年）

1985 年，日本取消了烟草专卖制度，JT 诞生。1997 年，食盐专卖制度也被废止。

68. 明石海峡大桥开通（1998 年）

1998 年竣工的明石海峡大桥，不仅是日本也是全世界建筑工程历史上里程碑性质的工程。明石海峡大桥是连接本州岛和四国岛的大桥，全长 3911 米，中央支柱间的距离（跨度）为 1991 米。从自然环境来讲，条件非常恶劣，地震多发，每年都有台风。明石海峡的海流湍急，施工非常困难和危险。明石海峡大桥 1991 米的跨度，远远超过其他国家类似的桥梁，直到现在都是全世界最长的吊桥。青函隧道和明石海峡大桥的开通，也标志着日本的建筑工程技术达到了全世界最高水平。

69. 全世界第一台混合动力车的诞生（1997 年）

丰田汽车在 1997 年 12 月推出了第一代混合动力车"Prius"，1998 年销售量超过 1 万台。2003 年发布第二代"Prius"，年度最高销售量达到 28.5 万台（2008 年）。2009 年发布了第三代"Prius"，2010 年的销售量达到 50.9 万台。

1999 年，本田也推出了自己的混合动力车"Insight"。

70. 金融厅的诞生（2000 年）

在日本战后金融史上，金融厅的诞生，是一个具有里程碑的事件。明治维新之后的金融财政，一直是由大藏省主管。大藏省的职能相当于"中国的财政部＋国家税务总局＋海关总署＋银保监会＋证监会＋国家外汇管理局"。大藏省被称为"官厅中的官厅"。进入大藏省工作的官僚也是高人一等。泡沫经济之后，金融系统积累了大量的不良贷款，大型金融机构开始破产。日本国民开始对大藏省的官僚产生怨气和怀疑。在这个大的时代背景下，日本政府开始着手对日本的金融监管体制进行改革。在平成 10 年，也就是 1998 年，成立了金融监督厅，将大藏省银行局和证券局对金融机构的检查监督权转移到了金融监督厅。2000 年，其进一步升格成为金融厅，将大藏省的国内金融业务职权全部转移到金融厅。

71. 大藏省和通商产业省的更名（2001 年）

在日本战后经济发展的历史上，有两个政府部门发挥了最重要的作用，或者说在经济领域权力最大，那就是大藏省和通商产业省。通商产业省在 1949 年（昭和 24 年）成立，其管辖范围相当于中国的发改委＋工信部＋商务部＋国家专利局＋国家能源局＋中小企业局。大藏省成立于 1969 年，也就是明治 2 年。

这两个最有影响力的中央官厅在 2001 年名字都更改了。大藏省变更为财务省，通商产业省变更为经济产业省。大藏省的国内金融职能剥离给了金融厅，但是通商产业省的职能没有任何变化。日本中央省厅的变动是 1996 年成立的桥本龙太郎内阁推动政治改革的成果。

大藏省和通商产业省的更名，是日本战后政治和经济发展历史上一件里程碑性质的事件。很多中国人都看过"官僚的夏天"这部日本电视剧，电视剧描述了通商产业省的官僚在 50 年代和 60 年代为日本经济发展所做的努力。

"官僚的夏天"是过去的说法，但是平成时代面临的是"官僚的冬天"。在 90 年代泡沫经济破灭，金融机构不断出问题，日本国民对原来在日本被视为"精英"的官僚开始产生怀疑。1995 年以后，日本的新闻媒体大量报道大藏省官僚和金融机构之间吃吃喝喝的问题，有众多官僚受到处分。

2001 年以后，日本中央政府的官僚开始面临真正的冬天。日本的官僚体系，名义上要听内阁大臣的，但是实质上由官僚操纵着实质的权力，彼此之间是一种平衡的关系。这也是为什么 90 年代初期，日本三天两头换首相，政府和社会都一直非常平稳运行的重要原因之一。2000 年以后，政治主导的口号在选举中越来越多，也就是政府的权力原来越向首相官邸聚集。经过 90 年代以后的改革，日本基本实现了完全的市场化。官僚可以干预的事情越来越少。

大阪环球影城公园开业（2001 年）

2001 年 3 月 31 日，大阪环球影城公园——USJ 开业。USJ 的筹建是在 1994 年，1998 年和美国 Universal Studio Inc 以及相关公司签订了合同。2012 年 10 月 29 日，入场人数达到 1 亿人。现在 USJ 的影响力仅次于东京迪斯尼公园。

72. 长期景气扩大期开始（2002 年）

在我们的印象中，泡沫经济破灭之后，日本经济就一直不行了。但是事实上，平成时代的日本经济也是有所起伏的。90 年代一直都相对比较困难，但是从 2002 年 2 月到 2008 年 2 月，日本经历了"二战"后最长的景气扩大期，长达 73 个月。这超过了以前的任何一次景气扩大期。

在日本经济史上有几次景气扩大期。神武景气，从 1954 年 12 月到 1957 年 6 月，持续 31 个月。岩户景气，从 1958 年 7 月到 1961 年 12 月，持续 42 个月。奥运会景气，从 1962 年 11 月到 1964 年 10 月，持续 24 个月。伊奘诺景气，从 1965 年 11 月到 1970 年 7 月，持续 57 个月。列岛改造景气，从 1972 年 1 月到 1973 年 11 月，持续 23 个月。泡沫经济景气，从 1986 年 12 月到 1991 年 2 月，持续 51 个月。

73. Livedoor 事件（2005 年）

在平成时代的经济事件中，2005 年的 Livedoor 事件可以说是日本新闻传媒报道时间最多的事件之一。事件发生于 2005 年 2 月 8 日，Livedoor 公司通过场外交易，从村上基金购买了日本上市公司"日本放送"35% 的股份。这次事件绵延了 2 年时间才彻底结束。这在日本金融历史上和公司治理历史上都是里程碑性质的事件。有点类似宝能收购万科的股票事件，但是要比宝能万科事件更加复杂。

事件的背景是这样的：Livedoor 是东京大学毕业生掘江贵文（Horie Takafumi）创立的互联网公司，有点类似小型版的 Yahoo 公司。乘着 IT 革命的春风顺利发展，也通过收购等资本运作手段，不断发展和提高股价。"日本放送"公司是一家民营的广播公司，持有日本知名民营电视台富士电视台 23.1% 的股份。2005 年，电视台是日本影响力最大的媒体，互联网行业正在冉冉升起，广播公司的影响力已经很小了。当时，股票市场存在着母公司"日本放送"总市值远远低于子公司富士电视台的情况。也就是说，只要收购了"日本放送"，什么也不用做，卖掉持有的富士电视台的股份，就可以挣大钱。

本次事件还有三个主人公，村上基金、投资银行和白骑士。村上基金的老板叫村上。此人东京大学毕业之后，进入日本通商产业省工作，后来辞职下海，创立了村上基金。村上基金是日本历史上第一个类似 Activist 的基金，也就是看到资本市场上存在不合理的情况，购入股票，在股东大会上提建议（比如增加分红等），获得利益。"日本放送"当然逃不过村上基金的法眼，很早就购入了日本放送公司的大量股票。

Livedoor 想通过收购"日本放送"的股票，达到间接控制富士电视台的目的。但是想要收购股票，需要大量资金。这个时候美国的投资银行雷曼兄弟登场了。雷曼兄弟通过 MSCB 的方式，给 Livedoor 公司提供了 800 亿日元的资金。

这次敌意收购当然会引起"日本放送"和富士电视台，以及很多保守的日本民众的反感。敌意收购中一定会出现的就是所谓的白骑士。这次的白骑士是 SBI 公司的创业人北尾庆应。北尾大学毕业之后进入日本最大的证券公司野村证券，之后到剑桥大学留学，在野村也是非常受重视的人物。后来被软银的孙正义（当时孙正义还没有现在这么有名气）挖去做了 CFO。北尾后来独立出来，创立了互联网证券公司 SBI。北尾当时也站了出来。

当时每天电视新闻第一个报道的都是这个事件的进展。99% 以上的普通日本老百姓都是通过这个事件第一次知道了关于 M&A 的一些专门术语。比如敌对性收购、白骑士、毒丸计划、MSCB、公司治理结构等。

2015 年 4 月 17 日，富士电视台和 Livedoor 公司签订合同。Livedoor 公司持有的日本放送公司的股票全部卖给富士电视台；Livedoor 对富士电视台定向增发 440 亿日元的股票，富士电视台也成为了 Livedoor 的股东，双方建立合作关系。通过这样的交易，Livedoor 到手了 1200 亿日元的现金。而出售"日本放送"股票给 Livedoor 公司的村上基金也是大发其财。

这场新兴势力加上贪婪的投资和基金与日本传统贵族的争斗，加上当事者的个人经历和故事，让媒体每天都有充分的题材。

但是事情没有到此结束。Livedoor 对富士电视台的股票发行价格为每股 329 日元。后来，富士电视台认为其计算股价的年报有虚假内容。2006 年 1 月，东京地方检察院介入对 Livedoor 的调查。2006 年 4 月，Livedoor

被摘牌。

富士电视台按照每股 71 日元的价格出售了 Livedoor 的股票，遭受了 343 亿日元的损失。2009 年 1 月双方和解，Livedoor 公司赔偿富士电视台 311 亿日元。

这次事件之后，日本企业界有两个变化。一是很多上市公司在公司章程导入了抵御敌对性收购的各种措施，也就是所谓的防鲨丸。一是日本本土的 M&A 咨询业务迅猛发展。既有的大学金融机构（证券公司和银行）都开始了 M&A 顾问业务，而且诞生了许多小型的 M&A 顾问专业机构。日本国内的并购和海外并购连年上升。

液晶电视机的生产量超过传统显像管电视机的生产量（2005 年）

2005 年，日本液晶电视机的生产量第一次超过传统显像管电视机的生产量。日本夏普公司从 70 年代开始研制液晶电视机，其在日本液晶电视机的发展中，发挥了先导的作用。

名古屋万国博览会（2005 年）

2005 年，日本第三大城市名古屋市第一次承办了万国博览会。举办时间为 2005 年 3 月 25 日到 9 月 25 日，入场参观总人数为 2200 万人左右，共有 121 个国家和 4 个国际机构参加展出。

为了这次万博会，日本建造了第一条商业运营的磁悬浮线路，连接名古屋市和丰田市，全长约 9 公里，花费时间 17 分钟，最高时速 100 公里，轨道和车体之间的空间大约为 6 毫米。

74. 对中国贸易超过对美国贸易（2007 年）

战后日本的经济发展，也是以出口为导向的。从 1945 年开始，美国就一直是日本对外出口的第一大目的地。2007 年，第一次出现对中国贸易额超过美国的现象，这是历史性的事件。之后，对美国出口和对中国出口基本持平。

但是，客观地讲，美国市场对日本企业来讲依然是最重要的市场。这是因为对美贸易和对中国贸易的结构完全不同。

日本对美国的出口是单向的，也就是日本对美国出口最终产品或者重要的零部件，美国企业和美国消费者是最终的消费者。但是日本和中国之间的贸易更加复杂。中国在 80 年代以后，成为了日本企业最重要的加工基地。日本企业对中国出口重要设备和原材料，在中国生产的产品有几个流向。第一个是出口到日本。1990 年之后，普通日本人用的各种普通用品中，平均有 50% 左右是在中国生产的，包括家用电器、纺织品、各种轻工业用品。第二个是在中国销售。汽车行业中，大部分的汽车发动机都是从日本进口的。第三个是产品在中国加工之后，出口到全世界。典型的例子是苹果公司的各种产品，其中使用了大量的日本厂家的电子零部件。从最终消费者的角度看，美国客户在今天也是日本产品最大的消费群体。

75. 日本邮政民营化（2007 年）

2005 年 10 月的日本特别国会，通过了邮政民营化法案。主要内容如下：（1）2007 年 10 月设立日本邮政股份公司，邮局持有的四个业务成立分公司，也就是邮政业务、邮局窗口业务、邮政存款业务、邮政保险业务。（2）2017 年之后，日本政府分批抛售日本邮政股份公司的股票，日本邮政公司分批抛售下属分公司的股票。

2007 年 10 月，持有邮政银行和简易保险公司的邮政集团成立。民主党政府上台之后，修正了之前既定的民营化路线，延迟了邮政民营的步伐。现在日本邮政系统还是由日本政府控股的股份制公司。

日本观光厅成立（2008 年）

平成 20 年（2008 年），日本设立了观光厅，其主要目的是让更多的外国客人到日本观光消费。2009 年之后，到访日本的客人连续上升，2018 年，历史上第一次超过了 3000 万人。当初日本的计划是在 2020 年东京奥运会的时候达到 4000 万人。由于新冠肺炎疫情的影响，看来这个目标达不成了。不过日本作为观光目的地，最近十年地位明显上升，旅游业对日本经济的复苏起到了巨大的作用。

2008 年到访日本的外国人只有 679 万人，2019 年达到 3199 万人。

76. 日本航空破产（2011 年）

日本航空公司（JAL，Japan Airlines）在 2011 年申请破产保护。这件事情在中国也受到瞩目，有两个原因，一是日本最大的航空公司破产，本身就是一件大事，二是承担日本航空公司重建的人是在中国也非常有名的稻盛和夫。

日本航空（JAL）破产的原因当然很多。最重要的原因可能还是政治。日本航空公司是日本国家成立的第一家航空公司，全日空（ANA）是日本 70 年代以后慢慢发展起来的。日本的国土面积虽然只有 38 万平方公里左右，但是却有 100 座左右的机场（其中一个原因是日本岛屿比较多））。每个地方的国会议员都给 JAL 施加压力，要求开通路线。地方政府也往往支付政府补贴，请求开通航空航线。80 年代以后，日本离岛和地方乡村人口越来越少，很多航空路线收支都很差，但是 JAL 往往也不能废止这些路线。长期的积累，造成了 JAL 的慢性亏损。次贷危机后，国际路线收支也变差。这就是 JAL 最后申请破产保护的深层次原因。

77. 三越和伊势丹合并（2011 年）

2011 年，日本百货店的名门企业三越和伊势丹合并。这个合并可以说是日本传统零售业在平成时代凋落的标志，同时也是日本百货店行业整合结束的标志。2010 年，大丸和松坂屋合并；2008 年，阪急百货店和阪神百货店合并。三越、伊势丹、大丸、松坂屋都是 100 年以上历史的企业，特别是三越和松坂屋具有 300 年的历史。历史悠久的企业走到一起是由于经营的压力。

1972 年，超市连锁大荣的销售额超过了三越百货店，成为日本零售业第一。2001 年，"7/11" 便利店的销售额超过了大荣，成为全日本第一，直到现在。

百货店的发展和衰败，也是日本近代经济发展和变化的一个缩影。

78. 东日本大地震发生（2011 年）

2011 年 3 月 11 日，日本东北地区发生了大地震，之后发生了严重的海啸。福岛县、岩手县、宫崎县受灾严重，死亡和失踪人数到达 3 万人以上。东京电力的福岛核电站也发生严重问题。福岛核电站是美国 GE 帮助日本建立的第一座轻水反应堆核电站。

2011 年的大地震，是日本历史上对日本经济打击最大的一次地震。1921 年的关东大地震，死亡人数为 10 万人左右；1995 年的阪神大地震死亡人数为 6000 人左右。

2011 年大地震对日本的打击不仅仅是经济方面的。地震之后，日本很多工厂停工，对国际产业链也产生了很大影响。

79. 安倍经济学和战后最长的景气扩大期（2011 年）

安倍晋三曾经在 2006 年 9 月 26 日到 2007 年 8 月 27 日出任过日本首相。在 2012 年 12 月 26 日，他第二次成为日本首相，推出了所谓的安倍经济学。

从 2012 年 12 月到 2020 年 1 月，日本享受到了战后最长时间的景气扩大期，长达 86 个月。这次景气扩大期，本来是可以持续到 2020 年 8 月的东京奥运会的。因为新型冠状病毒的传播，在 2020 年 1 月终止。2020 年 2 月份以后，日本经济开始下滑。

把这次景气扩大和经济的稳定运行都归于安倍经济学是不合适的。笔者认为有以下几个原因。（1）安倍掌权的时机比较好。2009 年 9 月 16 日，日本实现了政权交替，自民党麻生内阁下台，民主党的鸠山由纪夫上台。

之后，民主党的菅直人和野田佳彦相继上台。民主党运气比较差。2008 年发生次贷危机，日本也受到了严重的经济打击。2011 年，经济刚刚恢复，3 月份发生了东日本大地震，福岛核电站出现严重事故。地震以后日本出现严重的电力不足。2011 年，日元升值到了 1945 年之后的最高点，当年 10 月份，创造了 1 美元 = 75.32 日元的战后日元最高值。上一次"二战"后日元最高纪录是 1995 年的 1 美元 = 79 日元。大地震和日元过度升值让日本经济再次跌落到了谷底。（2）2005 年左右，日本已经全部处理完泡沫经济遗留的坏账问题。2012 年左右，日本企业也基本上完成了所有产业的重组，有很多日本企业合并或者海外完成大型并购。2008～2012 年的不景气主要是外部环境造成的。（3）安倍内阁期间，海外游客一直稳步上升，对日本的经济贡献巨大。2018 年，到日本旅游的外国客人超过了 3000 万人。（4）安倍启用黑田东彦作为日本央行总裁，金融政策比较大胆和彻底。

山中伸弥获得诺贝尔医学奖（2012 年）

2012 年，日本科学家山中伸弥获得诺贝尔医学奖，其主要贡献是"iPS"细胞的发现。山中伸弥的研究成果可能会给日本带来巨大的产业发展。"iPS"细胞技术简单地说就是取一个人身体的细胞，把其培养成人体的某个器官，也就是现在热门的再生医疗领域的技术。目前，日本的再生医疗发展排在全世界前列。现在实际应用还停留在一小部分领域，但是伴随着研究的进展和技术的发展，将来大部分器官都可以通过这个技术再生。10 年以后，再生医疗在日本有可能会形成一个庞大的产业。

新日本制铁和住友金属合并（2012 年）

2012 年，日本最大的钢铁企业和住友财阀的钢铁企业住友金属合并，成为全世界第二大钢铁企业。2002 年，川崎制铁和 NKK（日本钢管）合并；2012 年新日本制铁和住友金属的合并，标志着日本钢铁行业的整合完成。

80. 大阪阿倍野 HARUKAS 开业（2014 年）

2014 年 3 月 7 日，位于大阪市的阿倍野 HARUKAS 开始投入使用。它高 300 米，地上部分 60 层，2010 年 1 月 9 日开工，刷新了 1993 年在横滨开业的 Landmark Tower 的日本第一纪录。从高度上来讲，日本的高楼并不算高。但是笔者之所以把这个楼的竣工列举出来，是有理由的。

进入平成时代，日本房地产泡沫破灭，日本经济增长长期低迷。可能很多人有个印象，就是日本城市建设也一直没有什么变化。但是客观地说，日本的城市建设一直在有序地推动。平成时代的 30 年，日本大城市面貌发生了很大的变化。

东京都最重要的 CBD 是丸之内和大手町，平成时代的 30 年（1989～2019 年），其中一半以上的建筑物都重建了。涩谷车站站前，东急不动产主导进行了大规模的重新建设。东京仅次于丸之内的重要商业区日本桥，三井不动产也主导对其进行了重新建设，而且这个建设还在进行中。2022 年，东京都港区将有 330 米高的大楼竣工。

日本第二大城市大阪市，阿倍野 HARUKAS 的竣工，也标志着日本大城市的再开发告一段落。

平成时代，日本的大城市在不断更新。笔者认为有三个原因，第一个原因是日本很多建筑物都是战前或者战后建设的，严重老化，而且当时日本建筑技术和抗震技术水平都相对较低，没有高层建筑。进入平成时代，这些建筑物从功能上还有预防灾害等方面不能满足人们需求，而且浪费土地和空间资源。第二个原因是房地产泡沫破灭之后，土地价格明显下降，建设成本下降了。第三个原因是日本建筑技术和抗震耐震技术的提升。从技术上讲，建设高层建筑成为可能。

81. 东芝公司财务造假事件（2015 年）

东芝公司的历史，就是明治维新之后日本电机产业的历史。东芝公司的原名是东京芝浦公司，在 1984 年改名为东芝。东京芝浦电气是 1939 年由东京电气和芝浦制作所合并成立的。

东芝事件的直接导火索是 2006 年东芝并购美国西屋公司核电站部门。当时三菱重工业和西屋公司保持了比较好的关系，外部猜测三菱会以 20 亿美元的价格竞标成功，但是最后东芝公司以 54 亿美元（大约 6210 亿日元）的高价竞标成功。东芝公司运气非常差的是，2011 年 3 月 11 日，日本发生了大地震，日本政府冻结了所有核电站的建设项目，而且受到福岛的影响，全世界各个国家都放缓了核电站的建设。这对东芝造成了严重的财务压力。

东芝事件另外一个原因是日本传统大企业慢性的业绩下滑。2000 年以后，电子行业受到韩国和中国企业的挑战，日本国内市场也是一个成熟饱和的市场。比如，90 年代东芝公司笔记本电脑的市场份额多年长居全世界第一，但是技术的发展和国际化分工不仅让其份额下降，而且利润率也长期下降。东芝公司的各个事业部都面临严重的业绩不振。但是公司高层面对资本市场的压力和自己评价的问题，不断要求各个事业部提交更好的财务报表。在这种氛围下，东芝公司内部开始财务的粉饰和造假。

事情暴露之后，迫于现金流的压力，东芝公司出售了一些子公司，比如白色家电业务、医疗系统业务、闪存卡业务等。

82. 鸿海收购夏普（2016 年）

2016 年，郭台铭的鸿海集团出资 7000 亿日元收购夏普公司。在日本历史上，这是第一次有外资控制性收购日本大型制造企业。1995 年法国雷诺入资日产公司，也只是持有 30% 左右的股份。收购夏普是一次性获得 60% 左右的股权。

夏普被外国企业收购，是日本电子工业历史上一个里程碑的事件，也是日本电子工业相对比较衰落的一个标志性事件。

夏普公司的原名是早川电机，其创业人为早川德次。我们平常用的自动铅笔就是早川德次发明的，被他命名为 sharp pencil。夏普公司名字"SHARP"就是从这里来的。夏普公司在日本电子行业发展历史上，是有突出贡献的公司。该公司在电子计算器、太阳能电池、液晶电视三个领域，作出了世界级的贡献。

2020 年东京奥运会①和 2025 年大阪万国博览会

2020 年东京奥运会和 2025 年大阪万国博览会虽然不是平成时代举行的活动，但是举办权都是在平成时代获得。2013 年，日本获得 2020 年东京奥运会举办权。2018 年，大阪获得 2025 年万国博览会举办权。

之后，东京和大阪开始相关设施的建设。奥运会和大阪万国博览会将成为东京和大阪更新和改造的高潮。

---

① 由于新冠肺炎疫情的影响，2020 年东京奥运会推迟到 2021 年举行。

| 结　语 |

令和时代的日本何去何从

2019 年 5 月 1 日，日本正式进入令和时代。令和天皇即位的时候，已经 59 岁。目前日本国民的平均寿命是 86 岁左右。如果没有什么意外，令和时代也会持续 30 年左右，也就是说与平成时代的时间长短差不多。世界上没有什么事情比预测未来更加困难。本书的最后，作者试图对日本今后的 15 年做一个大胆的预测。

预测日本这个国家的走势，我想有两个因素是非常重要的。第一个是国际的大环境，第二个是日本的内部环境变化和人口构成。日本平成时代 30 年的一切变化，都离不开这两个因素。在本书的各个章节中，对上面的两个因素都有涉及。

平成时代的日本，国际大环境变化有三个因素，对日本的政治和经济（包括文化）产生了很大的影响。第一个因素是东西方冷战的结束。第二个因素是互联网的迅猛发展。第三个因素是中国的改革开放。我们中国人在谈论平成时代日本经济低迷的时候，往往很简单归结于美国的打压或者日本体制的落后。其实原因是多方面的，中国的发展壮大也是造成日本经济低迷的一个侧面原因。国家和国家的竞争，无非就是跷跷板。中国是一个拥有 13 亿人口的国家，中国的任何发展和进步对全世界任何一个国家的影响都是很大的，对邻国日本的影响就更不用说了。在平成时代，对日本影响最大的国家是美国，产生第二大影响的就是中国。历史没有假如，但是假如中国在 60 年代就开始把国家的主要精力放在经济发展上，也许就没有日本经济的所谓辉煌，也许不会有韩国经济的崛起。至少日本战后经济的发展不会那么顺利。这一点往往被大部分中国人所忽视。

一、 展望令和时代的中日关系

虽然政治关系起起伏伏，但是平成时代的中日经济关系，相对简单明了。中日双方互惠关系非常明显。日本企业大量来华投资，日本企业带来的不仅仅是资金，也带来了技术和先进的管理理念。这一点对于北美企业和西欧的企业来讲，也是一样的。我们目前所有的统计资料只能统计，每年有多少美元的直接投资。但是，对于中国的长久发展来讲，发达国家带来的技术和管理理念，对中国发展起到的作用更大。日本社会对品质的追求是全世界都有名的。日本人开始吃牛肉是明治维新之后的事情，但是短短130年，也就是到80年代，日本和牛的品质已经称霸全世界了。美国从70年代开始对日本施加压力，要求日本开放农产品市场，其中主要是牛肉和柑橘类产品。80年代后期，日本基本开放了牛肉和柑橘类产品市场。之后，每年日本都从美国和澳洲大量进口牛肉，但是这些牛肉都是由日本人指导下养殖的牛肉。美国人和澳洲人平常吃的牛肉，日本人是不吃的，因为口感稍差。

中日双方的贸易往来在平成时代也是稳步发展的。贸易毫无疑问对双方也是互惠互利的。改革开放以后，中国对日本的出口也是稳步增加的。许多人在分析国家之间外贸关系的时候，只看进出口金额。笔者认为这对正确认识两国关系是不充分的。出口是仅次于购买技术设备、组建合资企业之外，中国获得外国技术和管理知识的重要渠道。平成时代的中国和日本的外贸出口，是有一个非常明显的特征的，那就是日本企业负责产品设计和品质控制，带来核心零部件和设备，在中国生产之后出口到日本，由日本企业进行销售。举一个大家比较熟悉的例子。日本的优衣库现在已经发展成为全世界知名的休闲服装品牌。在平成时代的 30 年，优衣库产品 80% 以上都是在中国生产的。每一个外贸制衣厂优衣库都派驻日本人，进行业务指导和品质控制。虽然优衣库的服装都相对廉价，但是其中用的许多面料中国并没有能力生产，都是从日本进口的，或者是日本企业在中国的分公司生产的。中国企业通过加工外贸单，也能迅速了解日本最新面料的发展情况。

在预测令和时代的时候，笔者觉得一个基本的出发点特别重要，那就是日本是一个什么样的国家？笔者觉得下面几个关键词非常重要：第一，日本有 1.2 亿人口；第二，日本已经是一个成熟的发达国家；第三，日本的制造业非常发达；第四，日本是缺少石油和铁矿石等重要资源的国家；第五，日本已经形成了自己独特的软实力。上面几个因素是日本自身的因素。作为外部因素，笔者觉得有三个因素非常重要。第一是中国的发展形势，第二是 AI 的发展和进步，第三是外部国际局势和环境的变化。

笔者猜测，许多读者对令和时代中日关系的走向会有兴趣。在分析中日关系的时候，上面几个因素也是非常重要的。日本是一个有 1.2 亿人口的国家，而且缺少了很多战略性的资源。这就决定了日本在国际政治环境中，依然会是一个比较暧昧的角色。冷战结束之前，日本在外交上唯美国马首是瞻，在任何国际事件上都没有自己独立鲜明立场。平成时代，日本外交政策上是一直在谋求一个比之前更加灵活和更加凸显日本存在感的位置，但是依附美国的基本姿态没有改变。许多中国人简单认为，因为美国在日本驻扎有军队，所以日本只能听美国的。但是笔者不认为这是根本原因。根本原因是只有美国才能给日本提供一个稳定的全世界范围的原材料供应和销售市场。我们在谈论日美关系的时候，谈到比较多的是美国对日本的打压和控制。但是这个看法是不全面的，如果美国对日本仅仅是打压和控制，那么日本早就起来反抗了。日本在 20 世纪 40 年代也不是没有和美国发生过热战，当时对英国美国都宣战了。1960 年之前，全世界有多少国家的人民起来抗争殖民统治，赶走外国殖民统治者？非洲在 1970 年之前，基本上都是欧洲的殖民地，都有外国军事或者经济的控制，最后不也都独立了吗？1945 年之后，美国一直在帮助日本发展，有偿或者无偿地提供了大量的技术和资金，有大量的日本人到美国学习最先进的科学技术和管理。从 1945 年到 2010 年，美国一直是日本的第一大出口目的地国家。2010 年之后，日本有几年对中国出口超过了美国，但是如果考虑到许多日本企业和中国企业进口日本零部件，在中国组装之后出口到美国的情况，其实美国一直是日本第一大出口目的地国家。苹果公司的各种产品就是一个典型的例子。iPhone 手机也好，iPad 也好，其中有大量日本企业生产的电子零部件。包括中国的华为手机，也有大量的日本电子零部件。

1945 年，美国对日本进行过广泛的轰炸，许多日本平民失去了生命或者赖以生存的房子。但是战后几十年，日本民众对美国的好感度是慢慢上升的。其本质原因是美国对日本政治经济的改造，对日本民主和经济的发展起到了非常大的作用。而且，日本的许多公司都是依靠美国市场或者美国导入的技术发展起来的。笔者研究过日本很多家企业的发展历史，每一家公司都有从欧美公司导入技术的经历。在这里举三个小例子。稻盛和夫在中国非常有名。稻盛和夫在创立京瓷公司初期，做营销是非常艰难的。日本的传统大公司往往只看重公司的名字和过去的来往情况，对京瓷这样的小公司完全是拒之门外的。而美国的 IBM 公司给了京瓷公司一个大订单，这个订单让京瓷公司站稳了脚跟。战后日本代表性的公司索尼公司，也是从导入美国的晶体管技术开始起步的，而且是战后第一个在美国纽约第五大道开专卖店的日本公司，也是第一个在纽约证券交易所上市的日本公司。1970 年以后成立的日本制造业企业当中，日本电产是发展最好的。该公司目前在微型马达领域的份额在全世界数一数二。1973 年该公司成立的时候，算上创立人也只有 3 名员工。日本的公司对这样一家刚刚成立的微型企业态度是一律排斥的。该公司的创始人永森重信飞到美国，按照电话黄页上的号码，挨个打电话进行营销。知名的美国 3M 公司给了日本电产公司第一个订单，之后日本电产公司才步入发展的轨道。

战后 60 年，美国是大部分出口型企业的第一大出口目的地国家，也是日本最大的技术来源国。日本人在工作和生活的过程中，切实地感受到了美国带来的好处。这就是战后日本人一直站在美国阵营的根本原因。

许多国人简单地认为因为日本过去被美国打败了，所以战后就老老实实跟在美国后面。这可以说是一个重要原因。一直到 80 年代中期，本质上日本一直没有挑战美国的实力。但是更加重要的是，日本的许多老百姓感受到了美国带来的好处。国内的众多的评论中基本没有涉及这一点。

关于令和时代的中日关系，笔者并不太乐观。过去几年中日关系的基调，不太好也不太坏，在令和时代也会延续。笔者这样认为有以下几个原因。第一个原因就是对今后中美综合实力的预判。按照现在的速度，中国在 20 年内没有综合实力超过美国的可能。中国的 GDP 有超过美国的可能，但是经济之外的许多东西全面超过美国还是很有难度的。中国很难替代美国给日本提供一个全球性质的稳定的原材料供应基地和全球市场。第二个原因是历史问题。70 年代的时候，当时为中日关系日常化作出贡献的田中角荣、大平正芳、福田赳夫等都是过去战争时代的亲身经历者，他们内心当中或多或少对中国是怀有愧疚之情的。2010 年之后的日本首相大部分都是战后出生的人。安倍晋三是战后出生的人中第一个成为日本首相的。这些人没有经历过战争，对战后日本百姓艰难困苦的生活基本上没有记忆，对和平的渴望不如上一辈。在历史问题上，以后的日本政治家和普通老百姓都不会有上一辈的人的那一种感情。第三个原因是人的惯性问题。截至目前，日本的精英阶层大部分都是去美国留学。他们对美国更加了解，知道如何打交道。对中国则是陌生或者不知道如何去做。日本战后的公务员制度下，公务员考试分为两种，一种是培养高级干部的，另一种是培养普通干部的。比如，日本的外务省、大藏省、通商产业省等中央政府部门，每年会录用通过国家公务员考试的学生 10 名左右（省相当于中国的部委，每一个省 10 名左右）。录用的公务员一般第二年就会派到海外知名大学硕士课程学习，其中有少部分人还会在海外获得博士学位。这些人如果个人不做违法乱纪的事情，一般都会晋升到局级干部。这些公务员的 90% 左右都是到美国前十名的大学去学习，少部分是到英国和法国等国家学习。除了外务省有极少的人被派到中国以外，基本没有来中国学习的。目前日本的国会议员中，有中国留学工作经验的也基本没有。掌握日本政治权力的人，基本没有中国通。这也是笔者不看好令和时代中日关系的一个原因。

中国目前正在推进"一带一路"倡议，中国政府多次对日本发出信号，期望日本参与。但是日本政府的态度一直是暧昧的：并不反对，但是也绝不表示积极参与。这是由日本这样一个通商国家的性质所决定的。日本在一般情况下绝不会去得罪中国这样一个大客户，但是也绝不会完全站到中国这一边来。

二、　展望令和时代的日本经济

谈到令和时代，许多读者还是对日本今后经济的走向怀有浓厚的兴趣。笔者对令和时代日本总体经济形势的预测是不好也不坏。总的经济增长率和平成时代差不多，也就是 1% 左右。

90 年代，以美国为中心兴起的 IT 革命被称为第三次产业革命，目前还在进行中。在第三次产业革命中，日本和欧洲的表现明显不如美国。许多国人有一种认识，那就是中国在互联网方面比日本发展得好，中国人有创业的激情和才能，日本人没有。笔者认为，这种看法可能不是很正确。

在 2005 年之前，日本社会在互联网的普及程度，互联网企业的发展方面是好于中国的。日本比起美国和中国，在发展互联网方面有天然的不足。最大的问题就是市场人口的问题。全世界讲日语的只有日本一个国家，除去老人和小孩子，潜在的互联网人口只有 8000 万人左右。英文是全世界最有影响力的语言，全世界的汉语人口也有 14 亿人左右，潜在的互联网人口是 10 亿人左右。

在发达国家中，美国、日本、德国这三个国家经济最强大。日本和德国都是以制造业闻名世界的。目前，中国在制造业方面，距离美日德三国的差距还是比较明显的。

令和时代一个可能的"灰天鹅"是地震和海啸的发生。日本是一个处在地震多发地带的国家，注定是间隔几十年，一定会有大地震发生的。1923 年发生的关东大地震，死亡人数在 14 万左右；1995 年发生的阪神大地震，死亡人数在 6500 人左右；2011 年发生的东北大地震和海啸，死亡人数在 3 万人左右，而且由于福岛核电站事故，这个影响在百年以上。下一个大地震如果发生在东京或者名古屋附近，那么对日本的打击将是无法估算的。对日本的政治经济形势和国民心理的影响都是无法估计的。

令和时代最大的两个悬念可能是：第一，日本会不会修改宪法；第二，日本的巨额财政赤字怎么办？日本首相安倍晋三一直有修改宪法的政治抱负。在平成时代，不时会有政治家或者右翼文人发表修改宪法的言论。但是整个平成 30 年间，修改宪法的主张，从来没有得到超过半数日本国民的支持。笔者认为，这里面有两个原因。第一个原因是平成时代，有许多亲身经历战争的人都还在，在日本的政治和产业界以及研究领域，都有经历过战争和战后艰难时期的人在。这些人特别珍惜得之不易的和平局面，其中也有不少有良知的人士，对过去日本发动的侵略战争怀有忏悔之意。第二个原因是惯性。平成时代虽然经济不好，但是大部分国民也过着平稳富足的生活，感受不到非要修改宪法的必要性。

但是，在令和时代，日本实现修改宪法的可能性大大提高。这是因为日本国内人口构成发生了根本的变化。对战争时期有记忆的都是80岁以上的老人了，人口构成也不到10%，而且他们都不在工作岗位上，影响力越来越小。日本社会如果继续长期气氛低迷，那么就会有一种谋求变革的潮流出来。另外，如果周边局势比如朝鲜半岛等发生军事冲突，会极大地加速日本修改宪法的步伐。

令和时代还有一个非常大的悬念，那就是日本巨额的财政赤字如何处理？会如何影响日本的政治和经济？2018年，日本国债余额已经达到了GDP占比超过220%的程度，这是一把悬在日本上方的剑。令和时代，日本的国债余额估计会进一步增加。问题是如果某一个契机发生，比如大地震发生，日本的国债会不会暴落？

目前，日本在全世界最强大的产业是汽车产业。80年代以后，日本汽车的质量开始得到全世界认可。丰田生产方式不仅仅对全世界的汽车产业产生了重大的影响，而且对全世界的制造业都产生了一定的影响。但是，日本的制造业是不是存在死角呢？或者说日本的制造业在令和时代会不会溃败？电子产业（家电产业）和汽车产业都是日本在80年代雄霸全世界的产业，但是平成时代，日本电子产业是逐步衰落的（还不能说是衰败了），只有汽车产业在平成时代逆水行舟，依旧保持了稳定的发展和成长。

80年代和90年代初期，日本在DRAM、液晶面板、太阳能电池、锂电池等领域都是全世界数一数二的。90年代中期以后，日本企业在全世界市场的份额开始逐步下降，这个趋势在2000年以后更加明显。日本的家电产品在70年代，出口量就达到全世界第一。90年代中期以后，日本的家电产品在海外的影响力也开始有所下降。关于日本相对衰落的原因，在本书的其他章节中有所涉及，在此不再赘言。

截至目前，日本汽车行业的竞争实力没有丝毫动摇的迹象。但是 10 年后、20 年后如何，并不好说。笔者认为，10 年后、20 年后，日本汽车行业面临前所未有挑战的可能性很大。这是因为汽车行业正在发生百年一遇的结构性变化。过去的 100 年，全世界汽车行业都是以汽油车为中心在发展。全世界所有的汽车企业都是围绕着下面几个因素在竞争：让汽车跑得更快，更加省油，驾驶乘坐更加安全舒适，更加物美价廉，如何提高汽车工厂的生产效率。目前汽车行业发生的百年一遇的变化主要有两个方面：第一是汽车动力的根本改变，不再是过去的汽油发动机，而是采用锂电池或者燃料电池。第二是核心的变化是自动驾驶技术。事实上，全世界的主要汽车企业、汽车行业以外的企业早在十年前就开始在这些领域进行大规模的研究开发。

令和时代这两项技术会继续飞速发展。估计在 10 年之后，新能源企业和自动驾驶汽车会开始大规模普及。汽车行业在令和时代会面对一个哥白尼式的变革。20 年后，丰田汽车的竞争对手很可能不是 GM 或者大众，而是新兴的汽车企业或者谷歌这样的互联网企业。当行业的竞争格局发生根本变化的时候，日本企业的文化和制度还能不能适应新时代，是一个非常大的悬念。

关于日本经济的发展，有一个方面其实是没有悬念的，那就是令和时代日本的软实力会继续保持上升，至少是保持一个稳定的、全世界范围的影响力。明治维新之后，日本经过 150 年的发展，物质和文化都有很大的发展。平成时代，日本经济是长期低迷的，但是日本在全世界的软实力影响力不仅没有下降，反而是有所上升的。我们往往只看到了 90 年代日本经济的困境，但是没有看到，正是由于泡沫经济破灭之后长期的不景气，逼迫日本企业和学界进行原创。而在平成时代以前的日本，也就是 1990 年之前的日本，走的都是模仿学习欧美的路子。

举一个具体的容易理解的例子。平成时代也是日本料理走向全世界的30年。1989年之前，其他国家很少有日本料理店。笔者是1995年去日本留学，2010年回国工作的。现在去日本旅游，明显发觉现在日本餐饮行业的水平，比起20年前有巨大的进步和发展。我们国内经常有日本泡沫破灭之后如何消费降级的文章在网上流传。但是大家不知道的是，为了在消费低迷的时代生存下去，日本的餐饮行业一直在进行着艰苦的努力。平成时代30年，日本餐饮行业的水平可以说是进步巨大。

日本现在有2万多家具有100年以上历史的长寿企业。许多中国人还不能准确理解长寿企业对日本的价值和重要意义。长寿企业是社会高度信赖的标志，是企业对顾客长期承诺兑现的标志。长寿企业是社会安定、文化有序传承、产业和技术稳定发展的定海神针。长寿企业目前已经成为日本软实力的重要的组成部分。

最后还是要说中国和日本的关系。平成时代，中日之间的经济关系是明显的互补关系。因为中国的经济水平比较低，取代日本的主要是一些劳动密集型的低端行业。平成时代，中国暂时还不能在高科技行业对日本形成威胁，但是如今中国已经开始在许多领域和日本企业展开了国际性的竞争。如果中国继续稳定发展，日本整体经济影响力必然是相对下降的。这也是我在本书最后想说的，只要我们自己不断努力，明天总是会更好的。